学术前沿

THE FRONTIERS OF ACADEMIA

思考法国大革命

[法] 弗朗索瓦·傅勒 著

孟明 译

*

生活·讀書·新知三联书店

图书在版编目（CIP）数据

思考法国大革命／（法）弗朗索瓦·傅勒著；孟明译．—2 版．—北京：
生活·读书·新知三联书店，2020.6 （2024.5 重印）
（学术前沿）
ISBN 978 – 7 – 108 – 06702 – 9

Ⅰ．①思… Ⅱ．①弗… ②孟… Ⅲ．①法国大革命－研究
Ⅳ．① K565.41

中国版本图书馆 CIP 数据核字（2020）第 020036 号

责任编辑　吴　莘
装帧设计　薛　宇
责任印制　董　欢
出版发行　生活·讀書·新知 三联书店
　　　　　（北京市东城区美术馆东街 22 号 100010）
网　　址　www.sdxjpc.com
图　字　01-2019-6875
经　销　新华书店
印　刷　河北品睿印刷有限公司
版　次　2005 年 1 月北京第 1 版
　　　　2020 年 6 月北京第 2 版
　　　　2024 年 5 月北京第 4 次印刷
开　本　880 毫米 × 1230 毫米　1/32　印张 10.375
字　数　232 千字
印　数　5,001－7,000 册
定　价　52.00 元
（印装查询：01064002715；邮购查询：01084010542）

学术前沿

总　序

　　生活·读书·新知三联书店素来重视国外学术思想的引介工作，以为颇有助于中国自身思想文化的发展。自80年代中期以来，幸赖著译界和读书界朋友鼎力襄助，我店陆续刊行综合性文库及专题性译丛若干套，在广大读者中产生了良好影响。

　　第二次世界大战结束后，随着世界格局的急速变化，学术思想的处境日趋复杂，各种既有的学术范式正遭受严重挑战，而学术研究与社会——文化变迁的相关性则日益凸显。中国社会自70年代末期起，进入了全面转型的急速变迁过程，中国学术既是对这一变迁的体现，也参与了这一变迁。迄今为止，这一体现和参与都还有待拓宽和深化。由此，为丰富汉语学术思想资源，我们在整理近现代学术成就、大力推动国内学人新创性著述的同时，积极筹划绍介反映最新学术进展的国外著作。"学术前沿"丛书，旨在译介"二战"结束以来，尤其是本世纪60年代之后国外学术界的前沿性著作（亦含少量"二战"前即问世，但在战后才引起普遍重视的作品），以期促进中国的学科建设和学术反思，并回应当代学术前沿中的重大难题。

　　"学术前沿"丛书启动之时，正值世纪交替之际。而现代中国的思想文化历经百余年艰难曲折，正迎来一个有望获得创造性大发展的历史时期。我们愿一如既往，为推动中国学术文化的建设竭尽绵薄。谨序。

生活·读书·新知三联书店

1997 年 11 月

目　录

让我们给自己铸造一个自由的灵魂吧，用它来革法国大革命的命；但首先，我们绝不能说本着公正的精神就是凌辱法国大革命。这话已经被人滥用了：凌辱"宗教"，以致我们会把它从我们的语言中抹去，惟恐在历史和哲学批评中带上兴师问罪的风格和习气……

——埃德加·基内：《大革命批判》

巴黎，1876 年

中译本序

孟 明

法兰西共和历八年霜月二十四日（1799 年 12 月 15 日），
拿破仑向国民介绍共和八年新宪法时宣布："大革命结束了。"[1]
将近两百年后，历史学家弗朗索瓦·傅勒在他的一本书里袭用
了这句名言，用来清算法国学院派史学中的马克思主义"通俗
版本"革命史。正如拿破仑那句名言给历史留下的疑问（"拿破
仑拯救了革命，还是绞杀了革命？"），傅勒 1978 年发表的《思
考法国大革命》一书也未能避免这种疑问的笼罩，当然是在另
一个层面上：修正主义史学的幽灵闯进了大革命的故乡。

一

根据保罗·利科的一个说法，法国史学完成批判的历史哲

---

[1] 拿破仑·波拿巴此语见于 1799 年 12 月 15 日他当选首席执政官后宣布新宪法时
的讲演："大革命是按发动革命时的那些原则确定的，现在革命结束了。"一般
认为，这个日期标志着历时十年严格意义上的法国大革命事件的结束。

学与历史编纂学的融合是以马鲁所著《论历史认识》（1954）一书为标志的。[1] 此后的整个 60 年代是一个缓变期，理论上不定型，但产生了一批杰出的历史著作。傅勒的起点处于这一时期，主要涉及一个特殊领域：革命史。在这个领域里，由于他那种触犯"家规"的角色，他的史家生涯后来几乎是论战的一生。大致可以勾勒这样几个日期：50 年代，英美学派扰乱了巴黎大学革命史讲座的宁静；60 年代中期，与布罗代尔齐名的马克思主义史学家拉布鲁斯领导的经社史集体研究班子树倒猢狲散；70 年代初，革命史权威索布尔及其弟子向傅勒发难，再后来是 1982 年以后相对平静但苦涩的论争：如何纪念法国大革命？总之，论战持续了二十五年。直到 1989 年，在法国大革命两百年祭的盛大庆典气氛里，疑问最终被廓清。

这一年有两件大事：一件是傅勒代表的"修正主义"史学观点在法国占了上风；"我胜了"，傅勒在一篇访谈中这么说。[2] 另一件事是诺拉（Pierre Nora）主编的三卷本法国史巨著《记忆的场所》（*Les Lieux de Mémoire*）问世；其间还穿插一个不容忽视的插曲："旺岱史案"重又成为学界论争的焦点。[3] 傅勒后来在一篇谈话中指出：旺岱事件是法国大革命的军事"恐怖"和大屠杀；革命恐怖"以公安、改造人、暴力不

---

〔1〕 保罗·利科（Paul Ricoeur）：《法国史学对史学理论的贡献》，上海社会科学出版社，1992 年，第 43 页。

〔2〕 转引自沃维尔（Michel Vovelle）文集《为法国大革命而战》（*Combats Pour la Révolution française*），Editions La Découverte/Société des études robespierristes，1993 年，第 95 页。

〔3〕 参看 François Bédarida 主编《法国史学五十年（1945—1995）》（*L'Histoire et le métier d'historien en France 1945–1995*），Editions de la Maaison des sciences de l'homme，巴黎，1995 年；Jacques Le Goff 和 Nicolas Roussellier 为该书所作序言，第 13 页。

可避免为理由来建立新秩序。如果说极权主义是一种在政治和社会之间不允许有半点空间的体制，那么，可以说法国的雅各宾主义已经具有前极权主义的特征"。[1] 法国大革命第一次如此明确被指涉与专制政体的当代形式有关，这个结论显然超出历史理解的一般模式。在历史的因果链上，傅勒第一次将阿隆所说的"客体的消失"倒过来：消失的客体以另一种形式返回。它是经验论的，被投注于现实。并非往事以回溯的或然性外观达于我们的当代史，而是某种政治救世主义复活了往事。

傅勒在学术上"扭转乾坤"主要是将概念史批判理论引入大革命史学领域，提出将法国革命事件开创的"民主文化"同革命者的行动方式分开来的解读法。这一学术流变在1989年获得承认。它所牵动的人事和创痛，可以用当今在世的雅各宾史学泰斗沃维尔（Michel Vovelle）多少有点苦涩的心情来形容："在法国大革命两百周年的史学论争中，法国和其他地方都有一种被广泛接受的看法，即'修正主义'胜了'古典的'或'雅各宾派的'革命事件史。在法国，这个主题很大程度上是媒体联手打造出来的：电视把弗朗索瓦·傅勒封为'法国大革命两百年学术王'。"[2] 沃氏的忿詈之词许是大师一时失态，但纵观三十年来法国学界的革命史论争，那种刀光剑影的雄辩给人的印象，似乎法国大革命的历史学家们还处在1789年的议会大厅里，所不同的是协和广场（大革命时期称为"革命广

---

[1]　参看《罗伯斯庇尔、革命与恐怖政策》，《历史》（*L'Histoire*）杂志，第177期，巴黎，1994年5月，第34—53页。

[2]　沃维尔：《关于法国大革命修正主义阐释的思考》（*Réflexions sur l'interprétation révisionniste de la Révolution française*），载《美国法国史学会学术讨论会论文集》，1989年12月27—30日；第16卷，1990年第4期。另参看沃维尔文集《为法国大革命而战》，第95页。

场"）已看不到断头台黑魆魆的影子了。

诚如傅勒所言，在战后的法国，随着法西斯主义的失败，大革命的参照已经从法国政治中消失，围绕 1789 年价值展开的辩论不再包含真正的政治利害关系，尽管这份遗产仍在主导着未来的表现。[1] 既然历史论争已经超越了政治现实，那么雅各宾派史学家们的失落感究竟是从何而来的呢？傅勒曾指出，法国的学术机构里"法国大革命还在执政"。对于这派人来说，1989 年仿佛是史学界的一次"热月事变"。他们本来要庆祝一种历史叙事，结果是这种历史叙事被颠覆了，就像热月九日罗伯斯庇尔的形象突然间破碎了一样，雅各宾派的纪念性史学失去了它往日那种迷人的魅力。1989 年的学术转向，可以用傅勒的一句话来说明："每每在这个日期上（热月九日）雅各宾派史学家总感到笔头有一种奇怪的心灰意冷，怎么也不能释怀。其实是大革命终结了。"[2]

二

傅勒大概不属于那种他称之为有闲情"把玩学问"的书斋学者。他也不同于萨特年代那种对历史进程中的即时性事物有偏执历史感的"介入知识分子"。他更接近雷蒙·阿隆那类对历史表象保持警惕的自由知识分子。他的史学家生涯一开始就

---

〔1〕 傅勒：《思考法国大革命》（*Penser la Révolution française*），Editions Gallimard，Bibliothè que des Histoires，nouvelle édition revue et corrigée，Paris，1983 年，第 17 页。
〔2〕 傅勒：《思考法国大革命》，同上，第 84 页。

充满了论战。出于文学兴趣，他从事专业史研究的同时，一直兼任《新观察家》杂志书评栏主笔[1]；而且他的历史撰述与当代问题的论争紧密相关，这也说明为何他的每一部主要著作问世总要引起一场论战：1965年其《革命史》遭到共产党史学家的批判；1978年其史学论著《思考法国大革命》被斥为一个对大革命感到"幻灭"的人的"情感自白"[2]；1994年《一个幻想的往事：论20世纪的共产主义观念》出版，再次迫使他面对左派知识分子的责难。

在当代生活中，这种个人的特殊经历难免有造就一个"学术明星"的效应，而多少掩盖了一个研究问题的人带来的变化。傅勒（François Furet，1927—1997）出生于巴黎一个不再恪守天主教传统的共和派资产者家庭；他的祖父是个德雷弗斯派人士，外祖父是共和派参议员，他有一个舅舅是社会党籍国民议员；家族背景对年轻人政治取向的影响，在法国似乎成为由来已久的风俗。傅勒对基佐的名言"我乃1789年激情培养的一代"抱有同感，甚至其历史撰述中对教会问题的某种轻视，譬如他认为"非基督教化"只是大革命时期的一个短暂现象[3]，大概来自法国历史中这种相对晚近的家族传统。傅勒早年就读于巴黎大学，取得文学士学位后转修法学；后来的择

---

〔1〕傅勒逝世后，其1958—1997年为《法兰西观察家》（后更名《新观察家》）杂志撰写的书评及文章由挚友莫娜·奥祖夫辑录成书《一个人的知识道路》(Un Itinéraire intellectuel)，1999年由巴黎Calmannlévy出版社出版。
〔2〕参看沃维尔文集《为法国大革命而战》，同上，第93—94页。
〔3〕有关傅勒对革命与天主教的看法，可参看1989年他与巴黎大主教卢斯蒂杰（Jean-Marie Lustger）的长篇谈话：《教会、革命与人权》；这篇谈话收于《论争》杂志社编辑的法国大革命两百年祭文集《1789：纪念》(1789 : La Commémoration)，巴黎，Editions Gallimard，folio，1999年，第130—173页。

业方向一度犹豫于文学、哲学和历史学之间。他最终的个人抉择似乎与一场疾病有关。1950年傅勒患结核病中辍学业，此后数年时光大多在阿尔卑斯山中的疗养院度过。这种疾病的胁迫似乎成了个人命运中某种决定性的东西：四年养病和读闲书的时光使一个游移于文学梦的青年在山中与历史学结下不解之缘。在此期间他必涉猎了一个重大课题：革命史。

在大病初愈的1954年，傅勒考取历史教师资格。这使得一个非历史学科班出身的人在等级森严的学术机构里获得了一张研究的通行证。50年代末，傅勒在巴黎大学马克思主义史学泰斗欧内斯特·拉布鲁斯指导下撰写博士论文，与沃维尔同为拉布鲁斯的同门弟子。大概是厌倦了学院派的通史写作风格（他婉转地讥为"博学"写作），或者是没有耐心在老师的戒尺下过学生的刻板生活，傅勒不久就放弃了博士论文。1960年，已经发表一部18世纪巴黎社会史著作[1]的傅勒有幸成为被布罗代尔网罗到巴黎高等社会科学院（EHESS）的一批才子之一，从此开始了一个大革命史学家成长的道路。70年代，傅勒成为该院高级研究员和教授，并一度出任院长。此后的经历是一个国际学者的声望：1985年获聘为美国芝加哥大学教授，并成为美国艺术科学院院士；1990年以其历史学撰述获法国托克维尔终身成就奖；1996年获欧洲社会科学奖，同年获德国汉娜·阿伦特政治思想奖。1997年3月20日傅勒当选法兰西学士院院士，但未及学士院为其举行接纳仪式，这位为革命

---

〔1〕 傅勒1961年发表他同阿德林·多马尔合作完成的著作《十八世纪中叶巴黎的社会结构和联系》（*Structure et relations àt Paris au milieu du XVIIIe siècle*），巴黎，Armand Colin，1961年。

史奉献了毕生精力的学者于四个月后（7月20日）在巴黎溘然长逝。

<h1 style="text-align:center">三</h1>

1965年傅勒与里歇合著的《法国革命史》（两卷本）出版，在相对平静的法国史学界引起一场不小的地震。按时人的观察，地震未造成破坏。但论战爆发，此书被认为是大革命故乡出现的第一部"修正主义"版本革命史；就像某种外来思潮的入侵，但不可能危及法国的遗产。

的确，当时占学术主导地位的雅各宾派史学内部虽然已经出现了裂痕，但法国的史学家们尚未充分意识到这场危机可能带来的学术流向的变迁。这场地震的后果，至少要等二十年后才观察得到。由此可见，自奥拉尔、马迪厄、勒费弗尔以来奠定的学院派革命史学在法国具有的几近"国家史学"的地位在当时还是不可动摇的。傅勒后来把此书引起的论战称作知识分子生活中的"偶然事件"，但论战本身并不是偶然的。它起因于当时进入学术视野的两个基本事实：一是革命史在法国的学术机构里变成了"国家史学"的一块特殊领地，长期盘踞在这块领地上的左翼知识分子把大革命史变成了某种马克思主义通俗版本的纪念史学；二是在大革命起源等问题上，被通称为"修正主义"学派的英美学者从50年代中期起向法国主流史学提出了挑战。[1]

---

〔1〕 1951年勒费弗尔提出法国大革命是"资产阶级降世"的概念之后，（转下页）

论战发生在 1970 年前后。巴黎大学革命史权威索布尔及其弟子马佐里克首先发难，指责傅勒和里歇合著的革命史企图推翻半个多世纪以来卓有建树的法国学院派革命史学术传统。作为对权威责难的反驳，傅勒 1971 年初在年鉴派刊物 *Annales E. S. C.* 发表《革命的教理》一文。大致而言，这场论战围绕傅勒和里歇所著革命史第一卷第五章（《革命的失控》）、第六章（《革命浪漫主义》）和第七章（《危难时期》）的主要论点展开。这三个章节分别讨论：（1）1791—1792 年革命的激化和失控，包括战争、革命意识形态以及恐怖主义专政，导致革命进程偏离了前革命时期的自由主义和革命初期的宪政方案；（2）吉伦特党人和山岳派之间的斗争只是权力斗争，而非阶级利益之争；（3）巴黎的民众（无套裤汉）运动并非如索布尔等马克思主义史学家所说的革命时期行使"人民民主"监督作用的政治上最先进的社会集团，而是某种不正常的纠偏力量，很

（接上页）资产阶级革命的论点成了法国学院派革命史的主导思路，并由索布尔（勒费弗尔的弟子）阐发成一种新雅各宾派阐释体系，即建立在传统马克思主义阐释体系之上的历史中断说和新时代降世说。这一时期，法国历史学家从长时段着眼，在旧制度史的史料发掘方面取得了前所未有的进步；悖谬的是，革命史的阐释反而僵化甚至步入死胡同。自英国学者柯班（Alfred Cobban）50 年代在其《法国的革命神话》（*The Myth of the French Revolution*）一书中批评法国学者虚构大革命完成了法国社会由封建主义向资本主义过渡的神话之后，来自英吉利海峡对岸的盎格鲁-撒克逊人的"修正主义"学派论点既带来新的空气，也在六七十年代的法国学术界形成敏感的气候。英国学者几乎在革命史的所有重大领域都提出了新的论说。萨瑟兰（Donald M. G. Sutherland）质疑把启蒙思想作为法国大革命的精神来源的论点；泰勒（George Taylor）和卢卡斯（Colin Lucas）论证革命的社会政治动力主要不是资产阶级，而是占主导地位的贵族（或非贵族）精英；至于柯班，他完全质疑法国大革命开创了一个新社会，认为革命后形成的法国社会是大地产主和传统贵族居主导地位的社会。有关英美修正主义学派的主要论点，可参看 Jacques Solé 的综合著作 *La Révolution en questions*，巴黎，Editions du Seuil，1988 年。

大程度上成了革命恐怖主义的工具。这些论点，就其改写革命史的基本内容而言，当然触怒了巴黎大学革命史讲座四周的左派学者。当今健在的雅各宾史学的最后捍卫者、著名史学家沃维尔把这场震撼称作"大攻势"。他回忆说："进攻来自多个地点：它在盎格鲁－撒克逊学派那里找到了最初的一些重量级人物（柯班的《法国革命的神话》或者大西洋彼岸泰勒的《法国大革命起源无资本主义说》[1]）。但这一思潮很快就传到法国来，由弗朗索瓦·傅勒和德尼·里歇的《法国革命史》于1965年点燃了导火索。"[2]

这里就不详涉论战的具体情形了（读者可参看傅勒本书下篇的相关部分）。需要指出的是，傅勒论战文章中有一章专门讨论法国旧制度时代的封建地租和革命前夕的三级会议"陈情表"，似乎表明他接受了英美修正主义学派（尤其泰勒和萨瑟兰）关于法国大革命起因及社会构成的分析，试图论证革命多元化现象，进而论证1789年的事件中不存在统一的资产阶级革命。就命题而言，这部史书尚未摆脱"正统"史学的术语和框架；不过从方法上讲，这种论证有一个好处，那就是弥补傅氏革命史撰述被批评为"缺乏史料"支持的缺陷。但傅勒的意图是重新提出一种"概念史"的构想，一种有别于通史的，同时又建立在各代人文史档案工作及最新研究成果基础上的概念史。这一思路在后来的几篇论文中逐渐清晰，最后在《思考法

---

[1] 柯班（Alfred Cobban）的《法国革命的神话》发表于1955年。泰勒（George V. Taylor）的《法国大革命起源无资本主义说》（Non Capitalist Wealth at the Origins of the French Revolution）发表于1967年《美国历史评论》杂志，*A. H. R.*，1967, pp.469-496。

[2] 沃维尔：《两百周年前夕的法国革命史学（Ⅰ）》，载《法国大革命历史年鉴》（*AHRF*），1988年第一期；另参看沃维尔文集《为法国大革命而战》，第64页。

国大革命》一书中得到完整的阐述。

四

傅勒指出:"大革命不仅创造了使'当代'法国能在其中被识读的政治文化,还给这个法国留下了各种合法性之争和围绕一种几乎不明确的可塑性的一摊子政治论争。"[1]总括傅勒这个时期的史论工作,主要是廓清后两个问题:历史阐释中的各种身份认同使大革命"生出许多不同的面孔来";马克思主义史学家把革命史综合成某种可塑的历史起源说并用它来概说未来的历史形态。傅勒与共产党史学家论战,并非仅仅针对索布尔及其弟子,而是针对继社会党人和激进派之后在法国学术机构里"接管共和国纪念仪式"的所有共产党知识精英。这一声音不像战后来自右翼阵营的批评。虽然那个年代的特点是知识分子生活公开化,但傅勒的知识分子肖像有点像孤傲的隐士,像巴黎奥斯曼街区老式路灯下的独行人,不受时髦的结构主义吸引,也不追随60年代特殊气氛下的毛主义运动。他后来对自己的这种"冷漠"既无辩解,也无自责。以我个人目前所能接触的资料,似乎此一声音来自左翼知识界内部的叛逆思潮,至少出自一个"中间派"学人的知识涵养。

我的判断基于如下观察[2]:首先,傅勒曾经是拉布鲁斯

---

〔1〕 傅勒:《思考法国大革命》,同上,第19页。

〔2〕 这篇译序写完后,我获得莫娜·奥祖夫提供的一份有关傅勒生平的简要资料,其中谈到傅勒早年加入法国共产党的一段经历:"对于1945年刚满18岁的年轻人,如果我们还记得那时工人国际法国支部〔S. F. I. O.,法国社(转下页)

（傅氏称之为至今仍是革命史起源研究方面的"马克思主义史学泰斗"[1]）领导的革命史庞大研究班子的成员；其次，傅勒本人自称对马克思经典作品"相当了解"[2]；而据沃维尔的一个暧昧说法，傅勒是"拉布鲁斯方法培养出来的史学家"，尽管他"最终与他青年时代的马克思主义资源决裂"了，他仍然是一个专长于社会史方法的史学家。[3] 从傅氏历史批评的两大资源（托克维尔和古参）来看，人们可能倾向于将他归入自由主义保守政治学者的行列，但其后期著作（《一个幻想的往事》）

（接上页）会党的前身〕声名狼藉的话，只有两个可考虑的选择：戴高乐主义和共产主义。在青年傅勒的眼里，两者都有民族主义狭隘性之嫌，但只有这两者能让人忘记战败的悲剧。对于一个不信救世主的共和派家族传统来说，在这两者之间不允许有任何犹豫。所以在1949年冷战全面爆发之时，傅勒加入了共产党；他后来说，他这样做很不是时候。他曾经多次解释，为什么那时加入法共能够充实资产阶级青年的愿望，因为那时的资产阶级青年自知是特权者，内心总有一种黯淡的负罪感：加入共产党能在他们的内心深处保持一种神秘地依附工人阶级的幻觉，而通过强有力的马克思主义解释机制，这种归属还给他们提供一种全面解释世界的快慰。"据莫娜·奥祖夫说，1953年的柏林事件动摇了傅勒短暂的共产主义信仰；1956年匈牙利事件之后，傅勒就与共产党决裂了。不过傅勒后来多次承认，"他欠了共产党的人情，因为毕竟从共产党那里学了一点东西。总之，自从那种魅力破灭之后，没等制度崩溃暴露出它的灾难性的总结，处于其中的政治文化风景对傅勒来说已经彻底改变了"（Les historiens, Armand Colin/VUEF，巴黎，2003年，第284—286页）。傅勒涉及他本人这段"共产党员经历"的自述亦见于他所著《一个幻想的往事：论20世纪的共产主义观念》一书序言："我跟我在此处理的主题有一段生平关系。'一个幻想的往事'：我只要回到我的青年时代就能找到它；那时，从1949年到1956年，我曾经是共产党员。所以，我今天尝试理解的问题与我的经历分不开。我从内部亲历过那种幻想，如今我顺着往事之路回到它最为流行的一个时代。在我为之写史的时候，我应该为那段往事后悔吗？我不这样想。"（Le Passé d'une illusion，巴黎，Robert-Laffont/Calmann Lévy，1995年，第15页）

[1] 傅勒：《思考法国大革命》，同上，第132页。
[2] 傅勒：《思考法国大革命》，同上，第167页。
[3] 沃维尔：《大革命结束了吗？》，载 La Nouvelle Critique，1979年2月；另参看沃维尔文集《为法国大革命而战》，同上，第87—88页。

在涉及 20 世纪历史问题时，更接近汉娜·阿伦特的政治思想。这种表面上的身份悖谬是不重要的。傅勒言及历史学家古参的性格时说过一句话："一个人可以对某个事件或某一历史现象感觉疏远或眷恋，但无论疏远还是眷恋本身都不提供力量来为之起草一种解释。"[1] 也许我们可以把这句话看作傅勒本人的座右铭：力量来自对事物的一种信念。

我在此举出这些显然有欠明晰的身份资料，无非是想说明在萨特存在主义和马克思主义盛行的 70 年代，法国左翼知识界确有一些知识分子从左岸的时髦风气中抽身出来捍卫知识的信誉。当代世界使风俗变成政治，乃是一件可悲的事情。在时间流逝三十多年后回头去看那一切，可以衡量出知识更新对改变人与事所具有的力量远远超过飘荡在历史之上的政治浮尘。何为知识分子的独立性？从历史的喧嚣中抽身而出，是一种选择，也是一种目光。蒙田尝言："我表达意见，也是为了宣布我的目光的尺度，而非事物的尺度。"[2] 这也是自启蒙时代以来法国知识人的一个传统：尊重知识超过党派信仰。确如傅勒指出，从 70 年代起"批评一切自称是马克思主义的政权，已经不再是右翼思想界的专利（或准专利），它也成了左派思考的主题了"；"左派文化一旦接受思考事实，也就是说从它自身价值方面去思考 20 世纪共产主义经验构成的灾难，就不得不批判它自身的意识形态，批判它的阐释，批判它的那些所谓合理化建议。正是在左派的身上建立起了历史与大革命之间的

---

〔1〕 傅勒：《思考法国大革命》，同上，第 221 页。
〔2〕 蒙田：《随笔集》（*OEuvres complètes*），Gallimard，Bibliothèque de la Pléiade，1962，第 389 页。

距离，因为它曾经相信全部历史就在大革命承诺的希望里"。[1]
傅勒提起他个人的"左派"经历时曾坦言"欠了共产党的人
情"，那是因为这段经历使他得以从左派资源的社会学总结中
瞥见这样一种距离：偏离保持一个纯洁"源头"的想法反而能
够挽救法国大革命的卓越价值。从《思考法国大革命》这本书
的论证方式可以看出，正因为作者对左派资源有足够的研究，
任何炫耀马克思经典学识的人都逃不过他的判断。一个自言欠
情的人，超越"党派信仰和昏暗的论战"，乃是以自由知识分
子的身份更好地捍卫真理。

在傅勒看来，共产党的学子们已经把革命史学变成了一种
完全与知识活动相脱节的纪念式史学。他本人和里歇撰写革命
史书的宗旨就是要求"学院派史学与新雅各宾学术传统之间的
一贯冲突让位给真正的和公开的学术讨论"。[2] 在发出这种提
请恢复学理秩序的呼声的同时，傅勒也根据勒费弗尔的一项研
究成果从阐释层面提出革命史的多元化角度：不赞成将法国大
革命视为单一整体，而应根据长时段史料建立多种革命交错或
并行的观念，尤其通过重构革命行为方式来提供一个可供分析
的事件全貌。傅勒甚至对革命的宿命论或必然性提出质疑。他
认为法国大革命进程的某些方式并不是"不可避免"的，深入
研究革命的起源必会承认"革命史中包含了部分偶然的事故性
因素"。[3] 这种"事故性"原因究竟在何种程度上导致法国大

---

〔1〕 傅勒：《思考法国大革命》，同上，第24—25页。
〔2〕 傅勒和里歇：《法国革命史》1973年再版前言；巴黎，Fayard，1973年，第7
   页。这部史书1965年初版（Hachette版本）主要面向公众，其版式设计成两卷
   插图本；1973年新版为方便学者使用，将两卷本合为一卷本，同时去掉了所有
   插图，仅保留资料性的数据图表，同时在每章前面增加一节提示性引言。
〔3〕 同上书，第8页。

革命失控，在傅勒之前几乎是主流革命史学的一块禁猎地，尽管托克维尔已经涉足过其中的某些地段。

五

这个思路大约在十年后成熟。傅勒于1978年发表《思考法国大革命》一书。严格说来，这本书由四篇论文组成，分成上下篇。上篇相当于总论性质的导言，勾画了一种概念史的方法，其中心观念是在革命史中引入批判理论。下篇是对两份史学文献（托克维尔和古参）的解读；有趣的是，傅勒发现并非在治史方法上"长时段"概念就优于"短时段"概念，两者的优劣取决于对象和经验。这本书提出结束对历史记忆中大革命所包含的虚幻性东西的崇拜：法国大革命结束了。

这不是说，傅勒主张给法国大革命打上日期并收进档案。结束，有两层意思：首先是进行某种基本的修正，停止在学术上继续把法国大革命作为当下政治辩论的资本投给未来；其次，必须用批判的眼光清理革命史学中以人物的历史行为方式掩盖"民主悖论"的通史观点。反通史只是一个转换的说法。对傅勒来说，后一个方面才是革命史今后真正的学术方向。因为，迄今为止讨论革命意义的所有法国文献仅仅是把革命作为一个共和纪元的奠基事件并给它一个合法日期而已，没有触及革命未能建立真正的民主代议制这部失败的历史。

回避大革命的"民主悖论"恰恰是法国人的"历史情结"。这对给革命以一个真实的意义究竟有多大好处，在傅勒看来是大有疑问的。这不仅仅牵涉学术论争，甚至就人们通常所说的法国大革命的"普适价值"而言，法国史学并没有提供一种足以令人信服的解释。常年的学院派史学把法国大革命限定在经济社会史的长时段视野中，其结果反而是使那个事件变成一切通史具有的东西，要么使它的暴力（反民主）特征消解或"合理化"，要么使它变成苏俄式二次革命的"双重扳机"。傅勒指出，时至今日法国大革命仍然是一个具有最大不透明性的事件。就像托克维尔一个多世纪以前就指出的那样，"对于那些只想看到革命的人，法国大革命将永远是一片晦暗"[1]。按傅勒的看法，长时段只能解决革命的起源问题；要解释法国革命在政治上的失败，必须"重新发掘原原本本的政治分析"。回到概念化，回到短时段的政治史解读，也就是从"民主的悖论"这一现象去分析那个十年史期的实际情形，才有可能给出一个合理的总结。

在 80 年代末以前，这种提请恢复学理秩序的呼声虽然发聋振聩，但似乎产生的论战多于实际效果。身为学院派史学家的傅勒本人就惊异于他在这个场所里常年看到的景象：大革命史学中令人敬畏的嚼舌头更甚于政治意识形态。不过，经历那些论战年代之后，某种变化也预示了一个重大的学术方向：阐释 1789 年以来的法国代议制演变史，以期给法国大革命的"普适价值"以一种明晰的、可理解的含义（下面还会谈到这一问题）。诚如傅勒指出，法国大革命开创了一种普适的"民主文化"，但法国大革命最神秘之处在于它同时又是民主的一个悖论。[2]这不是用行动者的主观愿望和马基雅维利式的政治

---

[1] 托克维尔：《旧制度与大革命》，巴黎，Editions Gallimard, Bibliothèque de la Pléiade，2004 年，第 298 页。
[2] 傅勒：《思考法国大革命》，同上，第 41 页。

行动理论就能一劳永逸地解释的。革命起草了代议制的同时，又经由雅各宾主义而逾越了宪政革命。民主走向它的反面。这种历史的二元性自身也同时包容了一个反命题的类型，类似施米特（Carl Schmitt）所讲的"自由相对于价值的不可逆转的综合征"就是"自由社会"本身。[1]

按照傅勒的看法，托克维尔早已揣测到这个中心问题：这场革命有它自身的原因，但不能因此就说革命的整部历史都处在这些原因里。明智的做法是把"作为史案（全部原因与后果）的大革命同作为变革方式（亦即作为集体行动的特殊动力）的大革命"区别开来。[2]这条路子的好处在于可以破除作为历史时期的革命特有的不透明性，反映在史学上则是那种"混合体裁"的通史特征的东西。盘点这份遗产，必须在民主观念和历史行为方式之间建立起历史阐释和批评的一切距离。

任何历史批判理论的尝试必然包含知识重建。傅勒身上有一种可能来自他青年时代文学气质的东西，非但没有损害一个历史学家应有的严谨，反而给他带来历史散文写作者通常少有的那种词语智慧。一种激扬文字的个性，这是一个批判法国大革命的人的大革命激情：要解释大革命，首先得接受大革命。读《思考法国大革命》这本书，我们不得不承认作者精于文理章法，尤感叹其文章魅力，就连论敌也承认书中"妙语迭出"[3]风格并非思想的代价，而恰恰是思想的补充。这与作者一贯倡导的史家风范有关：非功利的历史知识活动才是好奇心

---

〔1〕 卡尔·施米特：《政治神学》（*Politische Theologie*），法译本，巴黎，Editions Gallimard，1988年，第181页。
〔2〕 傅勒：《思考法国大革命》，同上，第34页。
〔3〕 米歇尔·沃维尔语。参看沃维尔文集《为法国大革命而战》，同上，第88页。

的真正朋友。

一般认为，自马鲁的著作问世以后，与批判哲学相联系的反事件史已从历史编纂中消灭了叙事。傅勒建议恢复"短时段"的地位，也就是说历史学家的眼光可以回到事件上来，但不是重建事件史，而是将事件分解：概念化。历史事件的概念化，这个理论的阐述最初见于保罗·梵纳（Paul Veyne）1971年发表的那本颇为繁杂的方法论著作《怎样写历史》。这里暂不详涉傅勒与梵纳的异同。[1] 傅勒抱怨法国学院派中"那些统称历史学家者，并无从事非叙事性的政治史的习惯，或者是将短时段同概念联系在一起的习惯"[2]，这种批评指涉显然宽泛了。矛头对准的是 60 年代以后法国整个学院派的史学风气，包括年鉴派的长时段理论。但更准确地说，傅勒是想用某种概念史去修正他的老师拉布鲁斯和共产党史学家索布尔的经济社会史方法。此时他脑海里已经装着一个三位一体的方案：政治解读，反通史叙事法，重建历史批判理论。这种方法是否过于狭窄和偏激，暂且不论。

与学人追逐时髦理论的姿态相反，傅勒在 19 世纪的史学资源（托克维尔、基佐、米什莱）中看到了重建历史批评的可能性。这是因为，傅勒坚信只有保守政治哲学能够建立一种批判尺度。谈到基佐的革命史著作时，傅勒指出正是政治保守主义使基佐得以从奠基性事件的神话中抽身出来。可是，19 世纪的批判精神也远逝了。法国大革命成了一个刁蛮的左派"君

---

[1] 有兴趣的读者可以参看傅勒的史论著作《历史工作室》（*L'Atelier de l'histoire*），巴黎，Flammarion，1982 年。

[2] 傅勒：《思考法国大革命》，同上，第 249 页。

王"，以至于学界中人一涉及革命史就"惟恐在历史与哲学批评中带上兴师问罪的风格和习气"。革命既是一个在时间流逝中"被冷却了的对象"，也是一个丧失了年代的"热"对象，尤其在 20 世纪，乃至今天。对于傅勒来说，这个历史对象还在当代的政治场域中主导着未来的表现，还革命以其与生俱来的政治阐释权利恰恰可以解决一个法国往事经由历史学延入当代史的那种特殊性，因为"大革命有生辰而无卒年"[1]；就法国事件所开创的政治文化远未被穷尽而言，这个往事仍然是我们的当代史。尤其在左派史学内部，由于某种既定的知识成因（饶勒斯、马克思），产生于历史阐释的话语往往被用来作为当下时代的解释机制并成为政治场域扩大的依据，结果苏联的例子不可避免地像一支回飞镖那样飞回来击中它的法国"源头"。傅勒在《思考法国大革命》一书中初步表述的这个观点，后来成为他考察当代政治形态（十月革命和极权主义起源）的基础（《一个幻想的往事》）。

六

在 60 年代法国学术多中心化的趋势中，雅各宾"学术班子"[2] 是一个怪异现象。傅勒致力于推动的一件事就是重建个

---

[1] 傅勒：《思考法国大革命》，同上，第 15—16 页。

[2] 从 50 年代末起，拉布鲁斯在其执掌的巴黎大学经济 / 社会史讲座四周组建了一个庞大的研究班子，成员多达五六十人，其中包括不少外国学者和正在读博士学位的研究生。傅勒当时在这个班子里承担"18 世纪巴黎社会结构和联系"的研究课题。拉布鲁斯的"经济、社会、政治"综合研究方法与布罗代尔的"长时段"理论汇合是这个时期的法国史学主流。拉布鲁斯那篇 1948 年（转下页）

人工作室。最初的念头可能是写一部有个人独创性的史论。据莫娜·奥祖夫的说法，傅勒在拉布鲁斯的研究班子里感到无所适从；后来他转向"政治史"思路，并形成这样一个看法：革命史的最大启示就是"政治上的唯意志论者必败"，看来得重新思考牵涉民主社会成败的那部分"政制"问题。[1]这个思路一直持续到《思考法国大革命》一书完成和发表。但这部书的主旨不是阐释大革命的"政制"内容，而是清理外围工事的种种错误解释。此书引发了第二次论战。这场论战持续的时间更长，一直延续到法国大革命两百年祭的官方庆典结束之后。论战的主要对手是新史学精神史领域最卓越的建树人之一、巴黎大学终身名誉教授、傅勒师从拉布鲁斯时的同门学兄沃维尔。他指责傅勒这部论著交出来的法国大革命是一部"闪闪烁烁的、不真实的、死亡的"历史。[2]

针对傅勒关于"革命结束了"的说法，沃维尔1979年发表《大革命结束了吗？》一文[3]，针锋相对地反问他昔日的同

（接上页）有关革命起源问题的著名讲演《革命是怎样产生的？》在60年代似乎重又成为一面旗帜。拉布鲁斯有句名言："每隔十年就有经济危机，但不会每隔十年就有革命。"此说被称为"间周期论"。但拉布鲁斯很快就受到来自两个方面的攻击：1964年罗兰·穆尼埃（Roland Mousnier）发表《社会结构研究中的方法问题》质疑拉布鲁斯，并重整旗鼓回到古典社会史研究方法；革命史讲座教授索布尔也批评拉布鲁斯将革命史"社会学化"，势必导致革命史这一独立课题被淹没于计量史的精细方法和连续性的漫长空间。此后拉布鲁斯班子破裂，人员四散，各有归属，知识更新呼声再起。面对学术流变和新人离叛，拉布鲁斯在1965年的一个史学研讨会上邀请学人转向以"历史人类学"为旗号的后年鉴派史学（又称"新史学"），标志着法国学院式的经济社会史集体研究工程的结束，"个人工作室"时代的开始。

[1] 参看《历史学家》（Les histroriens），Armand Colin/VUEF，巴黎，2003年，第285—286页。

[2] 参看沃维尔文集《为法国大革命而战》，同上，第93页。

[3] 沃维尔此文最初是为《历史》（L'Histoire）杂志撰写的，但该杂（转下页）

窗：大革命"对谁结束了？对雅各宾主义的老战士们，还是对傅勒，对我们整个的'修正主义'一代？"沃维尔承认长时段视野的确导致革命史忽略了"权力、国家、意识形态"方面的研究；但他认为傅勒的"概念史"在方法上并没有提出多少新的史料来支持，仅按19世纪的某种政治解读法把大革命简化为"观念－力量"斗争史而已。沃维尔还反驳说，既然傅勒以托克维尔和古参为参照，事实上也将大革命置于"连续性"和"中断"这两个时间概念之中，所不同的是傅勒找到了别的"革命史之父"。

这种另辟蹊径恐怕还不是通常意义上的知识趣味问题。回到托克维尔或重新发现古参，并非绕道或舍本逐末，而是重拾被当代学人搁置的两个基本难题。托克维尔的《旧制度与大革命》一书远不如他那本论美国民主的著作那么鼓舞人心；究其原因，无非是这本讨论制度与革命的书对1789年法国事件采取了并不亚于柏克的批评态度。一个已经洞察到法国大革命那种"活跃而焦虑的、富有智慧和创新的、雄心勃勃的新社会民主精神"[1]的人，他的问题究竟出在什么地方？我们看到，在雅各宾史学传统下，法国历史学家要么对这个问题茫然不得其解，要么有意无意地绕了过去。就法国文献而言，托克维尔的这种命运无疑是法国思想的半个悲剧。将托克维尔的思想肢解成"美国的"和"法国的"两半，未加解释就绕过或舍弃后半，必然带来阐释方面的不能自圆其说。至少对19世纪一个

（接上页）志编委会收到手稿后拒绝发表；后来刊登在《新批评》（*Nouvelle Critique*）杂志上。以下引文参看沃维尔文集《为法国大革命而战》，同上，第87—94页。
[1] 托克维尔：《旧制度与大革命》，第301页。

伟大的民主阐释者来说，他的思想被后人割裂了，并且被安上诸如"历史眼光的局限性"那类毫无意义的说法。

诚如傅勒指出的，《旧制度与大革命》这部书是近代民主政治史文献中的"可怜的长辈"，涉猎的人多，读懂的人少。就个人著作的学力和知识特点而言，《旧制度与大革命》这部未完成的书无论在制度阐释（尤其对公民社会演进过程考察的广度）方面，还是在民主文化成因及其制度化的探讨方面，都远比他那本论美国民主的书要深刻得多。奇怪的是，一个多世纪以来人们却对此持相反的意见。原因在此就不深涉了。不过指出一点是必要的：至今我们对民主概念的崇拜超过了批判精神。傅勒在历史学领域所做的工作，就是修正这种东西。

这个思路以托克维尔和古参的思想资源为依据。这两种资源相隔半个多世纪（托克维尔《旧制度与大革命》一书出版于1856年，古参短暂的历史学家生涯结束于第一次世界大战期间）。按傅勒本人的看法，这两种资源"互补多于悖逆"。古参是一个埋没者被重新发现；托克维尔的情形则十分特殊。他那部被广泛征引的伟大著作《论美国的民主》可能掩盖了一个更深层的问题：民主制度化的局限性[1]。大致说来，托克维尔对法国革命这样一个晚近事件的思考引向长时段的古典史解释，

---

[1] 在《论美国的民主》一书中，托克维尔乐观地认为民主社会可能发生的"多数人的暴政"可通过个人的"政治独立"来加以纠正；参看 Leo Stauss 和 Joseph Cropsey 主编：*History of political philosophy*，University of Chicago Press，1987；Marvin Zetterbaum 撰写的"托克维尔"部分。而在《旧制度与大革命》中，上述观点被修改为"人民专政"（dictature populaire）无法保障"个人反对国家"。参看《旧制度与大革命》第三卷第八章有关在民主制度中重复设置"自由制度"（"人民专政"的又一说法）的段落，以及第四章有关英国行政法的注释；同上，第297、299—300页。

而古参则是从天主教的保守传统回到一个相对晚近的政治事件。所以这两个人永远不会碰到一起。

可是，傅勒所说的"互补"在什么地方呢？如果我们不必拘泥于连续性和中断这些史学研究的框架，托克维尔和古参就会在20世纪走到一起：二人都从同一个事件中预见到了后来延入我们当代史的那种前极权主义性质的东西，而不可思议的是这种东西竟包含在18世纪最激进的民主事件之中。这种"民主悖论"的起源是否包含一种来自历史几何学观念的二元论？这个问题在当代政治哲学的辩论中尚未成为一个主题，但民主的"二律背反"（antinomia）似乎已是学界接受的一个术语。傅勒倾向于将它归入知识和道德范畴。虽然说自由主义政治哲学讨论"革命合法性"是较晚近的事（施米特认为有关革命合法性问题的提出是从霍布斯开始的[1]），但这种合法性之争经由霍布斯、洛克、孟德斯鸠、卢梭、托克维尔（仅举这些主要的思想资源）的积累，足以在今天作为一个问题摆到讨论桌上来：民主的自我纠偏在知识的结构内将始终纠缠着制度创新。至少在法国知识界，这个问题已经被提出来。[2]

托克维尔从源头去考察革命，古参从事件的终点反思革命。两者在时间上形成前和后的衔接。托克维尔暂时把法国大

〔1〕参看卡尔·施米特《政治神学》（*Politische Theologie*），法译本，巴黎，Editions Gallimard，1988年，第165—166页。
〔2〕法国学界最近的一个新动向是考察民主观念的社会化从"人民主权"到代议制的演变过程。这部漫长的民主史，其时间跨度从1789年法国大革命到1989年柏林墙倒塌，已越过两百年。两个事件都在不同的日期开创了新的历史可能性，但无论法国大革命提出的"人民主权"问题，还是两百年后东欧的转型和制度重建，民主仍然是历史中一种具有可变量的价值体系。可看罗森瓦隆（Pierre Rosanvallon）的近作《未完成的民主》（*La démocratie inachevée*），巴黎，Editions Gallimard，2000年。

革命的事件方式和过程放到括弧里，只从长时段去考察革命的起源。这样他就看到"革命只是规范了和调整了一桩大事业的效果并使之合法化"而已；"革命不过是旧制度社会中各种起作用倾向的结局和圆满完成，而非对法兰西及法国人的一种激进改造"。[1]这样一种总体解释必然要借助古典政治哲学关于公民社会构成性划分的尺度：王权、贵族、第三等级，或行政中央集权（古典专制形式下的公共权力）与公民社会的关系。这些关系可以说明，为什么在法国以外，资产阶级无须借助革命就可以登上19世纪主要欧洲国家的历史舞台。在傅勒看来，托克维尔的新颖之处在于"更新了王权扩大这一古典主题"，正是行政国家和公共制度的完善得以对公民社会施加影响。托克维尔在《旧制度与大革命》第二卷第一章的一条附注中写道：在欧洲，自中世纪末期以降，"罗马法到处使公民社会趋于完善，同时倾向于使政治社会衰落"。[2]这个历史悖论的含义就在于，君主制政治上的牢固并不意味着公民社会必然被削弱。在17世纪至18世纪的法国，尤其在路易十四之后强大的中央行政国家之下，反而是民主观念逐渐取代自由贵族观念，亦即公权观念取代特权观念。

傅勒认为托克维尔在《旧制度与大革命》一书中分析的"民主"指的不是一种"社会状态"，而是"精神状态"；这个说法显然是欠说服力的。"民主"一词的涵义在托克维尔那里并不单纯指条件平等，它也包含自由；在他前期讨论美国民主的思路中，作为政治权利的自由概念甚至高于法的平等状况，

---

〔1〕 傅勒：《思考法国大革命》，同上，第176—177页。
〔2〕 托克维尔：《旧制度与大革命》，第244—245页。

而法恰恰是规范这两者的东西。[1]托克维尔分析的前革命社会的公民关系正是民主的一种脆弱形构。按古典自由主义的一个广为流传的观点（譬如列奥·施特劳斯在讨论柏拉图《弥诺斯篇》时分析的"普适协议"[2]），未成文法恰恰可以规范"正义的事情"。民主最广远的基础在于公民社会相对于政治社会的独立性，而这种关系在古典时代是由自然法和未成文法来规定的。取消权力与社会之间的一切空间，必然产生以国家为名义的极权主义专制形态（托克维尔称之为主权名义下的"多数人暴政"）。近代保守自由主义的解决方案是以降低（或改良）政治社会为代价来保障公民社会的空间。16世纪的法国释法者如霍特曼（François Hotman）为缓解王权专制而通过解释罗马法来推动民族国家的组建，结果成为欧洲现代行政国家的先河。

托克维尔曾指出，英国革命后的法律制度虽然残留贵族政治的种种弊端，但随着社会状态和政治宪法转向民主，英国的习惯法却能够保障个人反对国家的权利[3]；而在法国革命的事

---

[1] 譬如托克维尔认为，相对于中央权力的外省自由是很古老的，与习惯、风俗和回忆混在一起，而专制主义反而是新的东西；只不过当权力取消普遍自由的时候，地方自由将受到限制（参看《旧制度与大革命》，同上，第340页）。再如谈到18世纪城市的行政管理时，托克维尔认为旧时代在这方面最显著的特征之一远不是废除一切代表制和居民干预公共事务的权利，而是呈现出极大的流动性：权利时而给予，时而收回，时而扩大，时而减少，并且处在法律不断的修改之中；法国大革命在宣示公民权利的同时却最后摧毁了这些古老的社会权利（同上书，第333—334页）。
[2] Leo Strauss：*Liberalism Ancient and Modern*；法译本，巴黎，PUF，1990年；参看第四篇《论弥诺斯》，第109页。按：《论弥诺斯》又称《论法》，其真伪学界有争议，通常收入柏拉图全集补篇。按施特劳斯的意见，《论弥诺斯》相当于柏拉图《法篇》的导论。
[3] 托克维尔的这个观察见于《旧制度与大革命》第三卷第四章的一个附注。参看托克维尔，同上，第297—300页。

件里，共和三年的"行政宪法"较之革命者起草的一切政治宪纲反而能在革命后的法国历史时间中站得住脚。这是因为，民主的奠基性事件远不是对国家和人的一种激进改造，而是通过宪政框架给公民社会以法的地位。法国大革命未能实现这一政治目标，其结果是以平等名义实践的"人民主权"变成了对自由个人的压迫。当权力与社会的一切距离被取消，维系自由个人关系的那种公民社会空间便不存在了。这就是托克维尔的最终观察："法国大革命粉碎了这些社会联系，未能代之以政治联系，结果是革命同时准备了平等和奴役。"此结论见于《旧制度与大革命》第三章的一个附注。[1]

从托克维尔我们可以看到傅勒概念史的特点，回到政治解读并非意味着历史方法的单一化。即便我们不强调历史学那种容易感染一切的跨学科并发症，一切历史阐释都可能是政治史，更不用说法国大革命作为历史对象的那种特殊性了。傅勒解开了一份思想文献的个案。至少他把被悬置的后半个托克维尔的脑袋位置给调整过来了，并且提供了学人可以接受的一种经典解读。这是《思考法国大革命》一书最出色的部分。

七

"一切历史都是当代史"这句习语，如果不是指某个往事内涵的延伸，那就不会有多大的当代含义，至多是某个历史文本在时间的延续中带上新的阐释者赋予它的美学印记而已。傅

---

[1] 托克维尔：《旧制度与大革命》，同上，第289页。

勒从一个往事的回溯性幻想中发现了 20 世纪历史的一个悲剧根源：法国大革命是当代极权主义的母体。认真讲出这事是需要勇气的，尤其当你是一个大革命史学家。傅勒指出："19 世纪相信共和国；20 世纪相信革命。"这是就历史意识相区别的主导倾向而言的。1789 年以后，自由主义者们的共同想法是结束革命，或者说以一种平静的革命来完成业已起草的宪政方案。在欧洲，可以说 19 世纪致力于建构现代民主的代议制；而与此相对立的是 20 世纪的共产主义，它以人类解放的名义继续重复革命的救世论。

　　法国革命的历史阐释产生了绝然相反的两种政治想象。无论对今日的保守自由主义还是左翼知识界，证实这种亲缘性实在是一个感伤和无奈的观察结果。早在傅勒之前，施米特就已提到过"法国大革命及其马克思主义的后续形式"，只不过他从革命的合法性（jus revolutionis）去追溯根源，倾向于把它看作新教改革的非神学化版本。[1] 而且施米特从国家理论和法哲学的角度考察过卢梭的"公意"理论。在泛神论的世界图像里，处在世界以外的主权者毕竟还是世界这部"大机器"的一个装配者；而当革命终于使"主权者"（人民）变成"制宪权"之后，此种集一切权力的"公意"也就在一神论的外观下成为惟一的合法性，独裁也随之而来。施米特接着在分析柯特斯（Donoso Cortès）的政治浪漫主义时指出，对于天主教自由主义者来说，1848 年革命再次提供例证：公权理论进步的背后也带着"独裁"的影子。当代思想的这种悖谬的同源性由于极权主义的出现而变得严重了。这就需要思考，是什么导致 20

_____

〔1〕 卡尔·施米特：《政治神学》，法译本，第 102 页。

世纪的革命观念转移了 19 世纪的宪政方案？

傅勒似乎倾向于将这一现象归咎于政治的或宗教的认同机制。因为哪怕再人格化的独裁制度，其理论上的特征最终都归结为某种转化为政治动力和意识形态的知识性幻想。20 世纪的革命理论即是一例；它仿照 1793 年的雅各宾"恐怖政策"，将它纳入某种历史"必要性"的解释机制，应用于古拉格群岛那样前所未有的政治场域，结果演变成 20 世纪极权主义特有的肃反、公安专政、改造人的理论。

在当代思想里，这种"范式"的来源长期被历史范畴遮蔽了。傅勒在《1789—1917：往返》一文中指出，法国大革命至少在两种人之中都制造了一种"认同 – 排异"关系。作为革命"后嗣"的自由主义者不太喜欢人们给他们出具一张来自革命暴力的"出生证"，而社会主义者或左派则因怀疑 1789 年的原则而坚信革命的教理。[1] 对于后者来说，这种认同关系之中又包含了马克思主义将法国大革命全部政治关系综合成"资产阶级革命"的单一公式。于是历史必须绕过 19 世纪。1917 年成了二次革命开创的新纪元。无产阶级革命取代了宪政，却依然保存 1789 年往事的最纯粹的来源：人民主权。这个世俗化的"神权"不再给宪政留下任何余地。没有公民社会了，权力等同于社会；"经由公意，王者人民从此神秘地与权力重合；这个信仰成了极权主义之母"。[2]

这里触及的是"主权"起源的那种前政治自然法的性质

---

〔1〕 傅勒：《大革命论争集》（*La Révolution en débat*），巴黎，Editions Gallimard，1999 年，第 175 页。
〔2〕 傅勒：《思考法国大革命》，同上，第 232 页。

（因而也是革命合法性的那种普适性的神权特征）。稍加比较我们会发现，施米特的深刻就在于将此种抽象物的本质放进"政治神学"的法哲学领域来详查；而傅勒的分析过于直接，缺少一个论证中介。这也可以理解，一个优秀的职业历史学家不会把讨论历史哲学作为他分内的主要工作。不过傅勒有句话说得好：社会契约持有人乃是"藏在黑夜里的公意"。这个但丁式的比喻道出了卢梭的悲观主义真理：在法与事实之间，"公意"将永远是落进黑暗的民主；不可能找到能同理论相结合的民主实践。

按卢梭的定义，组成公意的每个公民的权力是不可转让的，因而是不能被代表的，所以任何代议制本质上都是反民主的。可是民主的发明恰恰是人类自由的要求。当1789年的革命者实践卢梭的方案时，结果是民主的最严谨的表述变成了人类历史上"最严酷的民主"。如果从柏克算起，民主在法国经验中的那种近乎古典悲剧的情节在英美学派和欧洲大陆学者之间引起的政治哲学讨论已经持续了两百年。它成了两个版本的来源。至今，有关法国革命和英美革命两个版本的争论远未结束。

卢梭思想的魅力远远超过它引出的歧义。在人的自由方面，卢梭提出最激进的解决方案，同时又预言了"民主的悖论"：在严酷的民主和完美的霍布斯主义之间没有第三条道路。这个近乎天启的预言迫使西哀士等宪政派政治家在"最高"和"最低"之间设想一个中项；从容器转向内容；从普适性转向内核：代议制。从理论上讲，政治民主即便没有第三条道路，也不见得就导致"严酷的"革命。出现这种情况，一定是政治场域出了问题。傅勒把它归咎于革命者过早偏离了宪政方案；既然代议制"已经被作为启蒙哲学的社会学对应物而起草完成了"，它是有来源的，有材料和携带人的，因此革命在政治上的失败只能归咎于革命者未等工匠搭起房子就"让材料早早发火和点燃携带人的革命计划"。另一层原因：政治不是一个可界定的对象，那种场域性的因素超出了人的想象力。傅勒援引米拉波的话说：1789 年是没有先例的，"那时的政治家们'观念超前'，他们在政治行动的方式上只好临场发挥了"[1]。这两种理由不管哪一种，都引向显露事件特征的那种历史行为方式。这已经是古参的思路了，也是《思考法国大革命》一书最后章节的内容。

傅勒认为，在革命史学里，古参的著作最有原创性的地方就在于将雅各宾现象揭示为一种由"思想学社"转化而来的社会政治类型。这个推论的资料来源并不新，它来自保守思想的一个传统论点，即 18 世纪末流行的关于法国大革命建立"知识分子共和国"的著名说法。古参的创新在于他以新的社会学术语将雅各宾现象放到社会政治层面：雅各宾主义是在"社会公论"名义下的集体意志、学社专政和权力的社会化。这样，古参就触到了"法国大革命最神秘的地方：它的政治动力和文化动力"[2]；这种动力在 1793 年第一次显露出极权主义的征象：革命恐怖。傅勒是这样概述这一思路的：此种"思想社会一旦上升到其曲线的最高点，就变成一个政党，自命代表社会和国家，处于对等地位"；"1793 年秋：正式宣布公安专政，它成为大革命的真相。在古参的用词里，公安专政标志着'社会公论'的胜利，它从此成为社会的惟一代表者，而社会则被重新命名为'人民'；至于它的工具，即学社专政，则成为雅各宾主义的核心……这不是在文学共和国里统治，也不是在社

---

〔1〕 傅勒：《思考法国大革命》，同上，第 71 页。
〔2〕 傅勒：《思考法国大革命》，同上，第 221 页。

会里统治，而是对社会实行统治"。[1] 当革命成为一种超越历史的唯意志论并靠指定假想敌（阴谋论）来建立新秩序时，就会发生傅勒所说的历史主体"消失于政治场域组建"的那种悲剧。1793 年如此，20 世纪也是如此。政治上：肃反、大清洗、改造人；取消投票权；实行公安专政、集体领导制（"雅各宾主义是一种天天靠集体赞同来神秘地推动的制度"[2]）；以"人民专政"的名义（雅各宾主义的秘密就在于"机关"藏在"人民"的影子里）取消公共自由，取消公民社会与权力之间的一切距离。社会层面："在共识对思想的恐怖主义之后，接踵而来的是权力对人和事的恐怖主义——古参称之为：人身社会化，尔后财产社会化。"[3]

对于中国读者来说，上述现象并不陌生。有趣的是，巴黎大学革命史教授沃维尔在一篇批评"修正主义史学"的文章中提及他遇到的"中国历史学家"宣称："我们是热月党人。"[4] 沃维尔这篇文章发表于 1989 年底。可是从那个日期以来，我并未看到中国"热月派"历史学家的任何文章（但愿是我孤陋寡闻）。回头去看官方史学会编辑出版的革命史论文集[5]，人们也许不会惊讶于中国式的马克思主义"通俗版本"革命史，但对那个年代中国知识分子把罗伯斯庇尔的"恐怖政策"奉为大

---

[1] 傅勒：《思考法国大革命》，同上，第 230—231 页。

[2] 傅勒：《思考法国大革命》，同上，第 228 页。

[3] 傅勒：《思考法国大革命》，同上，第 246—247 页。

[4] 沃维尔：《关于法国大革命修正主义阐释的思考》（*Réflexions sur l'interprétation révisionniste do la Révolution française*，载《美国法国史学会学术讨论会论文集》，1989 年 12 月 27—30 日，第 16 卷，1990 年第 4 期。另参看沃维尔文集《为法国大革命而战》，第 99 页。

[5] 譬如《法国史论文集》（中国法国史研究会编），北京三联书店，1984 年。

革命灵魂的热烈文字不会不有所沉思。

在傅勒看来，历史与当代政治"叙事"的混用，知识分子是有责任的。谈到知识分子与历史的那种特殊关系时，傅勒指出，20 世纪共产主义观念的想象历程比它的实际历史还要长。[1]譬如透视法国左翼知识界形成的"法国的马克思主义"，人们会再次发现那种被称作"知识分子共和国"的东西，它被转嫁给苏俄革命。从孙中山到毛泽东，苏俄革命也曾经是中国革命的一个范本。傅勒指出，这就是为什么那些自恃拥有"革命基础"的社会，尤其拥有相对晚近"革命基础"的社会，谱写它们的当代史总是特别地难。[2]1989 年，一个政治时代结束。柏林墙倒塌使傅勒得以将这种"观念－现实"的漫长综合作为一个"往事"并为之写史。历史在某种意义上终结了。被投入时间中的人重新面对一种新的历史命运。中国还是一个幻想的往事。革命还在继续言说，仿佛那是新世界的一道灵光。这里不妨借用保罗·利科的一个说法：在思想的庇护下，"事件、年表和伟人重又归来"。[3]

八

法国大革命发明了什么？如果我们稍微注意本书上篇第 5

〔1〕 傅勒：《一个幻想的往事：论 20 世纪的共产主义观念》(*Le Passé d'une illusion. Essai sur l'idée communiste au XXe siècle*)，巴黎，Robert Laffont/Calmann-Lévy，1995 年，第 15 页。
〔2〕 傅勒：《思考法国大革命》，同上，第 115 页。
〔3〕 保罗·利科 (Paul Ricoeur)：《法国史学对史学理论的贡献》，中译本，上海社会科学出版社，1992 年，第 98 页。

章结尾那个小小的过渡句，我们会看见作者的一个思路：给古参的大革命画上句号，我们就"从古参走向了托克维尔"。从这里，事件的结束敞开了它自身多种可能性的解释：热月九日罗伯斯庇尔倒台，社会收回了它相对于政治的独立性。但法国大革命的普适性并不限于体现在这个日子。它的意义在前，1789 年的宣言；也可能往后，下溯到于勒·费礼。

　　傅勒从大革命的"下游"去阐释它的结果，这就是他在《共和国的奠基人于勒·费礼》[1]一书中所做的尝试。费礼在革命近一百年后建立了现代民主制的公共自由，还首次开办公立学校，确立了政教分离的原则。这是起源性质的东西，所以傅勒最后承认 1789 年是一个起源的日期：民主文化是法国大革命的真正大事降临。就像政治上的怪异本身也构成了它的魅力一样，法国事件的普适性就在它自身的悖论之中："法国大革命并不是一个过渡，而是一个起源和关于起源的幻想。这就是它身上创造了历史价值的独一无二的东西，正是这种'独一无二'后来成了普适的价值：民主的初次试验。"[2]

　　诚如傅勒指出，人们只看到柏克对法国的批判，其实柏克之后欧洲文化分成了两个历史版本。柏克所说的法国大革命的"政治怪异性"，其实是从英国习惯法（common law）做出的一种批评，因为柏克看到法国的事件打破了欧洲的传统，这个传统就是欧洲文明的连续性，它其实是由英法历史上共同的公民自由权观念奠定的，即托克维尔在长时段视野中试图把握的那种已经具备普适性的东西，只不过英国人将体现在习惯法中的这些承袭

---

〔1〕　傅勒: *Jules Ferry, fondateur de la République*, Paris, EHESS, 1995。
〔2〕　傅勒:《思考法国大革命》，同上，第 109 页。

原则放在第一位并铸成神圣的成文法（statute law）；法国人则希望一天之内就将它在缓慢的时间流程中必然要显露的内容提前公布于世。这个必然显露的内容就是：人权。法国革命带给世界的是这样一种全新的社会组织原则：由自由和平等的个人组成的社会，其基础不再依照自然的、承袭的、有等级的自由概念，而是依照"人权"这个普遍原则。傅勒甚至认为英美革命的"天赋人权"说未脱古老的"宗教外观"，因为社会进步仍被视为一个自然秩序或造物主的秩序。这个说法当然是值得商榷的，因为施米特等人已经在他们的著作中讨论过神权与自然法的关系。总之，英国的自由主义传统与法国1789年的遗产之间的距离一直未能填补。直到两百年后的今天，"现代民主还在从柏克对比的这两个版本中汲取资源，却始终未能使两者汇合"[1]。

如果革命是一种政治想象，那么它也是一种话语。"为什么这种话语要由法国人来发明呢？"傅勒书中提出的这个问题，至今还是仰天长啸。也许应该换一种方式：这种话语的本质是什么？1989年，傅勒曾批评法国革命两百年祭官方活动缺少新意，那是因为仪式最后变成了"庆贺民主，忘记革命"。这话当是影射为庆典而准备的学术活动被雅各宾派的纪念性史学垄断了。如果从1982年沃维尔获文化部委托筹组"法国大革命两百周年学术委员会"算起，法国的两百年祭学术活动前后历时八年，可谓隆重至极。怎样纪念革命，最后变成了怎样透视革命。按傅勒本书中的一个说法，这种话语就是革命时期那些伟大立宪派发明的代议制。如果按他们的方案，"承认人民是可以被代表的，那就朝这种代表制的定义和使之得以诞生

---

[1] 傅勒：《柏克或欧洲单一历史的终结》，载《大革命论争集》，第127—154页。

的程序敞开了道路：这就是在我们的历史上由制宪议会首创的制度"[1]。这样，法国大革命的真谛就不再单纯是人所亲历的一个事件，而是超越了事件亲历者的一个制度性构想。

九

1989 年的学术转向不仅改变了一种历史写作，也使得一种被"历史学"掩盖的东西浮现出来，它意味着法国大革命的遗产不再是雅各宾主义，而是人权和代议制。这是《思考法国大革命》一书未能完成的一个阐释主题，但作者在书中已经绘出路径。顺便提一句，此书是为已经充分掌握史料的历史学专业人士而写的，译者不得不为书中涉及的大量人名和事件加注。这可能加重了出版商的负担，但对公众阅读这本书想必是有所助益的。凡译者所加注释，一律以"译注"或"译按"标明，以免鱼目混珠；又，译文中个别地方为避免语义混淆而添加的字句，亦以方括弧标出。

我从坊间注意到，在傅勒之后，一批学人正在探讨法国大革命的普适性。这个动态可能成为革命史学更新的一个机会，也将给现代政治民主制度的阐释带来新的思考。这里我要特别提到马塞尔·高谢的两本近著：《人权革命》（1989）和《权力革命》（1995）[2]；前书是对 1789 年 8 月 26 日《人权宣言》

---

[1] 傅勒：《思考法国大革命》，同上，第 255 页。
[2] 马塞尔·高谢（Marcel Gauchet），*La Révolution des droits de l'homme*, Paris, Editions Gallimard, Bibliothèque des Histoires, 1989. *La Révolution des pouvoirs. Souveraineté, le peuple et la représentation, 1789–1799*, Paris, Editions Gallimard, Bibliothèque（转下页）

（*Déclaration des droits de l'homme et du citoyen*）全部十七个
条款的分析，后书考察法国大革命在代议制方面的成败与得
失。另外我还要提到年轻史学家罗森瓦隆的工作，他近年致力
于研究法国代议制的历史沿革。[1] 2002 年 3 月 28 日，他在法
兰西公学（Collège de France）正式就任现当代史讲座教授暨
首堂课开讲仪式上提到一个已经不能来听他讲课的人——"一
位大师和朋友"，他作为弟子受过他的帮助，而且他的首讲题
目就是循这个人的思路而来的："阐述一种政制概念史"[2]。这
个人的名字叫作：弗朗索瓦·傅勒。

2004 年夏，巴黎

（接上页）des Histoires，1995。

[1] 参看罗森瓦隆（Pierre Rosanwallon）的三本书：*Le Sacre du citoyen*, Paris,
Editions Gallimard, Bibliothèque des Histoires, 1992. *Le Peuple intrcuvable*, Paris,
Editions Gallimard, Bibliothéque des Histoires, 1998. *La démocratie inachevée*,
Editions Gallimard, 2000。

[2] 罗森瓦隆：*Pour une histoire conceptuelle du politique*（*Leçon inaugurale au Collège
de France*）, Paris, Editions du Seuil, janvier 2003。

告读者

这本书由两个部分组成,分别与两个不同的写作时期相对应,编排次第则正好将上下篇的写作年代顺序颠倒过来。

上篇构成一个问题的综合尝试,自从我开始研究这一史期,这个问题就不停地纠缠于脑际:怎样思考法国大革命这样一个事件?下篇介绍我依次思考这个问题的阶段和材料,以期阐明思路进展的脉络。

下篇的第一篇文章,是我同研究法国大革命史的共产党史学家们的一次论战,此文用意在于勾画构成今日占主导地位的大革命现象阐释方法的种种破绽。这次论战产生于知识分子生活的一些偶然事件:时隔七年,我不认为有必要以一种人为的不偏不倚的笔调再来重写它了。一仍其旧,反能以其方式见证法国大革命作为法兰西学术界利害关系的那种特殊性。我只希望,它得于时令际遇的东西无损于它的论证部分。概我心之所系,仅此耳。

这件有点儿笨拙的清理工作,另有两篇论文作为后续,讨论在我的批评工作中让我受益匪浅的两位作者:亚历克西·德·托克维尔和奥古斯丁·古参。至于个中原委，读者于篇页间顺藤摸瓜，自会明白：托克维尔和古参不仅提出一种严谨的法国大革命概念化方法，也是惟一探究本书所提问题的两位历史学家。二人的分析在我看来互补多于悖逆，正是以他们的分析为起点，我提出了见于本书上篇的阐释体系。我是循着他们的足迹工作的。能在这部论著的篇首写上这两人的名字，私心以为幸甚。

法国大革命结束了

一

　　研究墨洛温王朝诸王或"百年战争"的历史学家，用不着随时出示研究许可证。只要他学过一些技巧，有一点耐心和客观性的修养，社会和职业便允许他去做。至于讨论〔历史的〕结果，只要调动饱学之士和渊博学识就行了。

　　研究法国大革命的史学家可就不一样了，他必须提供专业技能以外的其他头衔。他得显露他的色彩。首先，他得说明他从何谈起，他思考什么，探求什么；而且，他写出来的有关大革命的文字对他的工作本身还有某种先决意义：那就是他的观点。这种判断方式，研究墨洛温王朝可以不强求，但研究1789年或1793年就不可或缺了。叫他给出观点，叫他什么都得讲清楚，结果他成了保王党、自由派或雅各宾党人。而通过这种得以通行的口令，他的史学也具有了一种含义，一种地位，一种合法性的头衔。

　　令人惊奇的并不是这部史学跟所有史学一样包含知识的前提。没有清白的历史阐释，写出来的历史仍然处在历史之中，仍然属于历史，仍然是按定义介于当前和过去之间一种不稳定关系的产物，仍然是某一种精神的各种特殊性和它可能在往事中扎下根基的巨大场域之间的杂然交错。然而，即便全部历史学在好奇心的等级中都可能牵涉一个选择，或一个参照，也不见得就意味着非得对所处理的课题给出一种看法不可。出现这种情形，一定是这个课题在历史学家身上或在公众之中牵动了某种在时间流逝中残留下来的政治的或宗教的认同能力。

这种认同可以被流逝的时间抹去，也可以保存下来，甚或得到加强，这就看历史学家处理的课题是不是继续挖掘它当前的意义、它的价值和选择的意义了。克洛维和法兰克人入侵事件[1]在18世纪是个热门话题，因为当时的历史学家想从中寻找开启那个时代社会结构的钥匙。他们以为法兰克人入侵是划分贵族和平民的起源，因为当时征服者来自贵族阶层，而被征服者属于平民阶层。今天，法兰克人入侵事件已经失去了当下的一切参照，因为在我们生活的这个社会里，贵族已不再作为社会原则而存在了；既然法兰克人入侵事件不再是一个世界的想象的镜子，也就失去了这个世界给它蒙上的历史学显赫外观，它也就从社会论战领域转移到学者讨论的领域去了。

从1789年开始，纠缠于整个民族史编织起来的起源问题的探讨恰恰重心又落在革命性的〔历史〕中断[2]问题上。就像

---

〔1〕克洛维（Clovis，约466—511）：墨洛温王朝末代国王，法兰克王国创建者。公元481年成为法兰克撒利克部首领，在莱茵河流域建法兰克王国。486年西进高卢，灭西罗马帝国在北高卢的大将希格留斯，占领卢瓦尔河以北地区。496年皈依天主教，得高卢罗马旧臣归顺。507年击败西哥特人，将高卢西南部并入法兰克王国。法兰克人入侵高卢，属史称"大入侵"（Grandes Invasions）时期蛮族入寇西罗马帝国的一支。——译注

〔2〕这里"中断"（rupture）的概念，指某一历史形态的中断，亦指一个新历史形态的起源。作者显然不同意用这种历史方法来解释大革命的结果。自布罗代尔提出"长时段"（la longue durée）概念之后，法国史学的传统历史分期（转下页）

从前大入侵构成了贵族社会的神话（关于起源的伟大叙事），1789 年也成了一个新世界的诞生之年，亦即建立在平等之上的新世界元年。一个纪元取代另一个纪元，因而也是一个新的民族身份的时间界定，这也许是西哀士神父[1]天才洞见的最伟大特征之一了；早在这一奠基式事件发生前几个月[2]，他就已预见到并提前赋予这一事件以其圆满的含义："……第三等级[3]不应该害怕回到往昔。它将效法征服事件发生前的那一年；既然它如今已经强大到不会让人征服，它的反抗想必更有成效。干吗不把那些疯狂维护其征服者种族出身并承袭了征服者权力的家族统统赶回法兰克的深山老林里去？我想，到那时，一个清除了鞑虏的民族终于意识到自身只剩下高卢人和罗

（接上页）已被打破，历史现象（事件）不再是史期划分的主要依据，"连续性／中断""现在／过去"这些基本概念也被放到更长的历史时间中加以考察。在大革命史学领域，尽管在勒费弗尔之后已有大量乡村和制度史的研究成果，但长期占主导地位的"事件史"观点还是导致把"革命"从旧制度史料中孤立出来的做法。这是傅氏此书的批评焦点之一。——译注

[1] 西哀士（Emmanuel Joseph Sieyès，1748—1836），天主教神父，法国大革命时期政治活动家。1787 年任夏特勒代理主教，次年移居巴黎。革命前发表《论特权》（1788）和《何为第三等级？》（1789），尤以后书名噪一时。以第三等级代表身份入选三级会议，成为推动三级会议向国民议会转型的主要策动人之一；同年加入雅各宾俱乐部，被罗伯斯庇尔喻为"革命的鼹鼠"；制宪议会期间起草"宪法预备草案"及主张两院制，均受挫。1792 年当选国民公会议员，属斐扬派。1795 年当选督政官，拒上任，但接受入主"五百人院"。与拿破仑·波拿巴共同策划雾月十八日政变后，曾任临时执政官，参与共和三年宪法起草。1815 年拿破仑一世"百日王朝"失败后，西哀士逃亡比利时。——译注

[2] 《何为第三等级？》（*Qu'est-ce que le Tiers Etat?*）一书写于 1788 年底，1789 年 1 月发表。

[3] 第三等级：指法国大革命前（旧制度时代）除僧侣和贵族以外占人口绝大多数的所有平民阶层，包括资产者、农民、小手工业者等，但隶属领主庄园的农奴不在此列。——译注

马人的后裔组成，该会欣然告慰的吧。"[1]这几行文字有两层意思，首先是点破贵族产权证书凌驾于民族的虚构性；其次是指出哪怕贵族产权证书是真实的，也要由第三等级去恢复征服前的社会契约，或者不如说，通过废除几个世纪的暴力篡权去建立社会契约。这两种情形讲的都是给平等以一个合法的诞生日期，以此来重构民族的"真正的"起源：整个1789年就在这里。

可是，大革命史的社会职能却是维续这种关于起源的叙事。不妨看一看法国史学研究的学术分期："近代"史结束于1789年，伴随着被大革命命名为"旧制度"的那一切；旧制度虽然没有一张明确的出生证，却有了一张正式的死亡证书。从此，大革命和帝国成了一个单独的、自成一体的研究领域，拥有自己的教席、学生、学社和杂志；从攻克巴士底狱到滑铁卢之役，其间流过的四分之一世纪时光携带着某种特殊的尊严："近代"史期的结束，"当代"史期不可少的序曲奏响，而"当代"始于1815年，这一年又是前后史期分别获得各自含义的"中间环节"；由此形成一道分水岭，从这里，法国历史或回溯它的过去，或探向它的未来。尽管这种年代划分不可避免地带来学术上的某些荒唐，但由于我们的学术机构始终忠实于大革命的行动者们所经历的良知，故得以将我们民族历史的秘密托付给大革命时期以及研究这一时期的历史学家。1789年是上游和下游的关键。它区分两者，界定两者，又"解释"两者。

朝下游看，也就是始于1815年的那个时期，一般认为是

----

〔1〕《何为第三等级？》，Paris，1888，chap. Ⅱ，p.32.

大革命使这个时期浮现出来，使之变得可能的，从而揭开了一个时代。但光说大革命"解释"了我们当代的历史是不够的。它就是我们的当代史。这是值得加以思考的。

就像旧制度有卒年而无生辰一样，出于同样的原因，大革命有生辰而无卒年。前者受累于一种否定的因而是死亡的年代定义，后者则是一个过于宽泛的承诺，显露出一种不明确的弹性。即便从短时段着眼，也是不易"标明年代"的：依历史学家给事件做出的意义，大致可以把它圈定在 1789 年；这一年，最终的盘点基本上已经确定，旧制度那一页已经被翻过去了——或者，也可以延伸到 1794 年罗伯斯庇尔被处死，也就是强调那些委员会和区治[1]的独裁时期、雅各宾史诗以及共和二年的均权主义运动。要么，也可以下续到 1799 年的"雾月十八日"，如果想把热月党人保留雅各宾派的东西也考虑在内的话，包括弑君政府以及同王权欧洲的战争。当然还可以把拿破仑的冒险也纳入大革命史，也就是延续到执政府末期，或者

---

[1] "委员会"（comités）：大革命时期，尤其是国民公会时期，政府行政及司法机构的名称，包括"军事委员会""公安委员会""全国安全委员会""外交委员会""革命监督委员会"等。这些权力很大的"委员会"事实上组成了革命时期的专政机器。"区"（sections）：大革命时期巴黎的行政区划。同时设为"选区"（circonscriptions）。1790 年 5 月 21 日的制宪会议决定将原三级会议划分的巴黎 60 个区缩减为 48 个区。未设区政府，但每个区只要征集到 50 人联名提议即可召开区公民大会，制订和通过各种决议；区公民大会几乎不受任何限制，可随时召开，成为革命时期"公民执政"的一个范式。因此区治行政事务实际操控在少数活跃分子（尤其是"无套裤汉"）手里。此种无政府状态的区治形式在革命期间成了党派通过区活动人员操控政局的重要地盘，也成为民众骚乱的策源地。如 1792 年 8 月巴黎市府（时称"巴黎公社"）起义攻占土伊勒利王宫事件、1793 年 5 月 31 日和 6 月 2 日山岳派策划民众冲击国民公会要求逮捕吉伦特党人事件，均由区活动分子率先发动事变。山岳派倒台后，国民公会于 1795 年撤销巴黎的 48 区设置，代之以新的 12 区设置（arrondissements），原来的区公民大会也改为区议会（conseils municipaux）。——译注

延续到"哈布斯堡婚礼"[1]，也可以延续到"百日王朝"[2]：所有这些年代分期都有各自的道理。

我本人也梦想一部更长的大革命史，更远地向下游延伸，其终点不早于19世纪末或20世纪初年。因为法国整个19世纪的历史可以被视为大革命与王朝复辟之间的斗争史，经历了1815年、1830年、1848年、1851年、1870年、巴黎公社、1877年5月16日等历史插曲。只是到了第三共和国初年，共和派对王政派的胜利才在国家的广大纵深地带最终签署了大革命的胜利：较之革命的机器本身，政教分离的始作俑者、1789年价值的传教士于勒·费礼[3]更称得上是赢了这场漫长战役的象征。乡村的和农业的法国经历1789年的原则而融入共和制国家，这个过程至少持续了一百年；而在布列塔尼或西南部等很多方面落后的[4]地区，融入过程明显就更长了。法国空间的这种较晚近的历史，就其基本方面而言，尚有待于撰写，更何

〔1〕 指拿破仑一世与奥地利公主玛丽－露易丝·德·哈布斯堡－洛林的婚礼（1810年4月2日）。奥地利皇帝弗兰茨一世1809年在奥法战争中失利后，为同法国媾和，被迫接受将其女玛丽－露易丝公主嫁给拿破仑。是为拿破仑与约瑟芬离异后的第二次婚事。——译注

〔2〕 拿破仑一世1815年3月20日从流放地厄尔巴岛返回巴黎，恢复帝制，6月18日兵败滑铁卢，22日被迫第二次退位，史称"百日王朝"。——译注

〔3〕 于勒·费礼（Jules François Camille Ferry, 1832—1893）：法国政治家。第三共和时代历任公共教育部长、艺术部长、内阁总理。首倡政教分离，实行公共教育改革，推行初级义务教育，允许开办女子中学；在社会领域扩大公共自由，确立公民有集会自由、新闻自由、工会结社自由的权利。是为法国现代民主制度确立的重要时期。——译注

〔4〕 此处所用形容词"落后的"只具考察值。有关这种"落后"的分析以及有关通过学校和政策促进共和制整合的分析，参看莫里斯·阿古龙（Maurice Agulhon）著作的中心内容（尤参看 *La République au village*，Paris，1970）。欧根·韦伯（Eugen Weber）的新著 *Peasants into Frenchmen. The modernization of rural France 1859–1914*（Stanford，1976）里也可以找到这方面的例证。

况它也构成了一部大革命史。共和派的雅各宾主义与巴黎的专制联系十分久远,只是到了 19 世纪末叶,它获得法国农村地区的多数票支持,才最终取得了胜利。

所谓"最终取得",并不是说像一种一致公认的价值那样兑现和内在化,无须再讨论了。直到 20 世纪中叶,庆祝 1789 年的原则(精心把它列为教学内容),或者谴责 1793 年的罪行(其中包藏对 1789 年原则的拒斥),两者都一直处在法国政治表述的中心。法西斯主义给观念冲突带来了某种国际性的维度。颇有意味的是,德国胜利后在维希扶植起来的政权,亦即法国式的法西斯主义,它采取的形态也不是特定法西斯主义的,而更多是扎根于 1789 年阴魂的传统主义。40 年代的法国仍然是这样一个国家,它的公民必须挑选历史,填写出生年月,选择旧制度或大革命。

在这种形式下,随着法西斯主义的失败,1789 年的参照反而从法国政治中消失了:今天,无论右翼还是左派,双方的说辞都为自由和平等弹冠相庆,而围绕 1789 年价值展开的辩论不再包含真正的政治利害关系,也不再包含强大的心理投资。之所以有这种一致性,那是因为政治辩论已经单纯地从一种革命转移到另一种革命,从过去的革命转移到未来的革命:将冲突转让给未来,也就能在遗产问题上达成某种表面的共识。事实上,这种遗产仍在继续主导着未来的表现,就像一种古老的地层被后来的沉积物层层覆盖之后,在不断地塑造地势和风景。这是因为,法国大革命不仅仅是共和政体。它也是一个不明确的平等诺言,一种优先的变革形式。只要稍加观察就会看到,不是某种国家制度,而是一种普遍的历史基质使它重新获得动力,恢复它那迷人的力量。19 世纪相信共和国。20 世纪则相信这种革命。这两个形象里是同一个奠基事件。

的确，19世纪末的社会党人把他们的行动构想为既同共和派利益一致，又与共和派不同。利益一致，是因为在他们眼里共和国是社会主义的先决条件。不同，是因为政治民主始终是社会组织形态的一个注定要被超越的历史阶段，1789年建立的恰恰不是一种稳定状态，而是一个运动，其逻辑乃是超越的逻辑。争取民主和争取社会主义，这两种斗争其实是同一个平等原动力的两个相继的形态，都来源于法国大革命。由此构成了人类解放的一个视野，一种线性的历史，其第一阶段就是1789年价值的出现和传播，第二阶段则是完成1789年的承诺，但要经过一场新的革命，而这次是社会主义革命：这是一个设有双重扳机的机制，用它来作为革命史（譬如饶勒斯[1]式的）的依据，但制订这一机制的那些伟大的社会主义者没来得及（原因就不说了）确定第二阶段，因为这个第二阶段在当时还是未来的事情。

随着1917年的到来，一切都改变了。社会主义革命从此有了一副尊容，而法国大革命不再是一个可能的未来的铸模，这个未来是人们期盼的，又是可以指望的，但它还没有内容。它成了一个大事件的母亲，这个大事件是真实的，有日期，有记录：1917年10月。正如我后来发表的一篇论文指出的那样，俄国革命之前、革命期间以及革命之后，俄国的布尔什维

---

〔1〕饶勒斯（Jean Jaurès, 1859—1914）：法国政治家、哲学家、历史学家，著名社会活动家。法国《人道报》创刊者。作为历史学家，他1901年至1908年主持编写的《法国大革命的社会主义史》（*Histoire socialiste de la Révolution française, 1789–1900*）对后来的"雅各宾派"史学（马迪厄、勒费弗尔）产生了很大影响。1903年饶勒斯在国会支持下创立"法国大革命经济社会史文献研究及出版委员会"，故又被视为法国学院派史学的奠基人。——译注

克在精神上从未中断这种母子关系。但出于间接的影响，研究法国大革命的历史学家们把他们过去的感情或判断也投给了1917年，并且倾向于做出前一次革命预示了或预先塑造了第二次革命的推论。就在俄国取代法国在历史中扮演前卫国家角色之时——好坏暂且不论，因为俄国毕竟是从法国和19世纪的思想那里继承了革命选择——历史学的不同话语却在这两种革命之上走到一起了，互相感染了。布尔什维克的前辈是雅各宾党人，而雅各宾党人扮演了共产党人的前身。

　　法国大革命的历史快两百年了，却还是一种关于起源的叙事，还是一种身份话语。在19世纪，这部历史几乎与它重新勾勒的事件没有什么区别，因为1789年开场的这出戏后来又一代接一代地重演，还是围绕着同样的利害得失和同样的象征，出于一种回忆的连续性，而这种回忆也变成了崇拜物或憎恶之物。大革命不仅创造了使"当代"法国能在其中被识读的政治文化，还给这个法国留下了各种合法性之争和围绕一种几乎不明确的可塑性的一摊子政治论争：1830年重复1789年，1848年重演共和国，巴黎公社重温雅各宾派的旧梦。要等到世纪末，共和之共识在议会的主张中，继而在国民意见中取得胜利，也就是说起码要等到第三共和国有了持久的基础，已历一百个年头的大革命历史才开始在学术上得到合法化：在"大革命史学会"（由共和派知识分子创建于1881年）的压力下，巴黎大学（Sorbonne）于1886年始开大革命史"课程"，由奥拉尔[1]主讲；1891年，这项课程升格为"讲座"。

---

〔1〕 奥拉尔（Alphonse Aulard，1849—1928）：法国历史学家，法国学院派史学奠基人。1886年获官方委任在巴黎大学首开大革命史课程；五年后该课（转下页）

大革命登上讲座，是不是跟共和制一样成了国家财产？与共和制一样，答案是：既是也不是。说它是国家财产，因为在某种意义上，随着共和制在人民普选的基础上而不是在巴黎起义的基础上奠基，法国大革命也就"结束"了；它成了一种国家制度，得到公民的法律认可和民主认可。但另一方面，围绕着产生于1789年的政治文明的此种共和共识其实是一种保守派的共识；从领导阶层方面讲，由于缺少一个针对国王并作为安全保障的协议，这种共识是缺席获得的，而从农民和小权贵阶层方面来讲，倒是镇压巴黎公社才使共和制得以在外省"归化"。然而，这场胜利的法国大革命，虽然最终作为一部完成了的历史并且作为一种遗产和一种国家建制被接受了，却与它带来变革的形象相去甚远，与它所包含的远比公立学校和政教分离更激进的承诺大相径庭。法国大革命终于强制建立起共和国之后，革命本身显然立刻就远不止于共和国了。它成了一个喜讯，至今任何事件都没有穷尽这个喜讯。

　　这就是为什么在19世纪末，正当王政派和共和派的史学论战为1789年政治事件的得失吵得两败俱伤而苟且下来之时，社会主义思想反而抓住了这个良机。那时，奥拉尔已经批评泰纳[1]对"当代法国起源"的重构。饶勒斯却从法国大革命中看

（接上页）程升格为讲座，奥拉尔担任首任讲座教授。曾任法国大革命史学会会长兼《法国大革命》杂志主编。著有《法国大革命政治史》(*L'Histoire politique de la Révolution française*，1901)、《法国大革命史论文和讲义》(*Etudes et leçons sur la Révolution française*，1898—1924) 九卷；主持编纂《公安委员会文告汇编》(*Recueil des Actes du Comité de Salut Public*) 二十六卷、《雅各宾俱乐部会议纪要》(*Procès-verbaux de la Société des Jacobins*) 六卷、《热月反动及督政府时期的巴黎（文献）》(*Paris pendant la réaction thermidorienne et le Directoire*) 五卷。——译注

[1]　泰纳 (Hippolyte Taine, 1828—1893)：法国文学批评家、哲学家、历（转下页）

到了一种起源的起源，另一个盘古开天的世界："它身上不够伟大的东西就是当前……但它有着广阔无限的延伸。"[1]在这种二度起源的期待中，随后到来的1917年俄国十月革命简直就像失之东隅而收之桑榆，来得恰是时候。从它开始（马迪厄[2]曾经明确思考过）[3]，清点雅各宾党人遗产的同时也夹带了一种赞成或反对布尔什维克的影射性话语，这反而不利于给它提供学术上的灵活性。这两种政治论争重叠在一起，结果是使19世纪延入20世纪，把法兰西国王和共和国先前调动起来的激情转嫁到共产主义和反共产主义上去，但也只是转移这类激情，而无法削弱它们。相反，把这类激情重新植入当前，结果使它们具有了新的政治得失，仿佛许许多多的希望模糊地纠作一团，得从1789年的事件或更确切地说从1793年的事件中去细细阅读。然而，当法国大革命成为一场名副其实的共产主义革命的正面或负面喜讯时，臭名昭著的"资产阶级"并不会来把人民的胜利据为己有，所以法国大革命并未从中增加任何意

（接上页）史学家。著有《拉封丹及其寓言》（1853—1861）、《十九世纪法国哲学家》（1857）、《批评与历史论集》（1858）、《艺术哲学》（1882）、《英国文学史》（1864）、《当代法国的起源》。奥拉尔对泰纳的批评指奥氏1907年发表的论文《大革命史学家泰纳》（Taine historien de la Révolution）。——译注

[1] 饶勒斯《法国大革命的社会主义史》（Histoire socialiste de la Révolution française，Ed. sociales，1968）；参看E. Labrousse为该书所作序言，第14页。

[2] 马迪厄（Albert Mathiez，1874—1931）：法国历史学家，大革命史"罗伯斯庇尔派"学派代表。1908年创办《革命年鉴》（后改名《法国革命历史年鉴》），与老师奥拉尔（"丹东派"史学代表）分庭抗礼。主要著作有《大革命与教会》（La Révolution et l'Eglise，1911）、《罗伯斯庇尔研究》（Etudes robespierristes，1817—1918）、《布尔什维克主义和雅各宾主义》（Bolchevisme et Jacobinisme，1920）、《法国革命史》（La Révolution française，1922—1924）、《吉伦特派和山岳派》（Girondins et Montagnards，1930）、《督政府》（Le Directoire，1934）。——译注

[3] 参看本书第167页。

义或概念的明晰度。它只是单纯地更新它的神话，使之变得贫困而已。

这里有必要就用语达成一致：这种由现在殃及过去的传染病，这种同化一切的本事，按理说是一种设想为起源的革命所具有的特征，与博学（l'érudition）[1]的区域史的进步并不悖逆。既然革命史自19世纪末以来就已成为一门学院专业，既然今后每一代历史学家都要做自己那份档案工作，事情就显得更不矛盾了。在这方面，注重法国大革命中的民众阶层及其行动，倒是给我们有关农民和城市社会底层作用的知识带来了一些进步，无视或低估这些进步当然是荒谬的。但这类进步并没有给似可称作总体历史对象的"法国大革命"的分析带来什么明显变动。

就拿农民问题来说吧，自20世纪初以来，从卢契斯基到保罗·布瓦[2]，已经被大量的研究更新过了；而且在我看来，这一课题应该是乔治·勒费弗尔[3]对革命史学的主要贡献。通过

---

〔1〕 法语 érudition 一词，对应拉丁文 erudito，原意为"削凿""使精细"，后引申为"教育""学问""学识"；较晚近（17世纪中叶以后）此词专指在文献研究基础上获得的广博而精确的知识，汉语通译"博学"。傅勒在此使用此词似有贬损意味，影射法国学院派（包括"年鉴学派"）以计量史和系列史为特点的精细的历史编纂学方法。参看傅勒下文（本书第58页）相关评论。——译注

〔2〕 卢契斯基（Ivan Loutchisky）：俄国历史学家，计量史学研究先驱，生卒年不详。著有《革命前法国的小地产及国家财产变卖》（*La petite propriété en France avant la Révolution et la vente des biens nationaux*, Paris, Champion, 1897）、《革命前夕法国的农村阶级状况》（*L'état des classes agricoles en France la veille de la Révolution*, Paris, Champion, 1911）。保罗·布瓦（Paul Bois）：法国历史学家，著有《西部农民》（*Les Paysans de l'Ouest*, 1960）。——译注

〔3〕 乔治·勒费弗尔（Georges Lefebvre, 1873—1959）：法国历史学家，"社会史"奠基人。早年结交马克·布洛赫并受其影响。1931年接替去世的马迪厄担任罗伯斯庇尔学会会长和《法国大革命历史年鉴》主编。1937年至1945年在巴黎大学执掌大革命史讲座，创建法国大革命研究所。著有《法国大（转下页）

对农民问题和农民行为的分析，勒费弗尔得出两点意见：从社会的观点来看，这场人们称为大革命的事件里有多种革命。其中，农民革命是反资本主义的，也就是说，在他看来是面向过去的，而且在很大程度上是自主的，是独立于其他革命的（如贵族革命、资产者革命或无套裤汉革命）。[1]这两个意见本身就已经难以调和作为一场同质的社会历史现象的法国大革命的看法，因为这种看法认为革命所开辟的是资本主义的未来或资产阶级的未来，而"旧制度"企图阻挡这个未来。

还不止于此。勒费弗尔还指出，这个旧制度的农业史里资本主义越来越显著，它的"精神"已经广泛地渗透到土地贵族中间：以至于同样一个农民阶层（保罗·布瓦稍后也做过同样的论证[2]）既同1789年的领主交战，又同1793年的共和国发生冲突，而人们所说的"大革命"压根儿没有改变他们社会压力的性质或斗争的性质。勒费弗尔1932年就写道："旧制度早就使法国农业史走上了资本主义道路；革命只是迅速地完成了旧制度业已开始的任务而已。"[3]但是，这位雅各宾传统的历史学家虽然得出了一个有点托克维尔回声的观察，却没有像他那位正统派出身的老前辈那样，从中做出一种关于大革命概念的批评。他不去尝试理解，在什么条件下可以将一种激进变革的

（接上页）革命时期的北方农民》（*Les paysants du Nord pendant la Révolution française*, 1924）、《恐怖时期的土地问题》（*Questions agraires au temps de la Terreur*, 1932）、《大恐慌》（*La Grande Peur*, 1932）、《热月党人》（*Les Thermidoriens*, 1937）、《法国革命史》（*La Révolution française*, 1951）。—译注

[1] 乔治·勒费弗尔：《法国大革命与农民》，1932年，载 *Etudes sur la Révolution française*, P.U.F., 1954；第二版，A. 索布尔撰写的导言，1963年。

[2] 保罗·布瓦：《西部农民》。

[3] 乔治·勒费弗尔：《法国大革命与农民》，同上，第263页。

观念同一种客观连续性的观念统一起来。他只是简单地把18世纪末农民问题的分析和一个同这种分析相矛盾的传统并列在一起，而不尝试将两者协调起来；这种分析旨在通过大革命行动者的眼光去看革命本身，把它看作一种〔历史〕中断、一个大事件降临、一种不同性质的时间，像一块新布料那样质地均匀。想必人们不难指出，20世纪研究法国大革命史的最伟大学院派历史学家，一个已经掌握了这一阶段最丰富、最可靠知识的人，居然在他为之贡献了毕生精力的大事件的综合眼力方面，仅具备左派联盟或人民阵线一名活动分子那样的信念。[1]

这是因为，博学的历史写作虽然可以借当下关心的事情来鞭策自己，却不足以修正一个问题或一个事件的概念化。谈到法国大革命，在20世纪，在饶勒斯、1917年以及马克思主义的影响下，博学写作极有可能偏向社会史，征服一些新的领地。它始终附属于，甚至比任何时候都更附属于文本的基础，这个文本基础就是关于起源的古老叙事，它既被社会主义的沉积物更新了，同时也被它弄僵化了。社会史虽然开辟了学科研究的新场域，但它对革命史的僭越却不停地转移起源的提问法：资产阶级的降世（avènement）[2]代替了自由的降世，但如前案所示，它仍然是一种降世。一个民族的社会组织中出现了急剧的断裂，这个观念是难以想象的，越离奇就越持久；在此意义上，历史学由政治性向社会性的转移越与革命–降世这个表述的力量不兼容，就更能突出这种力量。知识的矛盾被庆祝

---

〔1〕 参看 Richard Cobb 为乔治·勒费弗尔描绘的知识分子肖像，见 A second identity, *Essays on France and French History*, Oxford. U.P., 1969。

〔2〕 法语 avènement 一词，原意为"到达"；基督教指"救世主"降临；转义指某一大事件降临，或某一事物出现。此借指一个时代的开端。——译注

盘古开天辟地的气氛给掩盖了。这是因为，在20世纪，法国大革命史学家比任何时候都更追念他讲述的或研究的事件。他所添加的材料不过是他奉献给大革命传统的新缀饰罢了。宗门派系也和论争一样长久不衰：在撰写法国大革命的著作时，奥拉尔和泰纳争论的是共和政体，马迪厄和加索特[1]讨论的是共产主义的起源。

这种纪念仪式的可伸可缩，由于不断注入民族的自豪感，结果使大革命史在法国变成了学科的一块特殊领地，提升到特别学术专科的显赫地位；并非它构成了一个特殊问题场域，而是因为它服从一种认同机制，服从历史学家认同他的英雄和"他的"事件的机制。于是法国大革命史里既有王政派的历史、自由派的历史、雅各宾党人的历史，也有无政府主义者或极端自由主义者的历史，而且这份名单还不是惟一的（因为这些党派的门户之见并非全都对立），也不是限得很死的：既然我们大家都生在大革命这个政治文化母体之中，那么，也就允许大家各找各的血统了。然而两百年来，以这场冲突和破裂的名义继续冲杀、继续破裂的历史一幕幕，其实所有这些历史只有一个共同的战场：都是身份史。所以在20世纪下半叶的今天，对一个法国人来说，根本谈不上对法国大革命持什么异样的眼光。在如此亲切的风景中，根本不可能分什么人种学。那个事件在当代政治意识中始终是那么地具有根本性，那么地蛮不讲理，以至于在学术上与它拉开一点点"距离"就立刻被视同为

---

〔1〕 加索特（Pierre Gaxotte，1895—1982）：法国历史学家、记者，"法兰西行动"（Action française）右翼团体成员。1953年当选法兰西学士院院士。主要历史著作有《法国革命史》（1928）、《路易十四的法国》（1946）、《法国人的历史》（1951）、《18世纪的巴黎》（1968）。——译注

敌对行为——就好像不管你认亲家还是做外人，身份认同关系都不能回避。

必须打破这种纪念性史学的怪圈。在我这代人当中，在存在主义和马克思主义的双重影响下，这种东西曾经长期时髦，总是强调历史植根于它自己的时代、它的选择或它的规定性。拿这些招眼的玩意儿一炒再炒，虽然有益于抵制"客观性"的实证主义幻想，却极有可能没完没了地助长党派信仰和昏暗的论战。在我看来，大革命史学中充塞的精神惰性和令人敬畏的嚼舌头更甚于政治意识形态。我想现在应该是时候了，必须去掉它给后人留下的常识意义，还它以同样是历史学家应具备的一样 primum movens（首要东西），即知识上的好奇心和非功利的历史知识活动。再说，两个世纪以来使我们社会的论争持续不断的政治信仰总有一天也会让人大有意外之感，就像我们今天回头去看15至17世纪之间的宗教冲突那样，既感慨于无穷无尽的变化，也感慨于无穷无尽的暴力。现代政治场域本身，如法国大革命所构成的那样，或许将来也会显得像是另一个时代的解释系统和心理投资吧。

但是，用列维–施特劳斯的话来说，想从流逝的时间中去等待"法国大革命"这一对象"冷"下来，是不够的。人们可以在我们当下的时间经纬中为它确定条件，甚至可以找出初步的因素。我的意思不是说这些条件、这些因素最终将会构成历史的客观性；我只是认为它们正在法国大革命史学家和他的研究对象的关系中进行某种基本的修正：使角色认同、为奠基者歌功颂德或对离经叛道者大加挞伐这类事情变得不那么具有自发性了，因而也就不那么约束人了。

在我看来，这种减少投资的活动对更新革命史是恰当的；

我从中窥见两条路子：一条路子正在从革命神话和革命社会（或后革命社会）的矛盾中逐步显露出来，虽然出现得晚，但却是不可绕开的；另一条路子则处在历史知识的更新之中。

前一条路子的作用越来越显著。我写下这几行文字时，是1977年暮春；这个时候，批评苏联极权主义，或者更宽泛地说，批评一切自称马克思主义的政权，已经不再是右翼思想界的专利（或准专利），它也成为左派思考的主题了。第二次世界大战结束以来，在法国这样一个国家里，左派在文化上始终霸据统治地位；有鉴于此，这里提到右翼和左翼这些历史上相关的整体，重要的不在于是否左翼的批评分量就大于右翼的批评分量。更主要的是，右翼在谴责苏联或中国时，并不需要修改其遗产的任何成分：它只要坚守在反革命思想的阵地里就行了。左派则不同，它必须挑战一些有损于其信仰体系的资源，且不说它这个信仰体系与另一个信仰体系是同时诞生的。所以，左派很长时间一有人说要这样做就大为恼火；直到今天，左派还宁可修修补补它的信念大厦，而不愿去追问它的悲剧历史。不过，话说到头，这也没有什么了不起。重要的是，左翼文化一旦接受思考事实，也就是说从它自身价值方面去思考20世纪共产主义经验构成的灾难，就不得不批判它自身的意识形态，批判它的阐释，批判它的希望和它的那些所谓合理化建议。正是在左派的身上建立起了历史与大革命之间的距离，因为它曾经相信全部历史就在大革命承诺的希望里。

从这个观点来看，倒是有必要写一部法国左翼知识界与苏维埃革命关系的历史[1]，以便揭示斯大林现象是怎样通过单纯

---

〔1〕 将近二十年后，傅勒于1995年发表《一个幻想的往事：论20世纪的（转下页）

搬移雅各宾传统而在这里扎下根来的（历史开端和一国为试点的双重观念被重新安放到苏联现象之上）；同时也揭示，在一个至今远未结束的漫长时期里，偏离一个始终保持纯洁的源头的想法，反而能够挽救大革命观念的卓越价值：首先，索尔仁尼琴的作品在革命意图的最深处提出了古拉格问题，成为考察苏联经验的基本历史参照；其次，苏联的例子不可避免地像一支回飞镖那样飞回来击中它的法国"源头"。1920 年，马迪厄曾以境况相似的名义，援引法国的先例来替布尔什维克的暴力辩护。今天，观照计划的某种相同性质，古拉格促使人们重新思考〔法国大革命的〕"恐怖时期"。这两次革命是有联系的；但在半个世纪前，由于有"时势"那类辩白（即从与它们性质无关的外部现象得出的托词）为之开脱，两次革命基本上都被赦罪了。今天，它们却都被指控为性质相同地过分压制肉体和精神的制度。

以往，革命的观念总是得以免受一切内部的批评；如今，它的这种过分的特权正在丧失其存在价值。在学院派史学里，继社会党人和激进派之后，共产党人接班管理共和国的纪念仪式仿佛是天经地义的事情似的，结果是这种史学依然捂得死死的，绝不能在传统上开半点玩笑。尽管它日益收缩，盘踞着它短暂的时期就像盘在一份社会遗产上，它也免不了遭受这种遗产在知识分子中概念贬值的厄运；它不仅无法适应，更无法设想革命史学进步必不可少的知识更新。

<hr>

（接上页）共产主义观念》（*Le passé d'une illusion.Essai sur l'idée communiste au XXe siècle*, Calmann-Lévy, 1995；LFG, 1996），这部书可视为他本人完成了关于"左翼知识界与苏维埃革命关系史"著作的"承诺"。亦可参看傅勒所著《19 世纪中叶的左派与法国大革命》。——译注

确实，这种史学应该显示的不再是它的色彩，而是它的概念。通常的历史学已经不再是那种只要按规则确立就似乎能让"事实"单独说话的知识了。它必须说明它所要探讨的问题，它使用的资料，它研究的假设以及它得出的结论。大革命史之所以最后一个才走上这条明示法道路，不仅仅是因为它留恋一代又一代把它拉向起源叙事的东西，也因为这种叙事获"马克思主义的"合理化授权并且经典化了，而"马克思主义的"合理化不仅没有从根本上改变它的性质，反而赋予它以某种概念转化的外观，加强了它从自身降世功能中汲取的基本力量。

关于这一点，我在收进本书的一篇文章里表达了我的看法[1]：这种合理化并不存在于马克思的著作里，因为马克思的著作里并不包含对法国大革命的系统解释；它不过是布尔什维克主义和雅各宾主义相遇的混合产物罢了，而且是靠某种关于人类进步的线性概念来滋养的，所以这两次"解放"衔接起来就像套在一起的母子木偶那样高喊人类进步的口号。在这种"马克思主义"通俗版本的法国大革命里，有一种混乱到无法补救的东西，那就是把新时代降世的古老观念同历史场域的扩大相提并论，前者是大革命本身的建构性观念，后者则与马克思主义不可分离。的确，马克思主义——或称跟随饶勒斯一起闯进大革命史的马克思主义——把大革命问题的重心移向经济现象和社会现象了。它试图把王朝复辟时期史学注重的第三等级的缓慢崛起以及1789年的巅峰时代从根本上纳入资本主义的进步。这样一来，它就一箭双雕了，革命的决裂被扩大到经济生活，同时也扩大到整个社会：之前是封建主义；之后是

----

[1] 见本书下篇。

资产阶级。然而，由于这些提法既不可论证，又似是而非，再说非要打破经典的年代框架，它就只好局限于把按经济、社会模式所做的原因分析拼贴到按政治和意识形态模式撰写的事件叙事之上了。

不过，这种无法自圆其说至少也有一点好处，那就是强调革命史学的一个基本问题，即阐释层次与事件年代衔接的问题。如果想不惜一切保留历史时间中某种客观中断的观念，并使这种中断成为大革命史的始末，那么，不管做出什么样深入的阐释，我们都注定被引向谬误。阐释越有野心，包容的层面越多，此种谬误也就愈发少不了：譬如人们可以说，1789 年和 1794 年之间，法国政治制度突然间被整个地改变了，因为旧的君主政体消失了。可是，就在这两个日期之间，以为民族的社会肌体或经济肌体已经从头到脚彻底更新的想法显然远不是这么回事：相对于这类肯定的说法而言，即使大革命有一些原因并非完全属于政治的或知识上的性质，"大革命"也不过是一个没有多少含义的概念罢了。

换句话说，任何要使革命史概念化的想法都得从批判革命的观念入手，批判那些行动者亲身经历的、后来又由他们的继承人加以承传的原原本本的革命观念：就是说，批判那种把它作为一种激进变革，作为一个新时代起源的观念。只要这种批判不进入大革命史，那么，哪怕用一种更有经济头脑的，或者更加社会性的阐释去重叠放在纯粹政治性的阐释之上，也是无济于事的，丝毫也改变不了一切通史具有的东西，丝毫也改变不了那种恪守 19 世纪或 20 世纪革命实际经历的东西。马克思主义带来的经济、社会沉积，其优越之处也许不过就是使整个大革命的悖论清晰地显露出来罢了，因为这样的大革命史仍然是一部以历史人物内心实际经验为依据的历史。

正是在这里，我与托克维尔相遇并衡量了他的天才。就在米什莱构想出按身份模式撰写的最为动人的大革命史（一部无概念的、凭心灵重新发现的、以神化灵魂和人物为特点的历史）之时，托克维尔按社会学阐释的相反模式想象了同一部历史，而且只有他一人这样去想象了这部历史。问题不在于这位诺曼底贵族赞不赞成那个雅各宾印刷工人的儿子的观点：比方说，托克维尔绝不会写一部比米什莱更"右倾"的大革命史。他写的是大革命的另一部历史，这部历史的基点就是对革命意识形态的批判，就是对在他看来构成法国大革命自身虚幻性的东西的批判。

托克维尔在大革命问题上回到概念，并非与他分析美国现象所用的方法毫无类同之处。在《论美国的民主》这本书问世以前，按欧洲文化来思考的美国简直就像欧洲的童年，纯然是一幅欧洲发端之初的图景：一个野蛮的大陆，定居，垦荒，而人就是征服者。托克维尔干脆就从平等这个中心假设入手进行推论，所以他的书彻底扭转了这幅图景。他对欧洲人说，美国并不是你们的童年，而是你们的未来。正是从这里，民主绽放出来了，不再受贵族往事的限制，而这种民主也将成为古老欧洲社会政治的未来。二十年后，也是以同样的方法，但从反方向，托克维尔更新了他的大革命反论——即便在"绕道美国"期间——大革命也从未离开他的思考中心。他问他的同时代人：您认为法国大革命是我们民族历史的一个突然中断吗？事实上，法国大革命是我们过去历史的充分绽放。它圆满完成了君主政体的事业。它不仅远未构成一种断代，而且只能在历史连续性之中并通过历史连续性才能得到理解。它在事件中完成了这种连续性，但在意识中它却显得像是〔历史的〕一个中断。

所以说，针对建立在革命者亲身经历之上的全部大革命史，托克维尔构思了一种激进的批判理论。这种批判一旦涉入政治场域的内部——法国人与权力之间的关系——或者确切地说，涉入那个似乎被大革命改变了的政治领域时，就越发尖锐了。托克维尔的问题，其实就是在中央集权化国家扩张之后，行政权凌驾共同体和公民社会的问题；行政对社会体的这种控制，不单只是"新制度"和"旧制度"衔接、波拿巴和路易十四衔接的恒常特征；它也解释了，通过一系列媒介，"民主的"（即平等的）意识形态渗透到法国的旧社会中去了：换言之，这个"大革命"，就它自身居有并在它看来是构成性的东西（在一个平等观念社会之上统治的行政国家）而言，很大程度上已经被君主政治完成了，最后才经雅各宾党人之手以及帝国时代而告结束。而人们所说的"法国大革命"，亦即那个被收进档案、打上日期并美化成一道曙光的事件，不过是先前社会政治演变的加速罢了。这个事件摧毁的并不是贵族，而是社会上的贵族原则，从而取消了社会对抗中央国家的合法性。其实，黎塞留早就有过这种先例了，路易十四亦如此。

在接下来的一篇文章中，我将尝试分析这种解释必然惹出的许多困难：以我之见，托克维尔之所以从未写出一部真正的法国大革命史，是因为他只将这部历史的一部分（连续性部分）加以概念化。他是以总结的语言，而非以描绘事件的语言，来思考大革命的；他把它看作一个过程，而不是一个断层。而且直到辞世之时，他还在伏案写他那本书的第二卷，摆在他面前的就是那个思考断层的问题。这是一个具有推理和抽象精神的人，幸运地误入一个被叙事艺术过分涉猎了的领域，但他的作品却留下了一种始终基本的东西，那就是摆脱了历史的亲历性和人物的束缚，摆脱了起源的神话。托克维尔不再掉进内克[1]、路易十六、米拉波[2]或罗伯斯庇尔的选择里面。他站在一边。他谈论别的事情。

所以，他的著作提出的方法比他做出的论题重要得多。依我看，大革命史学家现在和将来都要被迫在米什莱和托克维尔之间做选择，但并不等于说，在法国大革命史问题上，要历史学家选择共和派的革命史还是保守派的革命史——因为这两种历史可能还被一个共同的提问法纠缠在一起，那恰恰是托克维尔要回避的。两者区别，另有原因：米什莱从内部去复活大革命，升华它，纪念它；托克维尔则是不断地追问他所怀疑的人物意图和他们扮演的历史角色之间的距离。米什莱置身在革命的透明度之中、颂扬价值、人民和人的行动的可歌可泣的巧合。托克维尔不限于质疑这种透明性或这种巧合。他认为这些东西掩盖了人的行动及其真实意义之间的最大不透明性，即作为历史时期的革命特有的不透明性，因为民主的观念在其中扮演了角色。法国大革命

---

〔1〕 内克（Jacques Necker，1732—1804）：法国国务活动家，自由主义保皇党人。1777 年至 1781 年任路易十六的财政总监，因公布王室铺张浪费的财政报告而被迫去职。1788 年复被国王召回，任国务大臣，奉命扭转王室财政状况以避免爆发政治危机。内克趁机要求路易十六推行新政，仿效英国议会制度召集全国三级会议及实行选举。1789 年 7 月内克再度遭贬，引发巴黎民众暴动攻克巴士底狱。路易十六第三次紧急召回内克，但面对革命局势，内克无力扭转政局，于 1790 年 9 月辞职并淡出政坛。——译注
〔2〕 米拉波（Honoré Gabriel Riquetti, comte de Mirabeau，1749—1791）：法国政治家，大革命时期著名演说家。长相丑陋，但性格迷人，早年因生活放荡及好与人决斗而数度入狱。革命时期成为立宪派领袖之一，参与起草《人权宣言》。后与革命党保持距离，并出于君主立宪信念而秘密担任国王的顾问。1790 年病逝，遗体被供放于巴黎先贤祠，但 1793 年 11 月他与国王秘密通信的"秘简"被发现后，其遗体又被迁出先贤祠。著有《论专制》。——译注

的总结和革命者的意图，两者之间有一道鸿沟。

这就是为什么《旧制度与大革命》这本书在我眼里始终是整个大革命史学的重要著作。同时也说明，为什么一百多年来，这本书始终是这一史学的可怜的长辈，引用的人多，读它的人少；涉猎的人多，读懂的人少。[1]法国大革命史学家，无论右翼的还是左翼的，无论王政派的还是共和派的，无论保守派的还是雅各宾派的，都把革命话语奉为金科玉律，因为史学家本人自己就把自己定位在这种话语的内部：结果是史学家不停地使大革命生出许多不同的面孔来，而戴上这么多面孔的大革命也就成了一种没完没了的注释，并且通过那些英雄人物之口，似乎一劳永逸地给出革命的意义了。既然大革命如是说，历史学家岂能不信：革命摧毁了贵族，当它否认自己的原则；革命创建了一个社会，当它确认一些价值；革命是历史的一个起源，当它要使人类获得新生。在这种眼花缭乱的镜像里，大革命成了历史的主要形象，成了新时代无可怀疑的安提戈涅[2]，历史学家和大革命可以凭嘴巴而相互信赖了；但是托克维尔在这种镜像的深处引入了怀疑：在这种有关〔历史〕中断

---

〔1〕 乔治·勒费弗尔为《旧制度与大革命》(Paris，1925年版) 撰写的导言就是这方面的典型例子，有点居高临下的架势。而且他还是法国大革命史学家中惟一认真读过托克维尔的人哩。

〔2〕 安提戈涅（Antigone）：古希腊悲剧人物。相传为俄狄浦斯和伊俄卡斯忒的女儿。在七雄攻忒拜的故事里，安提戈涅的两个兄弟波吕尼克斯（Polynices）和厄忒俄克勒斯（Eteocles）为争夺忒拜统治权而爆发骨肉相残的战争。波吕尼克斯率兵攻打在忒拜的厄忒俄克勒斯，两兄弟在残杀中同归于尽。安提戈涅的舅父、忒拜国王克瑞翁以"背叛祖国"的罪名下令将攻打忒拜的波吕尼克斯暴尸示众。安提戈涅不顾国王的禁令，埋葬了哥哥波吕尼克斯的尸首，她因此被活活砌在陵墓中，在陵中自缢而死。在古希腊剧作家索福克勒斯的同名剧本里，安提戈涅被塑造成一个蔑视一切"成文法"的少女，一个高于一切制度的人类良知。——译注

的话语里，别是一番变革的幻象？

这个问题的答案并不简单，问题本身也不涵盖整个大革命史。但对于这部历史的概念化来说，这样的提问恐怕是不可或缺的。只有置身其外，才能衡量问题的重要性：不提出这个问题，历史学家就只好被引向或诅咒或歌颂这两种纪念方式了。

二

　　托克维尔之所以是大革命史学中独一无二的个案，是因为他的书使人不得不分解"法国大革命"这个对象，不得不为自己的论题做一些概念化的努力。他从明晰的概念入手，打破了编年学的叙事；他处理一个问题，而不是一个时代。自托克维尔出现之后，大革命在某种程度上不再现身说法了，不再摆出那种似乎意义先就明确，犹如日月经天、江河行地的样子了。相反，它成了一个系统阐释的对象，这个系统阐释把其中一些因素孤立出来：尤其是旧制度下行政中央集权化的过程及其对可称作社会"民主化"过程的影响。在这种尺度里，托克维尔研究的时段虽然十分广远（譬如经常指证路易十四的统治），但按他感兴趣的问题以及他提出的阐释方式是讲得通的：大革命是循旧制度的思路而来的。

　　我这样说，并非建议任何把"法国大革命"历史对象概念化的努力都须经过某一宽泛的年代划分：两者并无关系；对于"长时段"（long term），这里并无优先的意思。我的意思只是说，任何对大革命的阐释都必须以年代划分为前提：较之把大革命理解为一个"事件"或一连串事件的历史学家，一个把大革命作为连续性过程来判断的历史学家自然要给自己规定一个更广的场域。后一种兴趣不见得就比前一种兴趣缺少合法性，也不见得缺少可阐释性。惟一可疑的是那种使法国大革命史学带上明确特点，使之显得分析上极不发达的东西，即：总是描绘同一个阶段的历史，好像无论历史学家的预先假设多么欠明晰，这段被讲述的历史都应该现身说法似的。

当然，除非公开讲明所描绘的是一段纯粹的叙事，其功能是再现事件人物的个人或集体的亲身经历，而不是解释事件的这种或那种意义。我不讨论勒诺特[1]，我讨论的是马迪厄。我当然知道，历史是由叙事与分析构成的、既变化又恒常的、永远含糊不清的混合物，"博学的"历史也不例外。而与革命史学相契合的东西乃是话语的内部构造，它常常是同一的。因为在这部历史里每一种体裁的地位总是同样的：分析涵盖"起源"或原因的问题，而"起源"或原因属于解释。叙事随着"事件"（1787 年或 1789 年发生的事）而开始，尔后一直延续到"历史"的终结，也就是"热月九日"或"雾月十八日"，似乎一给出原因，这出剧就在最初的震撼力推动下自动上演了。

这种混合体裁恰恰是混淆了两个分析对象：把作为史案（全部原因与后果）的大革命同作为变革方式（亦即作为集体

---

[1] 勒诺特（Théodore Gosselin Lenôtre，1857—1935）：法国历史学家，以专写大革命时期逸事著称。著有《大革命时期的巴黎街区》(*Les Quartiers de Paris pendant la Révolution*, 1896)、《玛丽 – 安托瓦内特被囚和死亡的经过》(*Captivité et Mort de Marie-Antoinette*, 1897)、《南特溺囚案》(*Les Noyades de Nantes*, 1911)。——译注

行动的特殊动力）的大革命混到一起去了。其实，这两个对象在学术讨论上并不是可以随便叠放在一起的；比如说，哪怕再粗浅的分析，它们也包含不同的年代框架：大革命起因的研究或总体研究往往把观察家带到1789年的上游和1794年（或1799年）的下游。相反，大革命的"历史"处在1789年、1794年或1799年之间。一个撰写大革命史的人对年代的起伏跌宕不敏感，通常是因为他刻意追求一系列不明晰的假设，而在头脑里混淆了不同的分析层次之故：大革命的进程就在它自身的原因之中，因为它的行动者除了摧毁旧制度，代之以一个新的秩序之外，别无选择。这个新秩序，是米什莱所说的民主也好，或是马迪厄所说的资本主义也好，也丝毫改变不了我的论证：在这两种情形中，都是大革命行动者的意识事后组织起对他们的行动起因的分析。既忠实于这种意识，又不至于忽略了历史学家解释历史的职责，那就应该仅以必然性的术语来说明事件的来龙去脉。因此之故，历史学家也可以免去总结的工序。

的确，若说一些客观原因使得人们粉碎"旧"制度和建立新制度的集体行动变得必要甚至不可避免，那么，在大革命起源问题和这个事件之所以发生的性质之间，就没有什么可区别的了。因为，这不仅有历史必然性和革命行动之间的巧合，这一行动本身同人物赋予的总的意义之间也有一定的透明度：与过去决裂，创造一个新的历史。

对"已经发生的事"的必然性做这样的公设，乃是历史意识的古典式幻觉闪回：过去是一个可能性的场域，其间"发生的事"在事情过后好像是那个过去惟一拥有的未来。然而在大革命史案里，这个公设还掩盖着不可分割的第二个公设：那就是 1789 年（或 1789—1793 年）在法兰西的历史中代表了一个绝对的年代中断。在那之前，是专制主义和贵族的统治（仿佛旧制度的这两个形象手拉手前行似的）；而在那之后，是自由和资产阶级。最后，这场大革命的喧哗与骚动中还潜伏着一个社会主义喜讯的种种诺言。就像大革命的行动者们说过的那样，革命带来的中断把法国历史提升到一个重新开始的高度，事件本身也上升到类似一个历史聚焦点，似乎抵达这个聚焦点，旧时代便被废除了，当代构成了，未来也描绘出来了。不仅发生的事情是宿命的，连未来也内置于其中。

可是，今天这种主导革命史学的"概念"，即"资产阶级革命"的概念，就其被接受的情形而言，在我看来与其说是概念，不如说是一张面模，背后藏着两个预先假定，一个是事件的必然性，一个是时间的中断：这种"概念"，或称上苍投下来的面具，调和了历史现实的所有层面，好像法国大革命的所有侧面都殊途同归了。于是，1789—1794 年间的事件不仅被认为在经济上催生了资本主义，在社会或政治秩序上催生了资产阶级的优越性，同时还被认为催生了与之相联系的思想价值。另一方面，他们还把资产阶级的基本角色作为大革命进程中的阶级来引为参照。由此，"资产阶级革命"的模糊概念便浑然一体地指定了一个历史内容和一个历史角色，好像这个内容和这个角色在 18 世纪末叶短短几年的必然爆发里灿烂地绽放出来了。在这样一件被视为不可避免的"作品"之上，"资产阶级革命"的概念又给它安了一个改编得天衣无缝的人物。关于法国大革命的这种"社会性"阐释，由于把之前与之后的概念系统化了，结果给一种有关本质和宿命的形而上学戴上了桂冠。按这样的尺度，这种阐释已经不止是关于大革命的一种解释了；由于把所有牵涉到起源的问题（亦即 1789 年以前的整个法国社会）也并入了它的课题之内，它也成了一种按新制度对立地（a contrario）界定的"旧制度"的回溯性幻象。

法国大革命是命定的吗？只要回顾事件过程的涨落以及此起彼伏的抵抗，组织一下 1789 年那一年使矛盾化开的冲击，就足以想象这个问题了。一方是迟钝的君主政体和一个自私的贵族阶层，它们出于自身利益，出于反动政治和意识形态而抱作一团；另一方是公民社会的其余部分，由一个富裕、野心勃勃但备受挫折的资产阶级率领和驱使。前一个力量阵营并不像历史学家所想象的演变过程那样仅仅是抵抗，而是一股活跃的逆流：这是指定给"封建反动派"的角色（"封建的"，亦可称为"领主的"，这两个用语多少有点类同），就像"反动"这个借自力学的术语所标明的那样。这种反动被认为涵盖整个 18 世纪下半叶，既说明 1789 年夏天的农民暴力，也说明资产阶级的不满，因而是第三等级联合起来反对贵族的条件。进步力量不单遇到传统的积习和国家的惰性，还碰上了狂热地、几乎凶险地要重建往昔的制度和社会阶层，因此只有一条不可避免的出路：革命。

两个阶级阵线就像冤家碰上死对头，战场上拔刀相见。这样一个总的构图，仿佛又看到革命年代那些行动者对正在经历的事件的认识以及他们做出的解释。他们表达了革命意识的逻辑，而这种意识本质上是倾向于善恶二元论解释的，同时也倾向于社会现象的人格化。历史学家本来就有一种职业病，总是把某一境况的各种潜在性缩小到一个单一的未来，理由是产生的只是一个单一的未来；结果，革命意识逻辑在历史学家的这种职业病之上又添了知识简单化的毛病；直到现时代，知识简单化仍然伴随着行使政治暴力并为之提供理由。一元论解释的诱惑力就是这样来的，无论置于哪个层面都是如此：启蒙运动对蒙昧主义的胜利，自由对压迫的胜利，平等对特权的胜利；或者资本主义的到来对封建主义废墟的胜利；最后，出于系统利用过去和未来，所有决策机构都被笼统综合到某一逻辑图像中去了，让它们互相对立起来。所有这些情形其实都是出于同一个逻辑机制，而"马克思主义的"综合方法不断丰富它的内容，同时也冻结了它的内容：从1789年起，这个机制就已经在起作用了，因为它就是革命意识形态的建构性机制。

这个机制进入历史之后，倾向于归并历史的一切特征，结果却是空打转，引出来的矛盾比它解决的问题要有意思得多——这就是我尝试在下面一篇批评共产党人大革命史学的文章里加以揭示的。在我看来，这种史学在概念化的色彩下把革命意识的基本特征漫画化，已经到了胡诌严谨性的荒唐地步，说明一个传统的危机已经不可救药了。它再也没有那种史诗般的叙事魅力，因为这种叙事被它套在一副枷锁里，没有增添任何解释的能力，只限于掩饰叙事的各种预设条件。近年史学研究进步最大的一个领域（法国旧时代社会史）里，革命史学显得最草率和最不准确，这一点看起来是发人深思的。在它为颂扬某一事物降世而构筑的等量和对立体系里，没有任何东西能经得起检验：君主制国家和贵族之间的混同、贵族和封建社会之间的混同、资产阶级和资本主义之间的混同；专制主义和改革之间的矛盾、贵族政治和自由之间的矛盾、多等级社会和启蒙哲学之间的矛盾，这一切都经不起检验。

这里就不详涉批评的细节了，读者可参看下文相关段落[1]。不过，提供一个较为全面的考察视角仍然是必要的：在作为客观过程的大革命和作为"已发生的"和"亲历的"事件总和的大革命（革命－内容和革命－形式）之间确立一种逻辑身份的联系，必然要从后者推导出前者的特征。在我看来，明智的做法反而是将它们拆开来为好，就像我们所做的那样，不仅邀请年代学，同时也请来那句既符合资产阶级也符合马克思主义的古训：人类创造历史，却对他们创造的历史一无所知。

的确，像法国大革命这样一个现象是不能简化成因果类型的简单图式的：这场大革命有它自身的原因，但不能因此就说大革命的整部历史都处在这些原因里。我们暂且承认，这些原因已经澄清得再清楚不过了，或者说哪一天就可以列出一个更容易运算的表格来了；总之，这场革命事件，从它爆发的那天起，就彻底改变了以往的形势，并且创立了一种新的历史行为方式，这种方式还未记入这种情况的盘点里。譬如人们可以用旧制度政治社会危机来解释全国三级会议上多数议员揭竿而起，但随后权力空缺造成的局势以及继之而来的起义，却在这场危机中引入了一个以前未曾见过的因素，其结果两个月前还是不可预测的呢。我们也可以按另一个思路的范畴，用经济危机来说明〔1789 年〕6、7 月间的城市民众暴动、面包价格、失业、法英通商条约等等；但是，这种解释并不牵涉到旧时代法国城市相对常见的粮荒骚乱或赋税暴乱如何演变到属于另一种动力的革命"日子"。换句话说，关于大革命起因的争论并不涵盖革命现象的问题，因为这个问题在很大程度上是独立于以前的状况的：它自行展开它本身的后果。使大革命显示出

---

〔1〕 见本书下篇。

事件特征的是一种历史行为方式；这是一种动力，可以称之为政治的、意识形态的或文化的动力，意味着它那种调动人和行动以影响事物的多方能力是通过注入超规模的意义来进行的。

托克维尔（仍然是他）已经揣测到这个中心问题。他从我称之为大革命－史案的设问出发，在他那里则叫作连续性史案：行政国家和平均主义社会本身就是旧式君主政体特有的事业，大革命只是使之扩大、巩固和臻于完善罢了。因此之故，大革命的客观历史（其"意"或总结）同革命者赋予他们自身行动的意义之间存在着一种绝对的分离。本书的一篇论文讨论的就是这一概念化的不同材料。《旧制度》[1]一书从当下（相对于托克维尔）出发，也就是从后革命的总结出发，尔后又返回起源分析，其中心角色是由行政君主制扮演的，它掏空了等级社会活的肌体并为平等开辟了道路，但不是为条件的平等而是为作为价值的平均主义开辟了道路。但是在起源和结果之间，在路易十四和波拿巴之间，有一页空白。托克维尔没有写出这一页，他提出了一些问题，但没有给出明确的答案：为什么旧制度和新制度之间的这种连续性程序走了一条革命的道路？在这样的条件下，革命者的政治投资又意味着什么？

在《旧制度》一书第三卷里，有一些材料已经回答这些问题，譬如在18世纪的法国知识分子取代了政治家，再如一种民主的精神状态普遍深入社会各阶层；但对于托克维尔来说，1789年至1793年的平均主义观念始终是一出恶的神秘剧，一种颠倒过来的宗教。他的著作里没有一处看到他的法国大革命理论和如实经历的、给时代打上烙印的革命行动，譬如雅各宾

---

[1] 指托克维尔的《旧制度与大革命》，下同。——译注

现象之间有什么概念上的衔接。以至于这种衔接本身的可能性也是可以讨论的：这么一来，托克维尔就迫使我们（至少暂时地）把构成大革命史的那锅混沌一团的大杂烩的两个部分分开来，不再把原因分析和事件过程当作可以互相推论的均质话语而并列在一起。

这不仅仅是因为，这些政治的和意识形态性质的"事件"从定义上取消了依据经济的和社会的矛盾所给出的因果分析的资格。也因为这种分析即使拿到政治制度及其合法性的层面上来，也涵盖不了革命势头所包含的激进的新事物。在革命（按这个词的本义）的概念里，有些东西是与其历史"亲身经历"相一致的，是不服从于因果逻辑序列的：这就是历史舞台上出现了一种关于社会行动的实践方式和观念方式，在以往的任何事物里未曾有过记载；一种政治危机使它变得可能，但未必是必要的东西；而且反抗也不能给它提供任何模式，因为它毕竟是属于旧的政治文化制度的。

所以，法国大革命中有一种新型的历史实践和历史意识，它与一种境况发生联系，但又不被这种境况所规定。我们所要盘查的就是这个整体，以便能够给出一个解释，而不是把革命意识当成一种正当愤懑的正常产物，好像它就是人类历史最天经地义的事情似的。事实上，法国大革命史的马克思主义通俗版本把世界颠倒了：它把所谓革命带来的〔历史〕中断置于经济和社会的层面，可是路易十六治下的法国社会已经和路易 – 菲力普时代的法国社会一点都不同了。这个版本只分享革命的幻想和价值而不与革命意识拉开距离，因此也就看不出法国大革命中最激进、最神秘的新事物恰恰是被它视为时势正常产物和被压迫者历史天然形象的东西。因为，无论资本主义还是资产阶级都无须借助革命就可以登上19世纪主要欧洲国家的历史舞台。而法国却是通过大革命发明了民主文化的国家；她向世界展示了历史行为的一种基本意识。

让我们先来看看形势，当时既非贫困时期，亦非压迫太重，而且相对于政治来说社会还有一定的自由度。大革命之所以成为不平衡的新发明，之所以能调动起那么多新兴力量以至于传统政治机制一下子就被改变了，那是因为大革命闯进了一个真空地带，或者不如说，它在直到昨天还属于禁绝地、但突然间被僭入的权力领域里迅速蔓延开了。社会与它们的国家（Etats）之间的这种对话构成历史的深层脉络之一，而经由大革命，一切都转而倾向社会而反对国家。因为大革命必动员一方，而削弱另一方：这种特殊状况为社会打开了一个以往对它始终关闭的发展空间。从1787年起，法兰西王国就已经是一个没有国家的社会了。虽然路易十六继续在其本人四周聚集着臣民的共识，但这个传统门面的后墙已经坍塌了：王权虽然名义上还受到尊重，但其合法性已经保不住其代理人的权威。国王手下尽是一些昏庸的大臣、奸诈的谋士和老谋深算的管家：当时人们还不知道，艰难时期君主制的老一套已经煽不起最后的威信，须由公民来监管了。意思就是说，公民社会（其范式演进乃由上及下）正在摆脱象征性的国家权力，同时摆脱国家的法度。

接着是1789年；从最高贵的贵族到最低贱的农民，"革命"产生于性质不同的几个系列事件的交汇，因为一场经济危机（本身很复杂，既是农业的又是"工业的"，既是气候的又是社会的）与1787年开始的政治危机并接到一起了。正是这种不同质事件系列的交汇构成了局势的变数，而从1789年春起，回溯性幻觉就把这种变数转变成糟糕的人治的必然产物，从中读出爱国者和贵族互相之间斗争的利害关系来了。因为革命形势的特点不单只是权力空缺和新生力量乘虚而入，同时也是社会本身的"自由"活动（稍后我还会谈到这种自由的问题）。革命形势与历史意识的某种畸形发展是不可分的，同时与社会各方角色共享的代表制度也是不可分的。从1789年起，革命意识就已经是一个幻象，以善良意志联盟的名义以及代表未来的力量的名义，要战胜一个早已不存在的国家。从一开始，革命意识就是一种有关真实历史的无休止的观念哄抬，似乎它的使命是通过想象去重新组织一个已经破败的社会。而在镇压响起之后，镇压的丑闻也开始了。大革命是一种权力同另一种权力分离的历史空间，也是一种有关历史的人类行为观念取代指定继承人的历史空间。

在这种不可预测而又迅疾的偏离中，此种人类行为观念从社会秩序传统原则的反面借来了它的终极目标。旧制度掌握在国王手中，而大革命是人民的举动。旧时代的法国是臣民的王国，新时代的法国则是公民的国家。旧时代的社会是特权的社会，大革命则建立了平等。由此构成了一种与过去彻底决裂的意识形态，构成了一种关于平等的了不起的文化动力。从此，经济、社会、政治这一切都屈服在这种意识形态及其观念携带者的冲力之下了；在这股滚滚向前的洪流面前，一切路线和一切制度都变得昙花一现了。

意识形态这个术语在这里指两样东西；依我看，正是这两样东西构成了革命意识的基石。其一，所有个人问题、所有道德的或知识的问题都成了政治问题，人类的灾难没有不需要政治办法来解决的。其二，在一切都可认识、可改变的范围内，对于知识和道德来说，行动是透明的；所以，革命活动家把他们的私生活同他们的公共生活乃至捍卫他们的观念等同起来：这个奇妙的逻辑在世俗化的形式下重新组织起宗教信仰的心理投资。假若政治已经成为真与假、善与恶的领域，须由它来划分好人和坏人的界线，则我们就是处在一个具有全新动力的历史世界里了。正如马克思在其青年时代的著作中就已洞见的那样，大革命体现了政治的幻想：它把被动者转变成自觉者。它开启了这样一个世界，那里的一切社会变化都可归因于已知的、存档的、生动的力量；就像神话的思想一样，它使客观世界带上了主观愿望，也可以说，使客观世界具有了肇事者和替罪羊。在这个世界里，行动再也没有障碍或限制，只有敌手，尤其叛徒：从这种表象的重复出现，人们一眼就可以认出使革命爆发有其特点的那个道德世界来。

摆脱了国家的钳制，尤其是摆脱了掩盖国家瓦解的权力束缚，社会便在意识形态的层面重新组织起来了。这样一个充满意志的世界只认拥护者或反对者，因而有着无可比拟的整合力。它开辟了人们此后称之为"政治"的东西，即围绕着权力而展开的关于辩论和行动的一套既通用又相抵触的话语。这当然不是说法国大革命发明政治来作为一个自主的知识领域：由于坚守基督教的欧洲，政治行动理论如马基雅维利的某个日期或关于社会制度历史起源的学究式讨论从 17 世纪起就大行其道了。英国革命的例子显示，在集体动员和集体行动方面，精神的基本参照始终还是宗教的。法国人在 18 世纪末开创的并不是作为世俗化领域且有别于批判性反思的政治，而是作为国家意识形态的民主政治。1789 年的秘密，它所传达的信息以及它的辉煌，就在于这个尚无先例的发明。它必将得到广泛的传承。在相距一个世纪之后，在使英国革命和法国革命相接近的所有特征中，之所以没有一个特征足以确保前者拥有后者出现在历史舞台后扮演的那种普适范例的作用，那是因为克伦威尔的共和制依然被宗教性包裹着，并且由于回归源头而僵化了，缺少使罗伯斯庇尔的语言变成新时代的预言的那种东西：民主政治成为人类和各民族命运的仲裁官。

在这里，"民主政治"这个说法并不指涉通过公民选举表决方式来组织公共权力运作的一整套规则和程序的参照。它指的是组成产生于大革命的新合法性的信仰体系，根据这个体系，要建立起作为集体行动终极目标的自由和平等，"人民"就必须粉碎敌人的反抗。政治一旦成了实现价值的最高手段，成了意志（善良的也好，邪恶的也好）的必不可少的试金石，它就只有一个在价值上透明的公共角色和一些怀有不可告人意图的潜藏的敌人了。"人民"是由其目的来界定的，是善良意志的不加区别的总和：经此，代表制被排除了，革命意识于是以个人意志为名义，并以此为出发点重构了一个想象的社会；它按自己的方式去解决18世纪的大困境，即从个人出发去思考社会。如果从个人出发就是按其政治行动的终极目标来界定一切，那么这些终极目标像道德目标那么简单就可以了，就足以让革命既创造一种语言又创建一个社会了；或者不如说，就足以通过一种语言去创建一个社会了：即创建一个人们通常所说的民族国家（nation）。[1] 这就是联盟节。[2]

---

〔1〕 法语 "nation" 的严格涵义指的是民族意义上的国家，区别于作为国家权力整体的国家（Etat）。故译本中凡可能造成语义混淆的地方，我们均把 "nation" 译为 "民族国家"。——译注

〔2〕 联盟节（fête de la Fédération）：大革命期间，为规范日益增多的庆典（转下页）

这类分析有两个好处，既能还法国大革命以其最显著的方面即政治性的维度，又能将区分革命前与革命后的连续性（即历史行为的合法化及表现形态的连续性）的真正解决办法置于思考的中心。1793 年无套裤汉[1]的行动并非因为它是一个"民众"社会集团的事实就显得重要（再说也难以用社会经济学的术语来加以界说），而是因为它在其化学般纯净的状态中表达了那些政治行为的革命表现形态、那些纠缠不清的叛变与阴谋、对代表制的拒斥以及惩罚意志，等等。现在和将来都没有什么东西能够从一种包含着矛盾利益的社会状态去解释那些表现形态。在我看来，革命史学的首要任务就是重新发掘原原本本的政治分析。但为此却要付出双重的代价：一方面是不再把革命意识看成某种出于压迫和不满的近乎"天然"的产品；另一方面是至少在年代顺序中使"哲学"这个怪胎概念化。

正是在这一点上我遇到了奥古斯丁·古参的著作。本书有一章就是专写此人的。[2]古参的著作和托克维尔的那本书一样，也是未竟之作，死亡使它遽然中断了，但书中大气磅礴，充满了山脉般绵亘起伏的探索和追问。借助他的中心直觉来提示此书的大义，权且以此方式感激古参氏使笔者本书文理章法获益良多。是所望焉。

（接上页）仪式，制宪议会根据巴伊（时任巴黎市市长）的提议，于 1790 年定联盟节为首都庆典，并于 7 月 14 日在巴黎战神广场（Champ-de-Mars）举行，来自全国各地的国民自卫队队员（fédérés）参加，强迫国王在庆典上宣誓遵守宪法。——译注

[1] "无套裤汉"：法国大革命期间（1792 年以后）的政治俚语，指巴黎市拥护山岳派的民众，尤指圣安托万（Saint-Antoine）和圣马塞尔（Saint-Marcel）两街区的民众。"无套裤汉"活跃分子当时充斥于巴黎各区和革命委员会，成为"恐怖时期"的执行人员。——译注

[2] 见本书下篇。

三

　　究竟是什么东西提起了古参的兴趣？非常准确地说，是托克维尔没有（或几乎没有）处理的东西。不是旧制度和大革命之间的连续性，而是〔历史的〕革命性中断。不是革命前、革命期间乃至革命后被同一个均权主义程序主导的两种社会、两种行政中央集权的比较，而是政治肌体破裂、权力空缺、民主话语代位、以"人民"为名义的会社（sociétés）统治。一言以蔽之：将米什莱概念化，分析米氏所感觉到的，解释米氏所重新经历的。较之米什莱和托克维尔这两位伟大先驱，古参的悖论就在于，他像托克维尔那样小心避开了米什莱那种内心宣泄和文笔跌宕的天才文风，却又跟米什莱一样兴致勃勃地观察法国大革命在政治上和文化上的不连贯；古参寻找民主意识形态遽然降世的排山倒海之势，而托克维尔却上溯到很远，指行政君主制是这种民主意识形态的先源。简言之，古参把托克维尔的演绎精神带进了米什莱那种虚无缥缈的材料里。他想通过革命事件所揭示的新行动体系来创立一种有关革命事件本身的理论：这就是思考雅各宾主义，而不是再去复活它。

应该在这个抱负跟前停下来观照一下，时隔六十年它还是全新的。古参开辟的路子没有传人，甚至在政治科学取得了学院派的各种具体成果之后，情况依然如故。所以最好还是重新以古参提出的问题为起点，使之成为承上启下的求近中心；这里暂且撇开他本人提出的那些"论题"或答案要点，留待本书下文再做分析。

　　如果人们同意这里面看到的是革命意识的古典形式（达于它的鼎盛期和社会支配力的顶峰），则雅各宾主义既是一种意识形态，也是一种权力：一个表现体系和一个行动体系。这两个活动层面虽然在分析上是有区别的，但它们在历史的现实性之中却是紧密地绞合在一起的，因为行动的选择与此种表现形式是分不开的，何况自 18 世纪末以来，弘扬个人介入和历史惩罚乃是现代意识形态中天经地义的事情。雅各宾信念的基础就是通过政治行动并且在政治行动中马上就实现这类价值；这就意味着价值成为人们之间冲突的目标，因为价值是由人来代表的，而这些价值也被视同真理那样来加以辨认和识别。然而，假定革命意识的价值自由、平等以及代表这些观念的民族和受命实现或捍卫这些价值的个人之间有一种先于一切理性活动的自发的等价物，那么，这种认识上的知识程式混用就是欺人之谈了。更有甚者，这种等价物事实上（ipso facto）将孤立的个人变成了一个集体的存在，即人民；人民被树立成大革命的最高合法性和惟一想象的角色。由此而来的一个观念是：人民必须经常处在行动之中；没有人民，行动就会走样，就会听凭坏人的摆布。人民保持警惕的中心概念也是这样来的，既被当成对付贵族阴谋的手段，同时也是对行动、权力和价值之间的透明度给以象征性的肯定；这种警惕性要么排除了立法代表机构的制宪临时措施以及行政权委托程序的必要性，要么降低这种临时措施和必要性，将它们限制在狭窄的范围里。结果是大革命的每一时刻，尤其每一个转折点，这种警惕性执行起来都面临不可解决的方式问题：谁以它的名义说话？究竟哪一个集团、哪一个议会、哪一种会议、哪一种共识有权代民立言？行动方式和权力分配就是围绕这个危险的问题组织起来的。

总之，只要革命形势将代议制变成了行动体系，雅各宾意识的两个层面也就紧密重叠在一起了。更准确地说，是这种意识形态侵入变得空缺的权力领域而制造出革命形势和新的政治动力来。但是，现成的、可以通过事件调动起来的代议制是先于这种情况而存在的；在此之前，它已经被作为启蒙哲学的社会学对应物而起草完成了。它是有来源的，也就是说有材料和携带人的，但并不因为有来源就让材料早早发火和点燃携带人的革命计划。

盘点这些材料，必然要审查 18 世纪的政治哲学，这已超出本文的意图。如若仅标明研究的线索，则大致可以说古典思想是在它把个人问题作为概念中心的时候产生的。这种概念的出现，无论是在经济层面上使物质财富的生产和消费抽象化也好，还是在政治层面上得以思考绝对主义在国家和社会之间所做的划分（国家掌握对个人的暴力专权，而社会则被界定为"私人"个体的一个聚合体）也好，它都从人生而平等的观念中获得它最宽泛的形式；不是说人人在体力和智力上生来平等，而是说任何人都无权让他人屈服于自己，因为每个人都有足够多的理智只听从自己。正如同这种天然的平等是一种自由，个人也并非仅仅是一个概念，个人同时也是一种价值。正是从这一基本的条件出发，18 世纪才提出这样一个政治哲学中心问题：如何根据个人的这种概念化 – 价值化来思考社会性？

法国思想基本上忽略了求助于利益最终一致和特殊冲突的共同功用这类概念；即便它被搬移到经济上，甚而搬移到一种自由经济上，如重农主义的情形，它也需要把社会体现为一幅统一的图景，而这正是合法专制主义的理性权威。这是因为，它不停地围绕着一种社会政治视野兜圈子，不停地提出起源及社会契约的合法性问题。如果仅仅是所有个人赞同便缔造了权力和法律，那么，社会又是什么呢？如何才能思考处在国家中的自由的个人，同时又思考个人的自由在国家里的异化？

在这个问题上，做出最严谨理论表述的人是卢梭，而在法律层面上提出思辨性的公意[1]解决方案的人也是卢梭。一个哲学家如此敏感而又有力地感觉到自我的自主性并加以理论化，同时又设想了一幅完全统一的社会抽象图景，这不可能是偶然的。因为公意只能相对于社会整体原子化为"自足的"个人这一先决条件来加以思考，而个人之间也只能通过这种原子化并且作为与每一个人意志的绝对透明性来达到相互交流：这样，每个人服从社会整体也就是服从他自己。所以从理论上来说，在公意和组成公意的诸个人意志之间不应存在中介结构，譬如公民代表的中介结构：这样一种设置势必形成某种掩盖特殊利益的门面，从而破坏个人自由和守法之间的等价关系。每个公

---

[1] 按卢梭的意见，公意（volonté générale）是由人民共同体规定的国家人格或公共人格，与个人构成的个别意志（volonté particulière）是一个互为关系的相对概念；个人在其中是与自身订约，因此个人服从公意即服从自己；这一由全体个人结合而成的公共人格，可以追溯到古代城邦，现在则称为共和国或政治体，亦称国家或主权者。参看卢梭《社会契约论》第一卷，第六章和第七章。——译注

民的主权是不可转让的，要不怎么通过契约由它来组成社会（即组成一个民族国家），而每个人也借此不断地设立公意呢？"主权不外是行使公意，所以绝不能转让"[1]；主权既然是同一个东西，它也就存在于每个人身上，同时通过每一个人而存在于一个自由的民族身上。

卢梭的长处就在于严谨。从人的自由出发，也就是从个人的权利出发，社会契约在卢梭眼里只有两种可能的方案，他在给老米拉波的那封著名书信（1767 年 7 月 26 日）[2]里做了解释：要么是法的状态（l'état de droit），即人服从法律，这是个人意志和公意之间不间断的镜像。不然的话，最好还是事实状态（l'é tat de fait），这种状态虽然是在一个绝对专制君主手里靠褫夺公民主权来使人凌驾于法律之上，但至少可以保障社会安宁。"在最严酷的民主和最完美的霍布斯主义[3]之间，我看不到任何可以接受的中间方案：因为人和法律的冲突一旦给国家带来持续的内乱，那就是所有政治体制中最糟糕的体制。"[4]

卢梭也许是思想史上最超前的天才了，因为他发明的（或揣测到的）东西后来纠缠了整个 19 世纪和 20 世纪。他的政治

〔1〕《社会契约论》第二卷，第一章。

〔2〕这封著名书信即《致米拉波侯爵先生书》（A M. le Marquis de Mirabeau）。米拉波侯爵（Victor Riquetti, marquis de Mirabeau, 1715—1789）系大革命时期著名演说家米拉波（Honoré Gabriel Riquetti, comte de Mirabeau, 1749—1791）的父亲。——译注

〔3〕英国哲学家霍布斯（Thomas Hobbes, 1588—1679）在其名著《利维坦》（Leviathan）中描绘了一种自然状态和国家起源学说，认为人类保存自己（或害怕暴力死亡）的本能迫使人类从常年战争的自然状态走向缔结社会契约，由此放弃个人的自然权利，将它们移交给社会，并且要有一个专制的绝对权力才能保障社会契约的执行。——译注

〔4〕*Correspondance générale*, Paris, 1932, tome XⅦ, p.157.

思想提前建立了后来雅各宾主义和革命语言的概念框架，这首先是因为他的哲学前提（个人经由政治而得以实现），其次是在他那里，历史行为新意识与人民本身行使主权的必要条件的理论分析严谨地结合起来了。其实卢梭没有哪一方面该对法国大革命"负责"，但的确是他无意之中制造了革命意识和革命实践的文化材料。而历史的讽刺性就在于，正当大革命以为可以实现让－雅克的思想之际，反而展示了卢梭悲观主义的真理，即法与事实之间的无限距离，不可能找到能同理论相结合的民主实践。这种距离不断地被话语诉求，反而丰富起来，结果产生了当代世界最啰唆的语式：不再是理论，而是卢梭称之为"最严酷的民主"的意识形态。

我们的整个 18 世纪并非只有卢梭，只不过大部分政治理论家没有他那样的理论天才罢了。要么是他们在民主激进主义面前后退了，结果是在人类平等逻辑方面达不到卢梭那样极端的结论——但他们是赞同这个逻辑的，并且把它作为那个世纪的信条之一。从这条逻辑中抽身出来很简单，只消转向经验论的现实就行了，那就是历史。人人生来权利平等，是历史使人不平等；而且历史制约社会契约的条件，故虽然只有社会契约才能奠立权力的合法性，社会契约却是在主张原始平等的那些业已退化的人物之间形成的。譬如布兰维利埃[1]或孟德斯鸠，他们一方面把自然平等和现实不平等结合起来，另一方面又把产生于历史的不平等转变成国王和臣民之间靠缔结契约来保障

---

[1] 布兰维利埃（Henri de Boulainviliers，1658—1722）：法国历史学家。著有《法国旧政府史》（*Histoire de l'ancien gouvernement de la France*, 1727）和《论贵族》（*Essaisur la noblesse*，1732）。——译注

个人权利和集体权利。

从此，社会契约乃是一种历史契约，但它满足了与卢梭的理论论证相同的职能：不仅赋予权力以一种合法地位，同时也赋予个人和抽象集体（后者将个人组成人民）的关系以一种合法地位，而这种合法地位的基础是个人的权利。可是，比卢梭的理论还要明确的是，这个抽象集体有一个名称：民族国家（nation）。因为民族国家恰恰是历史和社会契约的框架，即由民族国家来保障其凝聚力并加以捍卫的一系列不受时效约束的个人权利：民族国家是王权得以诞生的原始关系的托管人，亦即原始契约的托管人。历史乃是一种集体遥远回忆，法国人与民族国家的权利重逢，也就是与他们自己的权利重逢。所以，布兰维利埃的法国史或马伯利[1]的法国史虽然谬误百出，大量以讹传讹的年代错误和事件错误妨碍了重读历史，但它们却带有最后的乐观主义色彩：只有回到查理曼大帝和"五月大会"[2]的时代才是好时代。[3]

---

[1]　马伯利（Cabriel Bonnt de Mably，1709—1785）：法国哲学家，历史学家。著有《建立在条约基础上的欧洲公法》（*Droit public de l'Europe fondé sur les traités*，1748）、《法国史论》（*Observations sur l'histoire de France*，1765）。——译注

[2]　关于查理曼大帝（或加洛林王朝）时代的"五月大会"（Champ de Mai），过去史学界认为是自由民推选国王的公民大会（或军事国家全体公民大会），但据史学家们的最新考证，此说不确，当是误将每年春夏大阅兵（"三月校场"或"五月校场"）同贵族大会混淆的一个说法。查理曼时代每年五月举行贵族高层会议时，通常同时举行比武性质的大阅兵，但由国王召集的"五月大会"参加者仅限于宫廷大臣、伯爵、高级僧侣和大诸侯；会议内容包括国家重大决策、审议宗教法令以及审判有谋反、叛国等重大罪行的将领和官吏。参看 Georges Duby 主编的 *Histoire de la France des origines nos jours*，Larousse，1995，第168—169页。——译注

[3]　此处我采用了我同莫娜·奥祖夫（Mona Ozouf）合写的一篇文章的内容，这篇文章将布兰维利埃和马伯利的历史撰述作了一个比较研究。此文发表于 *Les Annales*，n° 3，1979年5—6月。

国家的历史在制订王权立宪理论的同时，也制订了与之不可分割的公民身份的定义，亦即在此种王权面前拥有不受时效限制（但不一定平等）的权利的个人定义。民族国家乃是由已经收回自己权利的公民组成的清一色整体。这样，社会条件就得通过民族性来加以思考了：有了一个原始的历史契约，构成社会的无数个人及特殊利益就得立刻按它来策划和重新安排。没有任何社会不是按这个契约和这种起源来界定的。

　　但是，把社会条件和民族因素放到一起来思考，绝不能再像卢梭那样重新把社会条件又引向原则；而是庆贺社会与它的神话缔结连理：革命意识后来大量使用这种不同的文化材料，但代价是立刻就将起源的特权据为己有。革命意识只要把这种基本的代表制转移到它自己这边，就可以全权占有民族社会契约的母权地位了。联盟节是变本加厉的"七月十四日"，它无须别的封号就能缔造民族国家。1789年以前山雨欲来风满楼，人们以为是某种复辟，结果却变成了一个起源契约。

　　在旧制度行将没落的法国，此种关于社会的"民族性"解释十分流行，读一读当时成千上万的革命小册子[1]就知道个大概了。

　　在这些革命小册子里，昔日贵族独揽的"旧耳曼式"自由变成了整个民族的神话遗产，正在打一场关键的复辟战役。这些小册子至少有一半以上[2]都包含从法国史征引的史例；大多数情况下，这些从背景去加以分析的史例往往成了民族"权

---

〔1〕　这些文献大部分藏于〔法国〕国家图书馆；但有数百种小册子属 British Library 和纽约市立图书馆收藏。
〔2〕　我在此评述的是由230种小册子组成的一部资料汇编。这些小册子出版于1787年2月至1789年3月之间，从取样比例来看相当于〔法国〕国家图书馆收藏的此类文献的十分之一。

利"不折不扣的历史辩护词。文中偶有（罕见地）提及外国范式的情况，但一概加以驳斥，仅从这一点就已经可以看出这种意识觉醒的强度：这种文学的作者们一提起英国、瑞士或荷兰的制度，就立刻说不适用于法国的特殊国情（幅员广大、人口众多）及其传统。更其绝妙的是，在这类观念里，所有文献都以法兰克人为法国史的开端；而杜勃斯神父[1]的"罗马渊源"说消失了，他在〔18〕世纪中叶提出此说旨在用罗马－拜占庭帝国（impérium）权威的外衣来包装王权，借以捍卫王政的权威；布兰维利埃和马伯利得胜了，法兰西的确诞生于法兰克人和他们的国王之间的一个契约。[2]

法国创造了诸王，而诸王也创造了法国。处在这个表象中心的是国王和民族两权并立，两者不是通过冲突来相互界定的，而是被一种隶属关系联系在一起了，成为合法公共权力不可缺少的两个部分。国王拥有历史沿革下来的世袭当选权，是国家（Etat）的象征。民族是一个历史性的又是神话般的人类

---

〔1〕 杜勃斯神父（Jean-Baptiste Dubos，1670—1742）：法国历史学家、文艺批评家、外交家，法兰西学院院士。著有实证主义美学著作《关于诗歌与绘画的批判性思考》（Réflexions critiques sur la poésie et la peinture，1719）、《高卢法兰西君主制建政史考》（Histoire critique de l' établissement de la monarchie française dans les Gaules，1734）等。——译注

〔2〕 如果人们认为这些历史主题早已见于16世纪以宗教战争为标志的民族危机时期（尤见于霍特曼的著作里），那么我们就可以衡量一下，大革命前夕那几年，旧制度的这类文化材料在多大程度上还支配着人的精神。〔译按：霍特曼（Franois Hotman，sieur de Villiers Saint-Paul，1524–1590），法国法学家，民族主权论早期阐释者之一，主张以民族主权抗衡王权。参与16世纪宗教改革运动，曾在欧洲各国游学及讲授民法和罗马法。著有《论市民议会的原始地位》（De statu primitivae Ecclesiae，1553）、《法兰西的高卢》（Franco-Gallia seu Tractatus isagogicns de regimine regum Galliae，1573）、《反特里波尼安》（Anti-Tribonian，1610）。〕

集体，是社会契约的持有人，是藏在时间黑夜里的公意，是对起源的忠实承诺。两者之间有一条必要性的纽带，这条纽带也起到强迫合作的约束作用：国王是民族的首领，但他是从民族的认可中取得他的权威的；而且，他只有服从社会契约（亦称王国宪法）订立的条款，才能合法秉政。

假如国王不幸违背了契约的规约，那是因为强大的恶势力阻挠国王与他的人民之间的合作，破坏了两者之间的透明性规则。然而，法国的历史不是一出双人戏，而是三人戏。国王和民族之间，还有不同的社会力量，它们仍然是按原始契约来界定的：贵族是其中的主要形象，但大法院（parlements）[1]、穿袍阶层（la robe）[2]和神职人员也能成为这类中介体。这些中介体要么是契约的订立方（作为人民的代表）；通过这种方式，它们也被授予了起源的合法性：当时有少量文献反映了这种布兰维利埃式的法国史，即以王国传统社群（贵族为首）的代表职能为特征的法国史；国王若不尊重这一职能，就会发生"违宪"和专制。这种偏差始终在威胁着，到了黎塞留之后更是不容置疑了。

要么情况正好相反，中介体在国王和民族之间组成了很多门面；它们不仅不代表人民，还篡夺人民的职权。这是马伯

---

[1] 法国革命前的大法院（parlements）是国王（国家最高权力）直辖的主权司法机构，具有终审权。大法院的主要职能是备案、裁决和正式记录国王的诏书和敕令，使之具法的效力，同时也有权向国王提出"谏书"，故有立法职能（须通过三级会议表决），大法院同时也审理与王室有关的诉讼案件，包括亵渎君主罪、危害王权罪以及宫廷大臣失职罪等，因而又具有最高司法职能。革命前全国分设13个大法院，其中尤以巴黎大法院职权范围最大。1789年革命后，大法院名存实亡，制宪议会于次年3月宣布撤销所有大法院。——译注

[2] "穿袍阶层"（la robe）这一名称指革命前从事法律职业的阶层，包括法官、律师和法院职员，有时也包括教士和穿袍贵族。——译注

利式的法国史，占很大的比例。在这样的法国历史中，乱党（forces néfastes）不时僭越国王 – 民族这一合法政治联系，而把自己的真实面目藏起来，他们一旦露出真面目，就可能被消灭。这里可以用一个暗藏周期性灾难的抽象字眼来统称这些乱党势力：贵族篡位。这个现象处于克洛维和查理曼大帝这两个得天时地利的年代之间，涵盖整个墨洛温王朝时期，而且也是大部分历史文献所说的"封建无政府状态"即从查理曼大帝到腓力·奥古斯都[1]年代的特征。从"美男子"腓力四世开始，出现了一种王权与民权合一的权力形态，国王中也出了几个伟大的民族之父象征人物，如路易十二世和亨利四世。但黎塞留是个不祥的人物；这个人物的出现，无论在这种历史当中还是在先前的模式中，都只能是凶多吉少；黎塞留标志着法国又回到专制暴政的年代，这是一种"贵族式的"和"内阁式的"暴政，后来又为路易十四和路易十五效法而盛极一时。

法国历史的这两个版本都从起源的阐释中汲取灵感，并且都被一种紧迫的复古观念所驾驭。前一个版本虽然拥有一种代表理论，但就像贵族自由主义一样，因自身所承载和表达的集团利益而丧失了可信度；而后一个版本虽然制造出一种政治历史程式，却预示了革命民主的两难之境：主权民族作为主权个人的整合形象，作为权利及价值的母体，它构成了人民这一角色，即一部再生的历史中集体的、一致的、保持警惕的角色，

---

[1] 腓力·奥古斯都（Philippe II Auguste，1165—1223）：法兰西国王，称腓力二世（1180—1223 年在位）。1214 年打败英王约翰（无地王）及其同盟者神圣罗马帝国皇帝鄂图四世，获"奥古斯都"称号。在位期间推行中央集权政策，设督治，向地方派税官和法吏（baillis, sé néchaux），鼓励村社发展，奖励工商业，营造卢浮宫及扩建巴黎大学。这些有利于资产者的措施被视为"非封建化"。——译注

同时又构成了一种权力，这个权力不断受到民族之敌和人民之敌篡权和阴谋的威胁。[1]在这种从历史学和社会学观点来看不可分割的形态里，令人震惊的是通过国王－民族这种组合而体现的权力形象是多么绝对的权力形象！就"权力"这个词的现代涵义来说，旧式的行政君主制从来就不是一种绝对的权力（18世纪末叶的行政君主制就更不用说了），但一切就好像这种行政君主制所具有的或赋予自身权力的代表制变成了民族意识的一部分。通过民族，也可以说通过公意，法国人无形中收回了一种无限权力的神话形象，因为这种权力乃是社会整体赖以自我界定和自我代表的东西。而公民社会朝此种权力缓慢渐进的过程，乃是以这种绝对权力的名义进行的，因为这种绝对权力是原则性的：它等同于民族和人民，并且有其反原则对立面，即阴谋论。

　　法国政治思想虽然起草了一些特殊的文化特征交给革命意识去使用和再加工，但这类排斥英国代议制观念，或至少使之在法律上难以实行的特殊文化特征，为什么在旧制度的最后几

————————

[1] 我尝试重构这种政治史观，安特莱格写过两则有关三级会议的奏章，可能是这方面最典型的案例了。安氏这两则奏章先后发表于1788年底和1789年初，安氏本人后来成了保王党的代理人。安氏的中心观念是：三级会议乃行使民族主权的会议机构（民族主权过去被封建专制僭取，后来又被国王的专制主义篡夺）。他由此得出结论：当选的代表只是一些必须听从委托人公意的代理人，"不经过他们的等级，他们根本就无资格对任何一样东西做出裁决，若遇到一些事先未规定的事情须做出新决定，他们还得回过头去求助于他们的等级"（第一奏章）。第二奏章通篇议论的是代表制问题：安氏援引卢梭《社会契约论》和那部讨论波兰宪政的著作就行使公意所做的修正，建议采纳此种强制性的授权观念。〔译按：安特莱格（Antraigues, 1753—1812）伯爵是革命时期的冒险家。早年曾与伏尔泰、卢梭交往，后又同米拉波结为至交，但革命期间并不得志，失意之下去了瑞士，在那里隐居并发表多篇反革命檄文。1793年后周游列国，到处充当谋士和间谍，最后在英国遭暗杀。〕

年发展得那么快？谁又是它们的携带者呢？这一切还有待于详察。

　　那时，18世纪的法国社会在苦苦地寻找代理人。诚如今天有人说的那样，它的确是太"发展"了，无法像在上个世纪那样再保持静默并服从于国家。但是在寻找一种政治代表制度的过程中，它与路易十四的遗产发生了抵触，这种遗产不仅维护乃至加固等级社会结构，还系统地关闭社会和国家之间的传统沟通管道（三级会议、大法院谏诤制度、市府和市政行政机构，等等）。等到路易十四驾崩的时候，法国社会自然就走向传统渠道的复活了，尤其是重振大法院的职能。可是，这些大法院一百年来不断地显示出它们的保守主义，如谴责《百科全书》、禁止《爱弥儿》、声讨可怜的卡拉斯[1]，因此它们已经不能成为一个被启蒙"照亮"的社会的最佳代理人了。只有在君主制国家放弃战斗之后或在那前夕，大法院才对自己的代表性抱有幻想。但这种幻想没有持续多久也破灭了。

　　所以，18世纪的社会逐渐给自己指定了其他的代言人：哲学家和文人。关于这一点，恐怕没有人比托克维尔在《旧制度》第三卷第一章里讲得更清楚和更好的了。在他看来，君主制虽然粉碎了各种旧式的"自由"权利，摧毁了贵族的政治职能，但并不因此就能在新的基础上建立一个领导阶级，反而无形中把作家想象成这个领导阶级的替代者。结果文学越俎代庖

----

[1] 指18世纪中叶在法国图鲁兹发生的"卡拉斯事件"。信奉加尔文教的商人卡拉斯（Jean Calas, 1698—1762）在其长子自缢身亡后隐瞒儿子的死因，结果被诬陷为阻止儿子改信天主教而杀害亲子。卡拉斯被处以车轮极刑。时著名思想家伏尔泰等人公开站出来为受害人伸张正义，遂迫使教会于1765年还卡拉斯以清白。"卡拉斯事件"亦成为历史上天主教会迫害新教徒的著名案例。——译注

肩负起政治职能来了："如果人们想一想，这个法兰西民族，对自己的事务那么外行，那么缺乏经验，被自己的制度捆得那么死却又无力去改良制度，但与此同时，这个民族又是地球上所有民族中最有文学修养、最爱才智的民族，这样就很容易理解了，这个民族的作家怎么变成了一种政治力量，最后又如何成了第一流的政治力量。"

把文人安排在一种职务之中，却又让他们只限于行使其中想象的那部分职能，亦即让他们充当跟一切权力实践无缘的士大夫学官角色，这本是职能上的混淆，没想到却对政治文化本身产生了影响。文人倾向于用法去代替事实，用原则去代替利益平衡及手段权衡，用价值和目的去代替权力和行动。就这样，法国人由于被剥夺了真正的自由，只好走向抽象的自由；既然无力从事集体的试验，没有办法检验行动的极限，他们就只好无形中转向了政治的幻想。正因为在人和事的管理上缺少一种辩论，法国于是转到了讨论目的和价值方面，把这些东西当作政治活动的惟一内容，也当作惟一的根据。

托克维尔的这一出色分析虽然解释了18世纪以降知识分子在法国政治辩论中扮演角色的许多事情，但仍不足以说明后来形成革命意识的那些因素的社会学条件。这一总的直觉尚缺一种考察，那就是相对于政权本身而言，新的观念权（pouvoir d'opinion）是借助什么样的中介对社会施加影响的。因为与旧时代的社会相比，这个社会产生并维持着一种新的政治人际关系（sociabilité politique），只等时机一到就占领整个舞台：这就是奥古斯丁·古参的发现。

一种政治人际关系，我指的是公民（或臣民）与权力之间组织起来的一种关系模式，也指相对于权力的公民（或臣民）

本身之间组织起来的一种关系模式。"绝对的"君主制要求包含一种政治人际关系类型，而整个社会则通过这种关系以同心圆的方式并按等级次序围绕着排列起来，成为社会生活的组织中心。它处在社群和共同体组成的整个等级制的顶峰，不仅由它来保障社群和共同体的权利，也通过它来贯彻自上而下的威权以及自下而上的臣服（间杂有上书、代表制和谈判）。可是在18世纪，这种政治人际关系的管道越来越丧失其传统的意义和象征性的内容；行政君主制已经开始抛售封号和官职，希冀这些东西再为国库尽一份忠效。在行将就木之际，它反而死死抓住它一再摧毁的那个社会的一个形象，而这个理论上的社会却没有什么东西能使它同现实的社会相通：从王室开始，上上下下都已成了一块空招牌。

而在君主制以外，现实社会另造了一个政治人际关系世界。一个新的世界，不再按体制内集团，而是按个人来组构的；这个世界建立在一种模糊的东西之上，这种东西叫作舆论，它是在咖啡馆、沙龙、聚会场所和学社里产生的。可以称之为民主人际关系，尽管它的网络并未扩大到整个人民的范围；意思是说，这些交通线路是在"底层"横向地形成的，分布在一个分崩离析的社会层面；在那里，这个社会的个人之间，一个人同另一个人是平等的。"舆论"是一个隐晦的说法，恰好表达这层意思：法兰西国王的传统对话者就像一座万马齐喑的金字塔，但那笼罩塔顶的沉寂之中有一些东西重新组织起来了，而且是根据新的原则来组织的，只不过这些新的原则对谁都不是清晰的。

这是因为，这种民主的人际关系虽然开始修补一个正在四分五裂的社会体——在实践的层面扮演由"民族国家"意识形态在知识层面担当的统合角色——但它却像另一种人际关系一样，仍然有着极大的不透明性。它围绕着一些新的中心组织起来，而这些新的中心，诸如思想学社（socié tés de pensée）[1]和共济会会所等，按理是处在旧式君主政治建制以外的。新的中心不可能组成传统金字塔的"塔体"，它们属于不同的范畴，是不相容的，是由另一种性质的元素做成的：它们不再是社会的预先存在物，不再是等级制度不可分割的构成性核心。相反，它们是社会的产物，而且是一个从权力那里解放出来的社会的产物，这个社会正在按个人的需要重铸社会政治肌体。这可是一个不能公开宣示的原则，何况法兰西历代国王对倡此等新说者是格杀勿论的，这也说明了那些民主人际关系的新中心何以长期保持可疑的、秘密的或半秘密的性质。

所以，这种人际关系管道同另一种人际关系管道根本不相通：它与权力编织的关系网是毫无关系的。它制造的是舆论，而不是行动——或者说制造的是对行动并无影响的舆论。它被迫给自己组构一个替代性的权力形象，这个形象是照着国王的"绝对"权力形象临摹出来的，只不过把它颠倒过来为民效命

---

[1] 傅勒在此使用的"思想学社"（sociétés de pensée）提法，来自法国历史学家奥古斯丁·古参的著作，泛指受启蒙运动影响而产生的各种以讨论学术和传播新思想为宗旨的社会团体，包括学院、学社、研究会、俱乐部以及共济会等某些具有社会活动色彩的宗教团体。此类"会社"在18世纪形成全欧现象，出现大量地方性的 académies 和自发的民间团体，成为启蒙运动的管道和社会载体，也成为社会运动的策源中心。在法国，此种"思想学社"的社会化和权力化最后导致了雅各宾式的政权形态，即大革命时期的"会社专政"（dictature des sociétés）。在此意义上，此种"思想学社"（或泛言"会社"）也是一个假想的"社会"形态，一种"政治幻觉"。关于"思想学社"和意识形态专政时代的分析，详见傅勒本书下篇第Ⅲ章专门讨论奥古斯丁·古参"雅各宾主义理论"的部分。——译注

而已。只要思想社会或俱乐部一拥而起，奋声疾呼以民族或人民的名义说话，把各种舆论变成"舆论"，把舆论变成想象的绝对权力，就大功告成了，因为这种炼金术既排斥不同意见的合法性，也排斥代表制的合法性。一个不分权的权力生出这样两种对称而相反的形象，自然也就集中了阴谋说所需的表现方式和相互问罪的必要因素了：如此发蒙的"舆论"于是指大臣策划阴谋或内阁专制国家制造阴谋；而君主衙署则说粮户谋反或文人谋反。

正是在这一点上，18世纪末叶的法国君主政体是绝对的，并非如共和派史学凭大革命的见证一再断言的那样，在行使权力方面是绝对的。这是一个脆弱的政权，但它自以为是不可分权的：它所肯定的东西被耗蚀掉了，只有此种代表制却还完好无缺地幸存下来，这恰恰是政治管道隐秘化的充分条件。由于遇到专制主义代表制的阻力，社会从君主制身上夺取或收回的权力越多，就越被迫以较之权力自身还要激进的外化方式重组这种权力，其结果是仍然按这种权力的形象来重组权力。正因为它们拥有相同之处，故这两种管道是不兼容的。它们之所以没有任何彼此通融的可能性，正是因为它们分担同样的权力观念。这种观念，或这种幻觉，乃是旧式君主制的遗产，在它以外法国大革命是难以想象的；法国大革命意在把这种幻觉植入社会，而不是把它看成上帝的意志。正是在这种伴随一个没有矛盾的社会而重建一个不分权的权力的意图中形成了后来的革命意识，作为一种政治想象，或者十分准确地说，作为"旧制度"想象物的一个倒转。

从这方面来看，绝对君主制显然堵死了路易十四驾崩后重新调整政治制度的一切努力，尤其堵死了建立一个代议制政府的可能性：大法院是旧体制的组成部分，与其说它们行使代议职能，毋宁说它们窃取了这一职能。这些大法院本就无意代表"民族"，但最终还是声称代表"民族"，譬如在 1769—1771 年间的著名史事里[1]，大法院也追随了当时形成的类似思想学社民主组织那样的想象的同等体制。没有什么比这种特权寡头势力更能显露在场的两种政治代表制的矛盾身份，因而也暴露出它们的封闭性了；这种由特权者组成的寡头政治也高谈"民族"和"人民"，但只有通过纯粹的民主他们才能从绝对君主制里走出来。

可是，我们千万不要受诱惑，仅根据 1789 年或 1793 年来重构我们的整个 18 世纪或 18 世纪下半叶。即便早在 18 世纪 70 年代或 18 世纪 80 年代，法国就已存在后来成为革命意识的那种材料，也不能就此得出结论说那时革命意识已经"结晶"，更不能说那是宿命之物。我尝试分析的两种政治人际关系在 1789 年年初还和平共处呢，那时路易十六还下诏要国民起草陈情表及派代表到凡尔赛去呢。不过，说两种政治人际关系和谐融会到一起，则未免言过其实。国王在诏书里笨拙地将两者相提并论，把从下到上、由意见一致的会议草拟"陈情表"的古老制度和一种现代的民主选举程序（后者至少在第三

---

〔1〕 这里指的是那几年间接税法院（Cour des aides）的一系列进谏，多数谏文出自时任法院院长的马勒泽尔伯（Malesherbes）之手，法院那时与路易十五发生尖锐的冲突。态度最鲜明的谏文是 1771 年 2 月 18 日呈递的那篇，那是在最活跃的法官都逃亡并且官职已被收回之后起草的，该文不仅直言"毁灭性的制度正在威胁整个民族"，还指责王室的专横"剥夺了一个自由民族最基本的权利"。

等级内部已经存在）混为一谈。[1]1789年1月"章程"[2]的种种自相矛盾、不存在公共辩论和有组织的观点交锋，这一切使得会议可能被操纵；尽管如此，并不妨碍这种浩大的起草陈情书工作产生一些文件，再说一致通过的情况也远远多于意见不一致的情况，甚至在等级之间亦是如此，没有什么东西显示社会政治肌体会突然破裂。大革命的人物是从1789年的选举中冒出来的，但革命的语言尚未见于陈情表里。

因为陈情表讲的不是民主的语言，而是旧制度仪轨策士的语言。并非陈情表比后来的（或者已经零散同时出现的）革命文件"温和"，而是说它们表达的是与革命风马牛不相及的东西，是旧式君主制用自己的语言写下的改革派遗嘱。在这些数以千计的陈情表里，尤其在涉及第三等级的陈情表里，由裁判官做的汇总从章法到遣词造句完全是宫廷大臣的手笔：所以，这类奏章虽然是由各个共同体、社群或等级起草的，读来却如出一辙。通过这些卫道士的声音，古老的政治人际关系仪轨发放了它最后的信息：民族、国王、律法。

然而一说起陈情表，人们脑海里出现的第一个假设却正好相反。历史学家总是本能地倾向于指望这些〔1789年〕三四月间起草的文件就是后来发生的事情的先兆，总是本能地想从中读出后来六七月间一系列事件的序幕来。再者，这数千份文件毕竟是按旧的社会分野起草和分类的，提供了一个理想的瞭望台，颇

---

〔1〕 参看 J. Cadart：*Le Régime électoral des Etats généraux de 1789 et ses origins*，*1302–1614*，Paris，1952。

〔2〕 指1789年1月24日路易十六下诏命三级会议制订的"选举章程"。这个章程对三级会议选举按等级投票以及第三等级代表席位增一倍等事项做了规定。——译注

有助于考察正为无限前程所召唤的"第三等级－贵族"抗命中央的行动，所以学人有上述倾向也就显得更其"自然"了。可是，如果将第三等级裁判官的陈情表同贵族的陈情表逐项做一比较，那就没有什么名堂可考察的了，这两类文件可供分析的共同之处要多于矛盾之处；概言之，它们的共同点多于差异。

总体上，贵族陈情表略比第三等级陈情表多一些"微言大义"的东西。我的意思是说，贵族陈情表更多地使用启蒙运动的词汇，更多地强调个人自由或人权的诉求。第三等级裁判官的陈情表则或多或少代表了乡村诉求的老一套，尽管他们也从某些城市奏章文本中，尤其（并非偶然地）从"自由居民"即独立于行业公会的市民的陈情书中，汲取了灵感和材料的精华。他们在列举必要的改革方面更详尽一些，在要求按人头投票方面人数更多一些，可这又有什么稀奇呢？[1]

这些差别并没有在王国的不同等级之间引起对抗：君主制国家的最后一次咨询虽然是按较新的原则来组织的，但还是有能力将舆论引向传统的道路。这意味着与托克维尔的论述相反[2]，陈情表里找不到任何东西预示后来的革命意识或即将

---

[1] 我在这里除了个人的研究之外，还使用了美国历史学家魏特曼（S. Weitman）一部以前未曾出版过的著作：*Bureaucracy, democracy and the French Revolution*（华盛顿大学哲学博士论文，圣路易斯，1968 年），此书从选区（bailliage）方面对贵族陈情表和第三等级陈情表做了系统的、有统计数字的比较。

[2] 参看《旧制度与大革命》第二卷第一章，第 197 页："我仔细读了那些陈情表……我注意到，有的人要求修改某一法律，有的人要求改变某一惯例，我逐条做了笔记。就这样，我啃完了这些卷帙浩繁的资料；当我把所有人的愿望集中起来时，吃惊地发现他们的要求竟是有系统地同时废除这个国家所有的法律和所有的惯例；我立刻就明白了，难道是世界上从未有过的一次最广泛、最危险的革命……"

托克维尔的这一分析，或者不如说这一"印象"，在我看来是言过其实了，带有任何一位法国大革命史学家都可能被攀上的那种目的论幻想：既（转下页）

发生的大革命，尤其找不到围绕人民意志的象征性绝对权力展开激辩的任何迹象，而这场激辩却是后来那些大事件的中心。更为显著的是，这些文件总体上依然框在恪守传统的共同参照里，堪称谋臣精神的杰作。[1] 还是这类人，几百年来创建了法国君主政体，现在虽然想改革它，但也要按君主制的真正原则来改革。在所有言及权力的陈情表里（这类陈情表如出一辙），最为一致的诉求是由定期举行的全国三级会议来控制赋税，因为控制赋税直接关涉到君主制最古老的表现形态：税收权乃是地地道道的王权，甚至比司法权更能体现国家，但此种权力必须在公正的权限内行使，而权限须与三级会议谈判商定，由三级会议发放国王臣民的赞同意见。这些等级会议，全国的也好，省一级的也好，所拟陈情表多以宪政名义要求扩大权限，以削弱国王总督的权力；但他们的所谓宪政与其说是立宪，毋宁说是复旧制，或言"厘定制度"，仅此而已。除非出现例外[2]，他们一般都守在传统政治合法性的内部：最好的证据就是频频出现"好国王，坏大臣"这样的说法，这是君主制

（接上页）然革命已经发生，事先总得有些征兆的吧……我本人在高等社会科学院历史研究中心的一个研究项目里考察过数千种陈情表，就我所做的精细研究来看，陈情表传达的大部分疏议在辖区司法裁判权（bailliages）方面也只是涉及税收和司法的改良而已；严格意义上的权力诉求很少越出上面分析的"宪政"（含过时的和现代的双重涵义）框架。

美国历史学家泰勒（G. Taylor）循另一个路子也得出同样的结论，指出陈情表的性质是温和的。参看泰勒《1789年陈情表是革命性的吗？》，载 *Annales E. S. C.*，1973年11—12月，第6期。

〔1〕参看杜普隆（A. Dupront）《陈情表和集体心态》（*Cahiers de doléances et mentalités collectives*），载 *Actes du 89ᵉ Congrès national des Sociétés savantes*，tome I，Paris，1964。

〔2〕譬如鲁昂商界的陈情表说："用不着到蒙昧时代去找什么东西来确立民族的权利；集合起来的人民就是一切；主权在民……"

的"绝对"代表制的典型特征。

那些稍微有点儿"学究气"的陈情表，尤其经裁判官加工润色的陈情表，的确谈"民族"，要求恢复或确定民族的权利。他们这样做的时候，并不拒绝公民代表制。相反，他们创建这种代表制，但却是按照一种早于君主制本身的原始权利集合体古老观念来创制的；他们通过政府把全国三级会议结构转变成代议制，却在这同一个政府里将"日耳曼文化"史学或"天然平等"说的原始材料改编成现代权利理论。这种炼金术，虽然用"宪政"（constitution）这个含糊的词来表达，其实尚未包含后来革命俱乐部张扬的那种人民意志和直接民主。它创建的是委托权，并没有建立替代社会的人民意志的象征性统治。

所以陈情表大量地局限在旧的政权结构内部：法兰西国王咨询他的人民，而组成人民（就现状将人民宪法化）的所有共同体回复国王的咨询。只不过此种咨询本身包藏着一种选举，而这种选举与传统荐制是不相符的；它不是像1614年那样简单地指定社群的"天然"代表，譬如市镇的市政官委任程序，而是允许政治竞赛：这表明，在陈情表"众口一词"宣达的东西以外，更有一种需要争夺的权力，一些人互相争斗才能夺得这权力。恰恰在这个层面上，在斗争中，出现了革命意识形态，其职能乃是甄选人才，因为光靠起草陈情书是做不到的。

在我看来，革命意识形态的诞生有两个不可或缺的条件：首先是存在一种可以得到的权力，这是传统当局放弃的权力，其次是革命意识形态可以委授此种权力。这是陈情表所否认的，受制于可称为与君主制通事的那种处境；也因为如此，这些数以千计的文件在细节上不乏真言，但在实质上却充斥了谎言。然而革命要想扩大为一种观念，它也得有一种可能，那就是把

"人民意志"的解释权收回来，为己所用。1789年的选举就是这么来的，虽然组织的是一次真正的投票，但规定采用一致通过制。未来的议员别无选择，只能按自己的利益来重构绝对权力。

所以革命意识形态并非产生于陈情表，而是产生于选举战役本身：这种选战表面看来是边缘的，其实是中央的，目的是排斥个人而张扬人民意志。罗伯斯庇尔只有在他必须夺取他在阿拉斯市（Arras）的议员席位时，才成其为罗伯斯庇尔：这个保守派年轻人发明了一套关于平等的说辞。同样，《何为第三等级？》一书之所以轰动全国，而身为夏特勒代理主教[1]的书作者之所以能在巴黎第三等级中获得一个席位，皆因为他这本响亮的小册子既作伐异之声，又倡起源之论。西哀士把相对于人民意志的贵族的异己性格理论化了，不仅拒斥整个贵族等级，还把它说成是国家的敌人；但与此同时，西哀士宣告了社会科学和人类幸福的到来："在野蛮和封建的漫漫长夜里，人与人的真正关系被摧毁了，所有的民族都被搅乱了，所有的正义都被扭曲了；但是曙光已经升起，哥特式的种种谬误要夺路而逃了，古老暴行的残渣余孽就要崩溃覆灭了。这是确定无疑的。难道我们不就是革除罪恶，或者说让美好的社会秩序取代旧世界的混乱？[2]西哀士后来还起草了一种代议制理论，但这已经是在其次的了，因为有代表性的恰恰是公民共有的东西，那就是立民族以抗贵族。这种令人眩晕的同义反复发明了新的政治世界。

我曾长期思考，把法国大革命的起始年月稍稍上移也许

---

〔1〕 西哀士曾任夏特勒（Chartres）教区代理主教。他在革命前夕发表的小册子《何为第三等级？》使他一夜成名，并跻身第三等级代表和"革命党"的行列。参看本书第47页，注2。——译注

〔2〕《何为第三等级？》，第4章第3节。

在学术上是大有裨益的，即把它移到 1787 年年初和"显贵会议"[1]召开之际：这个年代推移有两个好处，一是能更准确地标出传统权力危机的日期，二是能把习惯上所说的"贵族革命"纳入大革命的进程。无论从理论上还是实践上来讲，绝对君主制恰好是在这一年灭亡，当时不仅王室的总督被迫与选出来的等级会议分享职权，第三等级在会议里的代表席位也增加了一倍[2]；而在绝对君主制迅速崩溃造成的真空里，乘虚而入的不单是"贵族"或大法院，而是整个政治社会。及至 1788 年年底，留恋传统等级会议召集制度的大法院和已经被唤作"民族"的政治社会其他力量之间终于发生了破裂；正如古参所看到的，这次破裂是革命阵营的第一次分裂，而为历史所召唤的革命阵营必定还要经历无数次的分裂。

事实上，托克维尔将他本人称为"真正的大革命精神"的出现日期标在 1788 年 9 月。他对此做过若干长篇论说，未形成定稿，各篇后与工作笔记一并发表（tome 2, livre I, chap.V）。他是通过多方面的迹象来说明这种"精神"的，方式上没我那么多的排他性，既把它说成是与过去决裂之后抽象地寻求可能的最佳宪政方案，又说成是改造"社会基础本身"的愿望（第 106 页）。但是，托克维尔还是回到我尝试描绘1788 年岁末观念变迁来加以圈定的定义范围："起初人们只说

---

[1] 卡洛纳（Charles-Alexandre de Calonne）1783 年出任财政总监，奉命扭转王室财政危机。他提出"均税"改革计划。由于担心改革遭各省抵制，路易十六遂按卡洛纳的建议避开三级会议，于 1787 年 2 月 22 日邀各界特权头面人物召开"显贵会议"（assemblée des Notables），以期改革得到上层社会的支持。由于大僧侣和大贵族的抵制，"均税"计划最终仍告流产。——译注
[2] 关于这个问题，勒努万（P. Renouvin）的《1789 年的各省会议》（*Les Assemblées provinciales de 1787*, Paris, 1921）至今仍是最基本的著作。

要更好地调整阶级关系，但很快就起步、迅跑、直奔纯粹的民主观念。一开始人们引证和评论孟德斯鸠，最后却只谈论卢梭了。卢梭成了革命导师，并且始终是大革命初期惟一的导师。"（第106—107页）

我不敢肯定观念的变迁就这么简单：要弄清这个问题，不仅得通读那个时代的所有小册子，还要推定它们的年代，而那个时期大部分小册子都是匿名刊行的，而且不标日期。托克维尔多使用西哀士的那本论战性小册子。在他看来，这是一本很典型的小册子；但对我来说，这个小册子在那时是很有预见的，也就是说非同凡响的。显然是忠实于那个时期人心逐渐激进的年表，托克维尔才视陈情表为一部革命文献汇编。而我以为，在陈情表以及同时期的大量小册子里，甚至1788年9月以后的小册子里，那种徒具形态的东西实际上还是残留的传统政治思想潮流（我称之为旧的政治人际关系）。

不过，以〔1788年〕9月作为年代划分却是重要的，托克维尔的直觉就其实质性内容来说是正确的。1788年夏，召开全国三级会议、重新起用内克、大法院复会，这一系列事件都是路易十六妥协的结果，由此形成了整体上的权力空缺。这些事件引发了为争夺同一权力的阶级之战，围绕等级代表制的方式，为思想运动和社会激情敞开了一个无限的疆域。纯粹民主的意识形态正是从这个缺口乘虚而入的，尽管直到1789年春它还没能完全控制地盘。

的确，如果把法国大革命界说为构成新历史意识的若干文化特征的集体结晶，1789年春就是关键时期。权力虽然被腾出来至少已经两年，此现象却要等到这个时刻，随着"公社"胜利地反抗王命，才完全明朗地显露出来。正如人们从陈情表可以看出的那样，直到当年5月，以法兰西国王为中心的、高高凌驾于社会建制之上的旧的政治人际关系模式多多少少还能挺得住：那是因为它事实上已经放弃的空间尚未被发现。从这个观点来看，随着5月、6月、7月一连串事件的发生，一切都变了。第三等级胜了国王，前面两个等级做了妥协，7月14日，之前与之后民众的大觉醒，这一切显然都越出了旧的合法性框架。思想和话语解放了，不仅摆脱了书报审查官和警察（事实上几年来已经摆脱这种钳制），也摆脱了自发地赞同古老制度而产生的那种内驱力：国王不复是国王，贵族不复是贵族，教会不复是教会。何况，人民大众涌上历史舞台给政治教育带来了广大的新公众，他们的期盼也改变了社会传播的条件。讲演、动议、报纸不再是优先供有文化的人聆听和阅读的，而是交给"人民"去评判。大革命开创了一个舞台，在这个舞台上，摆脱了各种禁忌的话语寻找公众，找到了一个由其自身失重状态确定的公众。环绕权力并保护着权力的象征性管道规则出现这种双重转移，此乃1789年春的重大事件。

在某种意义上，一切都是从这里"开始"的：1789年敞开了一个历史偏移的时期，终于有一天看到旧制度的舞台不过是一群影影绰绰的幽灵。大革命是一个落差，使陈情表的语言和《人民之友》的讲说判若天渊之别，而两者相距不过区区数月。[1]大革命的得失主要还不在于原因和结果如何，而在于一个社会向着它的所有可能性敞开了。大革命发明了一种政治话语和一种政治实践，从此我们不断地生活于其中。

---

[1] 马拉创办的这份报纸，创刊号日期是1789年9月12日。它的最终名称则是9月16日才出现的。

四

　　自1789年春起，可以明确地说权力不再属于几个世纪以来不知发布了多少布告、多少规章、多少法令的法兰西国王枢密院和办公厅了。转眼间，国王失去了一切系泊点；任何机构里都没有他了："议会"正在设法重建所有机构，一切都在求变，要把所有这些制度打翻、重建、再摧毁，宛如大浪淘沙，冲垮一切沙堡。旧制度的国王怎会赞同，既然一切事情都显露出对他不信任，一切都表露出要剥夺他的权力？再说，一桩如此崭新的事业，一个如此崭新的国家，重建的，或者确切地说，重新思考过的，建在如此松动的地基上，能很快就赢得最低限度的共识吗？虽然所有人都这么说，因为人人都以人民的名义说话，还是没人能信。也没有人有能力相信，即便那些可以叫作"89人士"的人亦是如此，尽管这些人就他们想要的社会和政制类型达成了共识。革命政治有一种与生俱来的不稳定性。较之而言，那些有关大革命"稳定"的周期性政治主张反而必定是振兴的契机。

　　那时，个人和集团已成天在想"停止"革命，但每个人想到的只是自己的利益、自己的时机，根本不顾旁人。穆尼埃[1]和一班王政派人马主张一种法国式的辉格党运动，而且从1789年8月起就这样做了。之后是米拉波和拉斐德[2]，在整个1790年同时行动，各有各的算计。最后是拉梅特－巴纳夫－杜波尔三巨头[3]，在"发棱事件"[4]之后，也加入了立宪保王主义的温和政治。但是，这些接二连三的反水附逆是在一场革命高涨之后发生的，那场革命高涨旨在控制民众运动和打倒对手；第一个目标没达到，第二个目标倒是干得过头了，结果枪矛掉转过来对准他们，对准一切"温和主义"。由此看来，即便是在大革命表面的"宪政"时期，也就是从拉斐德到罗伯斯庇尔，法国拥有一部被广泛接受的宪法的时期，每个领导人、

---

[1] 穆尼埃（Jean-Joseph Mounier，1758—1806）：法国大革命时期温和派政治家、大法院律师，以第三等级代表入选三级会议。革命初期参与起草《人权宣言》（前三条即出自他的手笔）。主张君主立宪及两院制，但希望国王拥有绝对的否决权，被时人讥为"否决先生"。因对革命建立平民政权感到失望，遂辞官归隐，至1801年始复出，被任命为省长。——译注

[2] 拉斐德（Marie Joseph Paul Yves Roch Gilbert Motier，*marquis de La Fayette*，1757—1834）：法国政治家、元帅。早年参加美国独立战争。回国后参加法国大革命，任国民革命军总司令。因主张君主立宪而与雅各宾派分道扬镳，另创斐扬派俱乐部。1791年7月在巴黎宣布戒严并下令向要求废黜国王的请愿民众开枪，后被迫辞去国民革命军总司令职。1792年逃亡国外。复辟王朝时加入法国秘密组织"烧炭党"（Charbonnerie）。1830年"七月革命"期间，以自由资产阶级革命家的面貌重返巴黎。——译注

[3] 拉梅特（Alexandre Lameth，1760—1829）、巴纳夫（Antoine Barnave，1761—1793）、杜波尔（Adrien Duport，1759—1798）均是大革命初期斐扬派主将，主张君主立宪，被时人称为温和派"三巨头"，与雅各宾激进领袖罗伯斯庇尔、库东、圣鞠斯特三巨头相对。"发棱事件"后，三人均暗中与国王密谋，企图保住法国的君主制。——译注

[4] 1791年6月20日深夜国王路易十六化装成平民携家眷乘马车从巴黎秘密出逃，第三天行至东部梅斯附近小镇发棱（Varennes-en-Argonne）时被截住。制宪议会立即派人将国王一家押回巴黎，同时宣布关闭全国边界，并暂时中止路易十六的国王职务。史称"发棱事件"。——译注

每个集团不是联合起来重建国家制度，而是铤而走险，欲扩大革命以消灭竞争对手。这种举动看起来是自杀性的，固然有其一时一地的缘由，却也说明各方意志的盲目轻率：1789 年制宪议会的迫切愿望并不是"结束"大革命，这是它与 1848 年制宪议会不同的地方；但 1848 年却不停地把目光转向 1789 年。1789 年是没有先例的。用米拉波的话来说，那时的政治家们"观念超前"；他们在政治行动的方式上只好临场发挥了。

因为他们卷入了一个从未见过的、有严格限制的行动体系。大革命是以这样一种状况为特点的：在所有人看来权力已经空缺，无论在知识上还是实践上权力都已经闲置。在旧时代的社会里，情况正好相反：权力自古以来就是由国王占有的，只有在以异端的和犯上的行动为代价的时候，权力才会闲置，而且权力是社会的主宰，也是社会目的的仲裁。但现在不同了，权力不仅空出来了，而且成了社会的财产，社会不仅要授予权力，还要让权力服从社会的法律。正因为权力也是旧制度的元恶和专制独裁的渊薮，革命社会才反其道而行之，祛除压在它身上的厄运，把旧制度的神圣性给颠倒过来：人民就是政权。这么一来，革命社会注定只能通过舆论来维持这个公式了。话语取代权力成为惟一的保障，保障权力只属于人民，也就是说不属于任何人。而且恰成对比的是，权力有保密的弊病，而话语则是公开的，因而是接受人民监督的。

这种民主的人际关系，就其特征而言，本来就源自 18 世纪共存的两种政治关系体系之一，这两种政治关系体系就像平行线一样，是不会相交的；但这次民主的人际关系占领了权力空间。只不过它是用它所能生产的材料去占领权力空间的，这种材料就是人们通常称作"舆论"的东西，又软又有弹性，突然间成了一种细致的正常注意力的对象，因为它就是一切政治斗争的中心和关键。舆论一旦变成权力，就必须与人民合为一体；话语不能再藏奸，而是像镜子那样照出价值来。这种对权力的集体狂热从此支配着大革命的政治战役，代表制在其中被排除了，或者连续不断地受到监督；就像卢梭著作里描绘的那样，人民按理不能将其权利让与私人利益，否则人民立刻就不再是自由的。从这个时候起，合法性（和胜利）属于那些象征性地代表人民意志并成功地统辖人民机构的人们。用一个抽象的等价物体系去取代选民代表制，乃是直接民主不可避免的悖论；只有借助它，人民意志才能不断地与权力重合，而行动也非常恰当地合于它的合法性原则。

法国大革命之所以在它自身的政治实践中经历此种理论上的民主矛盾，那是因为它开创了一个世界。在这个世界里，政权的表现形态就是行动的中心，符号的管道就是政治的绝对主宰。关键在于弄清谁代表人民，或者代表平等，代表民族国家：谁有能力占领并保持这个象征性地位，谁就决定着胜利。可见，1789年至1794年间大革命发展阶段的历史可视为拿代议制做原则妥协的疾风暴雨似的偏差，最后导致此种观念行政权（magistrature d'opinino）的全面胜利：这是一个合乎逻辑的演变，因为大革命发动之日就靠舆论组成了权力。

迄今所见大革命史撰述多半并不衡量这种转变的意义；然而，那些相继雄踞革命舞台的人却没有一个不行使这样或那样一种权力，没有一个不向手下一班官员下达这样或那样的命令，没有一个不指挥某一架执行法律规章的机器。事实上，1789年至1791年建立起来的政权已经非常谨慎地将议会成员排除在一切行政权以外了，甚至小心防止他们在这方面染指权柄：米拉波一直被疑有谋求内阁官职的野心，议会也曾有过关于议员职务和部长职务不可兼得的辩论，这些都反映出时人的心态。这种心态不仅与政治情势有关，不仅与议会对路易十六不信任有关，也是纳入一种权力概念的东西：大革命视一切行政权在本质上都是腐败的和具有腐蚀能力的，因为行政权一旦脱离人民，同人民没有联系，便丧失了它的合法性。

这种意识形态上失名分的事，事实上只是造成权力转移而已。既然只有人民在法理上有权理政；或者在做不到的情况下，至少应该由人民来不断地重新树立公共权威，权力就应掌握在以人民的名义说话的人手里。这就意味着权力在话语中，话语本质上是公开的，因而是揭示一切权谋暗术的工具；同时也意味着权力在话语之间构成了一种恒久的利害关系，只有话语才有资格占有权力，故在征服人民意志这个渐趋消逝的原始场所的过程中，话语犹如群雄逐鹿。大革命用争取合法性的话语竞争来取代权力的利益之争。革命的领导者们从事的是不同于行动的"职业"；他们是行动的解释者。法国大革命就是这一整套新的做法，它给政治注入了超额的象征意义。

因此之故，话语占据了整个行动舞台之后，也就不断地苦于被人怀疑，因为话语本质上是暧昧的。它在觊觎权力的同时，也揭露权力腐败之难以避免。它继续听命于政治上的马基雅维利理性，同时又只认同目的世界：此乃民主奠基不可分离的矛盾，而大革命把它当作一种实验，使它的强度达到顶点罢了。应该读一读米拉波的"秘简"（*Correspondance secrète*）[1]，即可

---

〔1〕 拉马克：*Correspondance entre le comte de Mirabeau et le comte de La Marck pendant les années 1789,1790 et 1791*，Paris，1851，三卷本。

察知，当那些革命人物没有把革命政治的要义内在化为一种信条的时候，革命政治本身变成了多么地道的两面之辞。米拉波后来转身效命国王，但并不因此就变成了一个背叛自己信念的人；诚如他的挚友、替国王代传密件的中间联络人拉马克[1] 所言，米拉波"每有报答，只是要人赞同他的意见"。他曾秘密上书路易十六，捍卫他在议会公开讲演所阐述的政策：建立一个人民的和民族的君主国，与大革命联合，成为民族的代理人，共同反对旧制度的特权集团，从今而后治邦惟统治个人，是故王政更为强大。此项策议，在其秘密上书里有明确的陈述，而在他的讲演中则要从字里行间才能揣测出来：这是因为，制宪议会敌手云集，讲坛森严，在这种地方面对"舆论"发言，就像面对一个虚无缥缈而又无处不在的场所说话，必须倡言革命共识，言倡而始有权分，权分即赋权于民。[2]

作此语者不乏行家和高人；他们炮制出这种言说，又据此而成为此说的意义及合法性之持有人，即成为区和俱乐部的革命活动分子。

典型的革命活动就在于借助神秘地被授予公意的一致会议，制作出提纲挈领的话语。由此观之，整部大革命史被深深打上了一种基本的二元对立（dichotomie）烙印。议员们被认为代表人民并以人民的名义创制法律；而各区和俱乐部的人也代表人民，自命是警惕的哨兵，随时识破并揭露行动和价值之

---

〔1〕 拉马克伯爵（Comte de La March，1753—1833），原名 Auguste Marie Raymond，又称 Arenberg 亲王，佛兰德大地主，军人，外交家。参加过布拉班特（Brabant）革命，后在法国以贵族代表身份入选三级会议。与米拉波私交甚笃，一度充当路易十六宫廷与君主立宪派的秘密联络人。——译注
〔2〕 我在为《米拉波讲演集》（巴黎，1973 年版）撰写的导言中阐述过这一论点。

间的偏差，随时重建政治体。从 1789 年五六月到 1794 年热月 9 日，从内部来看，这个时期的特点并不是革命和反革命之间的冲突，而是连续更替的议会的代表和各俱乐部活动人员之间为争夺人民意志这个占主导地位的象征性阵地而展开的争夺战。因为革命和反革命之间的冲突远远超出了热月 9 日，并且形式上与前一个时期相同，而随着罗伯斯庇尔垮台，结束的是一种政治意识形态体系，它的特点就是我尝试分析的那种二元对立。

　　法国大革命史学中最流行的误解莫过于把这种二元对立简化成社会对立，先入为主地把冲突中恰恰不确定的因而严格说来是不可把握的利害关系赋予权力争夺的一方，使之拥有了作为人民意志的特权。这种误解在于用"资产阶级／人民"的对立来取代"贵族阴谋／人民意志"的对立，把"公安"（salut public）[1]时期说成是一个最高的也是暂时性的插曲，好像这个时期资产阶级和人民结成某种"人民阵线"[2]携手共进似的。使法国大革命政治动力合理化，这种做法有一个重大的麻烦；物化革命的象征性，把政治降低为社会问题，结果是应该解

---

〔1〕"公安"这个概念来自"公安委员会"（Comité de Salut Public，一译"救国委员会"）名称。法国大革命时期的公安委员会成立于 1793 年 1 月 1 日，是国民公会成立的最高行政机构，最初叫作"国防委员会"（Comité de Défense générale），由 18 名成员组成，负责立法议会和国王内阁之间的工作协调；运行三个月后（1793 年 4 月 6 日）正式更名为"公安委员会"，每月改选一次（成员一度缩减为 9 人）。公安委员会分设六个部：总联络部、外交部、国防部、海军部、内政部、请愿部。这个权力极大的机构实际取代了王国内阁而行使政府职能，由国王任命的所有大臣均被它架空，不再具有决策权，只能服从这个机构的命令。不久（同年 7 月），丹东分子遭清除后，公安委员会成了雅各宾实行"恐怖"专政的工具。"公安"这个名称遂成为近代政治史上最专制、最黑暗的国家机器代名词之一。——译注
〔2〕乔治·勒费弗尔语。

释的东西"正常化"了，进而被取消了，而应该解释的东西却未予解释，这就是：大革命把此种象征性置于政治行动的中心地位，因而临时地裁决权力冲突的是此种象征性，而不是阶级利益。

这里就没有必要进入此类阐释批评的相关细节，也用不着去指出它与问题的严格社会论据南辕北辙了：这种批评早已成为时馔（主要出自柯班[1]之手），再说这类阐释只是对提出的问题打擦边球而已。即便它能够论证某一问题（其实不能），譬如论证吉伦特党人和山岳派的冲突根源于敌对双方的矛盾的阶级利益；或者相反，论证公安委员会统治时期的特点是"资产阶级的"利益和"人民的"利益两者之间有妥协，这种论证说到底还是没有命中目标。"人民"并不是一个可以从经验社会引来作为参考的已知数或概念，而是大革命的合法性，就像它自身定义的那样：一切权力，一切政治从此围绕这个制宪原则转动，但这个制宪原则却是无法体现的。

所以从狭义来看，法国大革命的历史不断地带有这样的特征：首先是这种合法性不同版本之间的厮杀，其次是那些成功地把它树为一面旗帜的人和集团之间的斗争。接连更替的议会体现了代议制的合法性，但这种合法性一开始就受到了直接民主的冲击，因为那些"日子"[2]被看作是表达直接民主的；而

---

[1] 柯班（A. Cobban）这方面的主要文章收入其文集 Aspects of French Revolution，New York，1970。

[2] 指大革命时期巴黎民众大规模集会和武装起义的日子：1789年7月14日民众攻下巴士底狱；1789年10月5—6日以妇女为主的巴黎民众在国民革命军支持下冲进凡尔赛王宫；1791年7月17日巴黎民众在战神广场请愿要求废黜国王，遭国民革命军武力驱散；1792年6月20日巴黎民众冲进土伊勒里王宫逼迫路易十六头戴红帽子为"民族"祭酒，8月10日巴黎民众在国民革命军（转下页）

且，就在那些"日子"的间隙里，各种各样的机构、报纸、俱乐部以及各派、各阶层会议都在争相表达直接民主，亦即争夺直接民主的权力。这种双重体制围绕着雅各宾党人俱乐部渐渐地制度化了，从1790年起，雅各宾党人俱乐部就以人民的形象自居，控制制宪议会并起草决议。即便雅各宾党人俱乐部保持着散扩的结构，即便从理论上说其散扩结构达到相当于直接民主那样广泛，每一个区、每一个会议乃至每一个公民都能够产生人民意志，为之确定范式和运行方法的仍然是雅各宾主义，而采用的是社会舆论专政的办法，因为这个社会最先掌握了自身革命的大革命话语。

这个新现象究竟是如何通过生产和操纵革命意识形态而发展起来的呢？这个问题是奥古斯丁·古参对法国大革命史的贡献，而且在我看来是一个重大的贡献。只不过，古参的研究重在揭示〔雅各宾主义〕近乎机械的运行方式，指出它以纯粹民主之言窃夺社会共识，本身却暗藏着一种寡头政治权力，因此这项研究多少低估了文化共同体也是这种体制存在的条件之一。我的意思是说，俱乐部活动家们所倡言和实践的革命民主和"人民"之间哪怕表现得天衣无缝，称得上大革命基本的、神话般的表现形态，毕竟也有一种特殊的联系通过这种表现形

（接上页）支持下再度攻占土伊勒里王宫；1793年5月31日巴黎民众起义要求国民公会逮捕吉伦特党人，6月2日国民公会在民众和国民革命军胁迫下通过逮捕吉伦特党人案；1793年9月4—5日巴黎民众在市政厅前集会要求保障面包供应，无套裤汉冲击国民公会迫使议员通过强征公债银两案；共和三年芽月12日（1795年4月1日）巴黎无套裤汉冲击国民公会会议厅，巴黎宣布戒严，国民革命军次日镇压骚乱者；共和三年牧月1日（1795年5月20日）无套裤汉再次冲击国民公会，杀死负责巴黎粮食供应的官员费罗；共和四年葡月13日（1795年10月5日）巴黎发生反革命暴乱，波拿巴奉命镇压暴乱者。——译注

态在政治和部分人民大众之间建立起来了：这个"人民"虽
然在民众中是具体的和少数的，但相对于历史"正常时期"来
说人数还是十分众多的，他们参加革命集会，在那些重大"日
子"上街活动，由此构成了抽象人民的可视可见的支柱。

民主政治的诞生，是那几年惟一的大事件，但它与共同的
文化地基是不可分离的，行动正是通过文化地基与价值冲突交
叉到一起的。这种交错并不新奇，譬如 16 世纪的宗教战争就
靠此来吸收主要兵力。新奇的是，在这种缔造现代政治的革命
意识形态的世俗化版本里，行动耗尽价值世界，因而耗尽实
际存在（l'existence）[1] 的意义。不仅人知道他所创造的历史，
而且人还逃进这种历史，或由于这种历史而失踪。这种世俗
的末世说，被许诺给人所共知的未来，于是成了法国大革命中
浩瀚无比的工作力。有人已经指出它在一个寻求新的集体身份
的社会里所起的凝聚作用以及在大革命没有客观限制、只有敌
人这样一种单纯而强大的观念下所产生的特殊魅力。由此产生
了一整套阐释系统，它不仅靠吸收大革命的初期胜利而丰富起
来；还自成一种信条，接受或拒绝这种信条成了区分好人和坏
人的分界线。

这个信条的中心当然是平等观念，既被看作旧社会的对立
面，也被视为新的社会契约的条件和终极目标。它并不直接产
生革命动力；革命动力要经过一个中继环节，中继环节与革命
动力是直接并联的，因为中继环节是反其道的原则，它引发冲
突并为暴力辩护：这就是所谓贵族阴谋。

在革命意识形态中，利用和接受阴谋论的例子比比皆是：

---

[1] "实际存在"：此指与价值或经验世界相对的现实事物。——译注

这的确是一个多形态的中心概念，行动就是根据这个概念来组织和思考的；这个概念激活了那个年代的人富有特征的全部信念和信仰，并且对发生的事做什么样的解释和辩说都可以。从法国大革命起事之初，就能看到这个中心概念朝这两个方向运行，侵入各个文化层，使它们趋向一致："大恐慌"（Grande Peur）[1]时期的农民武装起来，说是对付土匪；巴黎人接连攻夺巴士底狱和凡尔赛宫，说是反抗宫廷阴谋；议员们为了让起义具有正当性，就说起义防止了阴谋。这个想法很能吸引人，既吸引宗教性质的道德感，又吸引新的民主信念，概因宗教道德感习惯于视恶为阴暗力量作孽，而新的民主信念则认为公意或民族意志绝不能遭遇来自私人利益的公然对抗。更加妙不可言的是，这种阴谋说迎合了革命意识的各种形构。它操纵这种因果图式的大是大非，一切历史事实于是可以缩减到一个意图或一种主观意志；它敢担保，恶者必罪大恶极，因为罪恶是不可告人的，而消灭罪恶乃是一种卫生功能；它用不着点出犯罪者的名字，也用不着罗列坏人的犯罪计划，因为它本身就是踌躇不定的。既说不清谁是阴谋者，也不明确自己的目标，阴谋者是藏匿着的，而它的目标是抽象的。总之，对大革命来说，阴谋就是惟一与之旗鼓相当的敌手，这个敌手是按大革命的身材打造出来的。阴谋与革命一样抽象、无处不在、具有母体的

---

〔1〕"大恐慌"时期：指1789年7—8月间波及法国各地的恐慌事件。当时谣言四起，说贵族雇佣匪徒要到乡间去捣毁和劫掠田园收成。一时间乡民闻风四起，纷纷武装起来攻打、抢劫和焚烧贵族城堡。关于这一事件的起因，史学界有两派解释。一派认为是"革命党"欲使天下大乱以争取农民参加革命而策划了这一事件；另一派则倾向于认为是处于困境中的农民的自发性反抗，以迫使领主接受古老的农业赋税改革。"大恐慌"事件持续了近一个月，至8月4日国民议会宣布废除封建特权方告平息。——译注

性质，但阴谋是暗藏的，而革命是公开的；阴谋是倒逆的，革命是正当的；阴谋是凶险的，而革命能带来社会的福祉。总之，阴谋有它的负面性、反向性和反原则性。

说阴谋论是用革命意识的相同材料打造出来的，那是因为它本身就是革命意识基本内容的一个主要部分：一种关于权力的想象话语。恰如人们早就看见，这种话语产生于权力空间变得松动而获得纯粹民主意识形态（亦即权力转变为人民或人民转变为权力）授权的时刻。但革命意识又是一种历史行为意识：这个大事件之所以要等到人民的干预才可能发生，是因为它受一种几乎比权力还要强大的反权力阻碍，并且始终受到威胁，这种反权力就是阴谋。所以，阴谋论重构了一种绝对权力的观念，而这种绝对权力本是民主权力早就抛弃了的。可是在合法性（此乃大革命本身的标记）转让之后，这种绝对权力虽然可怖，但被掩盖起来了，而另一种权力〔民主权力〕虽然脆弱，却仍占主导地位。与人民意志一样，阴谋论也是一种权力狂热；它们构成了可以称之为权力的民主想象物的两副面孔。[1]

这种狂热似乎具有近乎无限的可塑性：它能适应任何情况，能使一切行为合理化，能深入所有的公众。它首先是被排除在权力格局以外者对权力的一种幻觉，这种幻觉一旦被权力空缺释放出来：这便是革命的起源态势，它立刻像决定一个行动口号那样把揭露"贵族阴谋"固定下来。早在大革命的对手只是一些缺乏组织、不堪一击的乌合之众的时候（1789

---

〔1〕 此项分析得益于诺拉仔（P. Nora）1977 年在高等社会科学院主持的一个关于阴谋论与法国大革命的专题研究班讲座。高谢（M. Gauchet）和泰斯（L. Theis）二君给我帮助尤多，使我得以深化此一课题的相关研究。

年到 1790 年），大革命就已经给自己虚构了强大的敌人。正所谓：你信了摩尼教，就有你要克服的灾星[1]。"贵族的"（aristocratique）这个形容词给阴谋的表现添加了一条内容定义，不再涉及对手的方法，而是涉及性质。其实这个定义是模糊的，不仅涵盖贵族，也笼统地涵盖了王权、整个旧社会、一个面对变革的世界的惰性、事物和人的阻力。这个字眼之含糊不清，似乎敌人是暗藏的，非此不足以从抽象的、可延伸的角度去指称敌人。这是因为，这个字眼从对立面加以颂扬的价值是明摆着的：一如阴谋是与人民权威对着干的力量，贵族政治乃是平等的对立面：不平等、特权、社会分裂成截然对立的"集团"、等级和差别的世界。贵族，与其说是一个真实的集团，毋宁说是一种社会原则，是旧世界中"差别"的象征，它须为价值的扭转付出大代价。只有迅速把贵族从社会中排除出去，才能让新的民族契约变得合法。

于是"贵族阴谋"成了平均主义意识形态的杠杆。平均主义意识形态虽然建立在这种拒斥的基础上，但同时又是很有整合力的。即便在这里，两种象征性仍然是互补的：民族国家只能通过爱国者的行动去建立起来，对抗贵族暗中操纵的敌人。这种制度性的利害关系的潜在偏移是不确定的，因为平等并没有一劳永逸地获得，既然它是一种价值，而不是一种社会状况；而平等的敌人，较之那些有案可稽的、业已划定界限的

---

[1] 摩尼教（manichéisme）：汉籍旧译"明教""明尊教""末尼教""牟尼教"；古代波斯宗教之一，为 3 世纪波斯人摩尼（Mani）所创；兼取琐罗亚斯德教、基督教、佛教、诺斯替教等教义内容形成自己独特的善恶二元论。持二宗三际论基本教义（"二宗"指光明与黑暗，即善与恶；"三际"指初际、中际和后际，犹言过去、现在和未来）。该教曾传入欧洲，被基督教会禁为异端。——译注

现实力量，只是一些不断再生的反价值变形物而已。革命斗争的象征性任务就是精神和行为的最直接的材料。在此意义上，1789年和1792年先后出现的两次革命之间确实不存在断裂。从全国三级会议到公安委员会专政，两个时期之间起作用的是同一个动力；从1789年起，这个动力虽然还没有占优势，但已经到位了；在这种关系下，大革命史就是由那几年铸定的，因为这个动力占领了整个权力舞台，直到罗伯斯庇尔垮台。

因为，与贵族阴谋做斗争导出了整个革命社会关于权力的话语，随后又成了夺取和保持真实权力的手段。马拉就是这种战斗性行动的最偏执的传令官，这种战斗性行动的核心表象同时也是那些团体和个人争夺权力的战场。哪一个人或哪一些人占领了这个战场，就等于暂时居于优势地位；能否合法统治，就看权力是否顽强揭露贵族的阴谋：意识形态哄抬因而成为新制度的游戏规则。结果，阴谋的鬼影挥之不去，成了一种普遍的话语，权力的两头都作如是说。被排除权力者为了夺权；而掌权者则是为了向人民揭露另有一个不比他们弱的权力时时刻刻在威胁他们。所以，只要政权揭露贵族阴谋仅仅是为了强化自身的基础，大革命也就未能摆脱工具性的贵族阴谋论。意识形态逐渐变成操纵，这种情况本来就附丽于革命权力的性质之中，因为革命权力是由舆论来建构并使之合法化的，而这种舆论的表达却不存在任何规则。罗伯斯庇尔就是在这种暧昧性之中执政的。

当时意识到权力场所发生根本性转移这个基本现象的人，并非只有罗伯斯庇尔一个。大革命的所有著名领袖都意识到了，他们所有人都是因此而得势一时的。包括西哀士和米拉波、巴纳夫和布里索、丹东和罗伯斯庇尔——姑且只举这几个议会领袖——所有这些人先后都曾经是那场惟一具有权力价值的伟大革命行动的头面人物，而这种相当于权力的价值就是：平等话语。他们都在自己的影响力达于巅峰的时刻完成了这种传播的声威；从此，这种声威不仅是权力的杠杆，也成了权力本身的主要部分。不过，罗伯斯庇尔倒是惟一系统地使这种声威变成意识形态和权术的人。这个革命舆论的炼金术士总是站在街头话语、俱乐部话语和议会话语错综复杂的战略地点，重大日子不见他露面，第一个赋予这些日子以某种意义的人却往往是他，他把直接民主无法回避的死胡同变成了统治的秘术。

马迪厄等人倡导的共和派史学从这儿那儿搜罗了雅各宾党人和区党成员的观念和激情，全都堆到罗伯斯庇尔头上，结果罗伯斯庇尔的德行成了罗氏其人公共角色的注释[1]。与丹东的腐败相比，有关罗伯斯庇尔廉明正直的争论其实是1794年史案的学院派翻版：这种旧戏新唱等于第二次把丹东送上断头台，而把"不可腐蚀者"再次扶上传奇宝座，变成人民正义的化身。然而，从在阿拉斯地方当律师到公安委员会，有关这个大善人一生正直的说法令人不快的是土龙刍狗，根本没触及成就了这个正人君子的东西是什么；罗伯斯庇尔令我们困惑的并不是他生活上的简朴，而是什么东西使他获得了神仙下凡的化身特许。大革命和罗氏之间好像有一种神秘的默契给他罩上光环，比其他任何一位领袖都更密切、更持久。没准是他"冷却"了大革命，因为是他强迫巴黎各区沉默下来，是他授意了1794年春的那些审判；而到了热月，他死的时候，大革命也随之消亡了。他的神话却在他死后流传下来，宛如附在身上的一个素昧平生的形象：罗伯斯庇尔身后反倒开始了听到他的名字就意味

〔1〕 马迪厄：《罗伯斯庇尔研究》（*Etudes sur Robespierre*），巴黎，1973 年（再版）。

着"恐怖"和"公安"的伟大生涯，摇身一变成为"热月党人"的昔日朋友们一夜间使他成了一代枭雄。一个如此会摆弄人民/阴谋辩证法的人，一个把这种辩证法推演至必然血腥后果的人，最后却轮到他自己成为这种辩证法的牺牲品：其实这已经是人所共知的命数了，因为这种回飞镖式的效应已经击倒过布里索、丹东、埃贝尔等众多其他人，惟独对罗伯斯庇尔仿佛是行了历史选择的不朽之礼。生前，他代表人民就比别人长，也比别人更有信念；死后，他旧日的朋友们颇懂这一套，给他安了个阴谋反对共和国的中心角色，没想到这样做反而使他万古流芳。

在热月党人反罗伯斯庇尔的表面文章和我尝试如实描述的共和二年革命意识形态之间，有一种本质上的区别。因为这种意识形态并没有随着罗伯斯庇尔之死而消亡，只是它不再掩护权力斗争了，仿佛罗伯斯庇尔把权力斗争的魔法带进了坟墓。罗伯斯庇尔被说成伙同圣鞠斯特和库东[1]煽动阴谋论，反对自由和革命，其实这种阴谋论已经不是那种以为权力与人民不可分割的统一时刻受到暗藏敌人威胁的信念了。这不过是对往事的一种合理化，共和二年那些原来主张恐怖政策的人借此来思考自己过去扮演的角色并替自己辩护。罗伯斯庇尔的形象，即使成了被摘下面具的阴谋家，也无法再提供什么革命动力了，反而构成了一个答案（同时构成一堵城墙），回答了（但也挡住了）热月之后的中心问题：如何思考那个恐怖时期？"不可腐蚀者"成了断头台的替罪羊。

---

[1] 库东（Georges Auguste Couthon，1755—1794）：律师出身。革命时期患风湿症下肢瘫痪，仍当选制宪议会议员和国民公会议员。1793年进公安委员会任职，成为罗伯斯庇尔"恐怖政策"的主要执行人之一。热月政变后，库东与罗伯斯庇尔、圣鞠斯特等人一起被送上断头台。——译注

于是，阴谋论在另一种话语的内部运作起来。它不再被用来架设人民与政府之间的想象的沟通，而是用来替革命事件产生的一个领导阶级的行为提供正当理由。这是一种操作性的、犬儒主义的阴谋论，它"掩盖"了热月党人集团由于没法排除风险遵守真正的代议制而奉行的臭名昭著的平衡政策：他们左一榔头、右一棍子，时而打击保王派阴谋，时而打击雅各宾党人阴谋，全都被他们说成是旗鼓相当的敌手，但受威胁的不是人民本身，而是人民的代表性。如此改变性质之后，这种阴谋论不仅无损于罗伯斯庇尔传奇，反而还要制造这种传奇；证据是：它为革命阴谋（尤其是雅各宾阴谋）的反革命意识形态敞开了道路。后来，巴鲁埃尔神父步热月党人的后尘，写出了一部透露哲学家和共济会成员阴谋的完整版本的革命史[1]。热月事变之后才几个月，罗伯斯庇尔的形象又被抬出来了，为了共和二年的怀旧者，为了对此公形象的赤诚追怀，可以超乎一个可朽之人的生死了；这一回，罗伯斯庇尔的形象完全成了替对手说项的牺牲品，明明白白是用来当垫脚石的，不是让他再来为人民效劳，而是为那些滥用职权的人民代表效劳，末了还利用他来贬损大革命本身[2]。这个形象再也不能增强人民权力的威望，反而助长了人们对大革命受益者窃取人民权力的种种想象的或真实的敌对情绪。

所以，热月9日是大革命史或索性就是我们的历史的一道深深的伤痕；每每在这个日期上，雅各宾派史学家总感到笔头有一种奇怪的心灰意冷，怎么也不能释怀。其实是大革命终结

---

〔1〕 巴鲁埃尔神父（Abbé Barruel）:《雅各宾主义史回忆录》（*Mémoires pour servir l'histoire du jacobinisme*），1797—1798，四卷本。

〔2〕 在后来巴贝夫主义的阴谋说里，这个版本的罗伯斯庇尔形象更成了根本性的东西，几乎甚于"共产主义的"观念了。

了，代议制的合法性战胜了革命的合法性，就是说战胜了用权力本身去控制权力的革命意识形态，或如马克思所言，这是真实社会对政治幻想的报复[1]。如果说罗伯斯庇尔之死具有这种意义，那也不能说是因为他曾经光明磊落，而热月党人都是腐败分子；而是因为他就是执政的大革命，并且甚于其他人。

这个人的特征里有一种不合常理的东西，与米拉波身上的那种悖谬正好相反：倘说这位艾克斯（Aix-en-Provence）地方的议员[2]天分极高，但生不逢时；则那位来自阿拉斯地方的律师[3]的命运就是凭他自己的天才也说不清了。夏洛特[4]后来在回忆录里说，罗伯斯庇尔曾经生活在他妹妹和几个婶婶之间，备受溺爱，"颇得些只有女人才做得出来的小小关怀"[5]，而米拉波经历过反抗、丑闻、流亡、牢狱。罗氏没做什么选择，一心只想谋取旧制度的前程：闺中藏娇、一份安排好的职业（通过主教府开的后门）、毫无文采的律师辩护词、进阿拉斯学士院、为贵妇人吟诗作赋；直到革命危机爆发时，此人的生活除了常人那一套，并无什么特别之处。他未做选择就接受的一

---

〔1〕 马克思：《神圣家族》，巴黎，1845 年；巴黎，Ed. Sociales 版本，1959 年，第 149—179 页。

〔2〕 指米拉波。——译注

〔3〕 指罗伯斯庇尔。——译注

〔4〕 夏洛特·罗伯斯庇尔（Charlotte Robespierre, 1760—1834），罗伯斯庇尔的妹妹。革命时期曾到巴黎同她的两个兄弟生活在一起，后因兄妹时常反目而被"不可腐蚀者"罗伯斯庇尔命人将她送回老家阿拉斯。但不久她又返回巴黎。热月事变后曾被逮捕，宣称对其兄的"可怕阴谋"不知情而获释，在贫困中默默无闻度过余生。后人以其名出版的回忆录被认为是诡怪的和不可靠的。——译注

〔5〕 夏洛特·罗伯斯庇尔的回忆录由阿尔贝·拉波涅莱（Albert Laponneraye）于七月王朝时代公之于世。今本见于《马克西米连·罗伯斯庇尔文集》拉波涅莱版本第二卷，巴黎，1840 年。关于这段话题亦可参阅 H. Fleischmann 编著的 *Robespierre et ses Mémoires*，Paris，1910 年。

切,诸如修习中学拉丁语、同夏洛特过日子、家庭职业以及这种职业的环境,他不仅接受了,而且精心地培植了。

大概是这种因循守旧的热情吧,后来使他变成了名副其实的革命意识形态嬖宠。旧制度已经决定了他。大革命将通过他来发言。想探察他的"心理"是徒劳无益的,因为心理划定的现实性场域完全独立于成全其个人命运的东西。在1789年以前,罗伯斯庇尔代表的是他那个时代和他那个世界的信仰,诸如弘扬道德、崇尚德行、有仁爱平等之心、尊重造物主。没想到革命意识形态一出现,立刻占据他的全副身心。

罗氏个案,其特殊之处就在于他别无交换,只能使用这种僧侣式的语言;他对我们称之为"政治"的那种不可分割的双键盘的使用是一窍不通的,而比他稍早一点的米拉波倒是这方面最杰出的典范。正当米拉波和革命话语的另一高手丹东都成了擅长双语的行动多面手时,罗伯斯庇尔却成了先知。他对自己所说的一切深信不疑,并且用革命语言来表达他想说的一切;没有一个同代人能像他那样将革命现象的意识形态编码完全内心化了。也就是说,在他身上,权力斗争和为人民谋利益这两者之间没有任何距离,虽然从道理上讲这两者是相吻合的。替罗氏话语"解码"的历史学家,本想识破那里面一时一地的政治目的,却往往不由自主拜倒在罗氏那种议会韬略家的才华面前。这种切成两半的做法对罗氏其实没有任何意义,因为在他的散文里,满纸都是行动,什么捍卫平等、捍卫道德或捍卫人民,同夺权或行使权力是一回事。

自从盖林和索布尔的著作[1]发表以来,今天人们已经很清

---

[1] 盖林(D. Guérin):《第一共和时代阶级斗争,资产者与"赤膊汉",(转下页)

楚了，从策略合理性的角度来看，1793—1794 年间得志的罗伯斯庇尔其实是一个夹在国民公会和巴黎各区（sections）之间多么无奈的政客，至少对他可以客观做这样的描绘吧。他对 1793 年 5 月 31 日至 6 月 2 日吉伦特党人被排挤出国民公会感到庆幸，并趁机在代议制原则的败落之上建立了他的舆论统治。他虽然赞同巴黎区党的这次武力胁迫事件，却不见得就披上了同一件人民及革命权力观念的衣钵。这个卢梭主义者在关键的一点上并不忠实于《社会契约论》：他把人民主权等同于国民公会的主权（从中渔利）。如此一来，他成了夹在两种民主合法性之间的一个票友，持某种奇特的诸说混合论。虽然是雅各宾党人的偶像，但在发棱事件后，在 1792 年 6 月 20 日，同年 8 月 10 日[1]，罗伯斯庇尔都没有参与任何旨在粉碎民族代表制的阴谋活动。直到〔翌年〕5 月 31 日至 6 月 2 日武装胁迫议会的行动把他扶上台，他仍然是国民公会的人物。虽然得到巴黎各区活动分子的爱戴，他后来却强迫他们闭上嘴巴。这是因为他一个人神话般地调和了直接民主和代议制原则，他高高坐在一座等价物金字塔的顶端，日复一日，他的话就是这座金字塔存在的保障。他本人就是各区的人民、雅各宾党人的人

（接上页）1793—1797》（*La lutte de classes sous la Première République, Bourgeois et "bras nus", 1793–1797*），两卷本，巴黎，1946 年版，1968 年再版。索布尔（A. Soboul）：《共和二年的巴黎无套裤汉，巴黎区治社会政治史，1793 年 6 月 2 日至共和二年热月 9 日》（*Les Sans-culottes parisiens en I'an II, histoire politique et sociale des sections de Paris，2 juin 1793–9 Thermidor an II*, La Roche-sur-Yon, 1958）。

〔1〕 1792 年 6 月 20 日：巴黎民众在刚刚接任国民革命军总司令的区党领袖桑泰尔（Santerre）率领下，借口庆祝"发棱事件"周年攻入土伊勒里王宫。同年 8 月 10 日：巴黎民众再次占领土伊勒里宫，路易十六和王室成员躲进立法议会。当天议会宣布暂时中止国王职权和决定通过选举组成国民公会；次日立法议会选出一个"执行委员会"取代国王内阁；9 月 20 日组成国民公会。——译注

民、国民代表制度中的人民；正是这种在人民和所有以人民名义讲话的场所（首先是国民公会）之间的透明性需要不断地组成、监督和确立，作为权力合法性的条件，同时也作为权力的首要义务：这就是"恐怖时期"的职能。

所以问题不在于罗伯斯庇尔是否有一副慈善心肠，是否有一颗同情心，或者正相反，有强烈的报复欲望。罗伯斯庇尔与恐怖时期的关系并不是心理学范畴的关系。断头台之所以新鬼源源不断，是因为他那套关于好人和坏人的说教；这种说教给了他无比骇人的权力，可以规定由哪部分人民来填满监狱。在这种情况下，他个人的圣化，最高存在（l'Être suprême）的节庆，虽然长久以来比断头台还要令历史学家们反感，却完成了与恐怖时期相同的职能。关于平等与德行的话语虽然赋予人民的行动以一种意义，却在罪人罪该万死的想法中找到了它的依据；这种话语同时还庄严宣称有天意担保，以此来祈求这种苦难的必要性。

其实，我们有两种做学问的方式一点也不理解罗伯斯庇尔的历史人格，那就是憎恶这个人，或者反过来想拔高这个人。显然，把这个阿拉斯地方律师说成篡权魔王，把这个书斋迂夫子说成蛊惑人心的煽动家，把这个温和派人物说成嗜血成性之辈，把这个民主志士说成独裁者，都是荒唐可笑的。可是，既然人们已经证实此公确实是个"不可腐蚀者"，他的命运又该作何解释呢？当今两大史学流派的通病，就在于将此人被事件牵着走的历史角色以及人们强加给他的语言统统归咎于他的心理特征。这就等于把罗伯斯庇尔塑造成一个千古不朽的形象，而不是一个影响大革命仅仅几个月的人；之所以如此，是因为大革命通过他发出了最纯粹和最悲怆的声音。

五.

　　如此推断革命话语的"恐怖时期"，必然遭到从"迫于形势"论导出的责难，这已经成了历史因果关系的保护伞。的确，面对维护反革命历史的检察官们的问难，共和派史学被迫为这个案卷全力辩护，况且共和派史学太仁慈了，难以接受雅各宾时期的血腥镇压而不心存顾虑，所以它构思[1]了一种形势理论来说明这个问题，难免不令人想到我们的法律称之为"可减轻罪行的情节"这个说法。这个理论不厌其详地指出那些镇压采取了怎样不同的形式：从公开的内战到零星的暗杀，从革命群众自发的屠杀到政府高层组织的"恐怖时期"。但这个理论把那些暴力都记入同一本盈亏流水账：它不仅找到了解释，最后还在围绕大革命开创斗争的客观条件中找到了辩护理由。由于"恐怖时期"只是到了 1792 年 9 月和 1794 年 7 月之间，

---

〔1〕 构思，还是袭用旧说？公安理论在黎塞留时代的专制主义思想家们那里早已有之："形势"（内部的或外部的）可以成其为理由，用来中止"自然法"乃至王国的基本法。

随着大革命同整个欧洲开战，才达到它令人难忘的插曲和"经典"形态，于是乎又从民族利益的角度多了一条辩白的理由，甚至是免予起诉的理由。假若"形势"并非单纯是宫廷和贵族的敌意和奸计，同时也是同有准备的、蓄谋挑起战争的外敌的一场冲突；假若这时大革命的敌人不复是出于利益或偏见而维护旧制度的公民，而是在战争中背叛祖国的法国人，那么，历史学家就可以给"恐怖时期"做出一个既符合雅各宾传统又符合自由主义思想的"解释"了，前者因为雅各宾传统所表达的就是这种东西，而后者指的是在民族存亡的关键时刻须优先做另一种考量。在"恐怖时期"这个问题上，革命者亲自起草的公安（salut public）理论倒是可以将共和派历史学家们的辩护词统一起来：公安理论直到 19 世纪和 20 世纪还是共有的现象。

然而，此种公安理论既然撇开了它所传递的价值和情感，从逻辑上讲也就不过是"形势"理论最完备的别本了，须得详究其牵涉的方方面面。把法国大革命这样的大事件说成是一种应变对策，用来解说革命一出现就受到威胁的危急情势；用敌人诡计多端来解释 1789 年和 1794 年之间革命的扩大和极端化，这些都完全文不对题。首先，这不过是老调重弹，重新搬出事件发生之初就有的阐释模式，给阴谋论提供一个无杀伤力的版本，更多地指事而不指人。更有甚者，用外在因素来界说大革命，把它说成是由于革命受到一系列事件的阻碍和围困，导致人民反应逐步升级。"形势"理论就这样转移了历史创举，结果附和了革命的敌对势力：大革命不得不对"恐怖时期"付出洗清罪名的代价。假如这个做法不完全遮蔽——它有这样的职责——应该理解的东西，想必是不会让任何人感到为难的。并非国家危难关头的任何局势都必然将人民引向革命恐怖。事实上，在法国向各国国王开战的过程中，即便革命恐怖总是拿危难关头来做理由，常常也是独立于军事局面的：1792年9月的"野蛮屠杀"发生在隆维失守[1]之后，而1794年春罗伯斯庇尔派为首的政府搞"大恐怖"人头落地之时，军事局面其实已经得到扭转。

恐怖政策实乃革命意识形态的组成部分，而革命意识形态是那个时代行动和政治的成因，它对"形势"的含义投注过多，那时的形势在很大程度上是它促成的。所谓革命形势实属子虚乌有，有的是一场利用了形势的大革命。我在前文尝试描绘的阐释、行动、权力三重机制从1789年起就到位了：1789年的马拉和1793年的马拉没有本质上的区别。傅龙、贝蒂埃遇害[2]和1792年9月的屠杀没有本质上的区别；1789年10月那些日子之后对米拉波的失败审判[3]和1793年春判决丹东

---

〔1〕 "隆维失守"：指1792年普鲁士军队攻占法国东北边陲城镇隆维（Longwy）。8月19日隆维被普鲁士军队包围，23日该城守军投降；9月20日瓦尔米（Valmy）战役法军大败普军，10月19日收复隆维。1792年9月大屠杀：指当时巴黎民众听信有关保王党勾结外敌策划释放和武装暴徒囚犯攻打革命党的谣言而"血洗监狱"事件（9月2日）、93名囚犯被解往巴黎时遭屠杀事件（9月9日）以及此后延续一段时间的杀戮风波，史称"九月屠杀"。当时巴黎五座监狱共关押大约三千名囚犯，其中约一千人是在1792年8月10日巴黎民众攻占土伊勒里王宫中被逮捕的贵族、教士和王室卫队瑞士籍士兵。史学界一般认为，隆维沦陷是导致1792年9月巴黎爱国民众屠杀"反革命"囚犯的部分原因。——译注
〔2〕 傅龙（Joseph François Foulon, 1715—1789）：路易十六手下重臣。曾任军需总监、海军大臣。1789年奉召出任财政总监时，外间谣传他暗中调兵包围巴黎欲推翻制宪议会，不久受革命党威胁而逃至乡下避风，7月21日在首都近郊被民众逮捕，旋即解至巴黎游街并砍头示众。贝蒂埃（Bertier de Sauvigny, 1737—1789）：巴黎总督，1789年负责首都粮草供给，被指控充当"暴政台柱"及有意制造饥荒，同年7月18日被革命党逮捕，当天于巴黎市政厅广场砍头示众。——译注
〔3〕 米拉波试图将大革命引向君主立宪，于1789年10月向制宪议会提交（转下页）

分子也没有本质上的区别。正如勒费弗尔在 1932 年的一篇文章[1]里指出的那样，从 1789 年起，贵族阴谋论就已经成了他称之为"革命的集体心态"的基本事实了，而在我看来，这更像是构成革命现象本身的行动体系和表现体系。

总之，"形势"提供了战场，使这个体系发展起来，最终占领了权力领域；在此意义上"形势"也可以说是大革命史的事件性构成：一部年代组曲，历史叙事将它演奏成一个渐强的乐章，直到"热月九日"的高潮，因为这个叙事乐章的背后有某种东西一直没有明确形成概念，始终不受形势的制约，它游离于形势之外，却又穿越形势，与之共进。这个东西，历史学家根据它的明显外观，通常把它叫作渐进式的"民众化的"权力，但在社会层面它还尚未存在；这是一种把本钱投入政治领域并隶属政治领域的社会表现形态。公安专政是不是"人民"专政，在何种意义是"人民"专政，可以讨论；决策方式却完全是寡头式的；只有决策披上的合法性能给决策以效力，这就是人民意志的合法性。

所以，整部大革命史不仅要承担"形势"对接连不断的政治危机过程的影响，尤其还要承担大革命的想象以及权力斗争中考虑、准备、安排和利用"形势"的方式。对于革命的"集体心态"，单就社会层面而言，做出界说不过是这项研究的入门而已：因为这种"心态"只有当它成为新权力的杠杆和场所

（接上页）一项由国王在制宪议会成员中任命大臣的提案，被指责有个人组阁野心和"出卖"革命。制宪议会于同年 11 月 7 日通过修正案，明确禁止制宪议会成员出任国王大臣。——译注

[1] 乔治·勒费弗尔：《革命群众》（Foules révolutionnaires）。这篇文章收于 *Etudes sur la Révolution française*, P. U. F.，1954 年；第二版，1963 年。

时，才成其为如此本质性的东西。而在此范围内，推动革命力量向前的"形势"好像理所当然就是革命意识所期待的似的。对形势预先盘算到这地步，革命意识立即给出一个指向形势的意义。1789年10月1日王家卫队和佛兰德军团军官举办盛宴不过是对王室宣示效忠的笨拙举动而已。结果宴会成了阴谋的证据，引发10月4日和5日的事件[1]。路易十六随后仓皇出逃，由于考虑不周，组织不好，结果在发棱成了阶下囚[2]；这件事也落下一个把柄，似乎证明马拉永远有理，证明旧制度的国王暗地里在不断密谋反革命流血事件。大革命进程中的这个插曲，其生死攸关的重要性并非出自革命本身的事实根据，因为无论在此之前还是之后，路易十六始终是一个没有权、只有象征性职务的立宪君主：国王被押回宫时，一路上只见旧日的臣民静立路旁，悄然目送这位成了囚徒的君主。此番情景，绝不只是一次时光倒流的加冕礼，而是最终摧毁了兰斯造就的那一切。[3]也可以说，它标志着贵族阴谋论在全国大行其道了。

自从法兰西国王这次出逃失败之后，革命的意识形态也开始发生变化。虽说此种革命意识形态早已凝聚，从1789年春起就把"爱国者"[4]同贵族区分开来，或者把"民族"同它所

---

[1] 由于斐扬派领袖杜波尔等人在国民议会揭露王室卫队在凡尔赛以"宴会"密谋反革命军事暴乱，引起巴黎民众冲击王宫。10月5日数千巴黎妇女组成的民众队伍在国民革命军士兵支持下连夜向凡尔赛进发；次日民众冲进王宫，强行将路易十六带到巴黎。——译注

[2] 参看本书第111页，注4。——译注

[3] "兰斯造就的那一切"，指法兰西君主制国家。自公元496年法兰克王克洛维（Clovis）在兰斯（Reims）受洗，法兰西历代国王均在兰斯行加冕礼。——译注

[4] "爱国者"（patriotes）这个称呼早在1789年1月国王下诏举行全国三级会议前就出现，指"革命党"。当时所有主张新政的人都自称是"爱国者"。以米拉波、拉斐德、孔多塞、西哀士、杜波尔等为首的"三十君子"在巴黎 （转下页）

排斥的那一切区分开来，但并没有因此就变成穷兵黩武和具有
沙文主义性质。贵族流亡之初，一度引起爱国者对外国的戒
心，但外部国家在爱国者的表现中其实并未成为中心角色：
1790年2月，国王的七姑八姨等一班宫廷贵妇在去罗马的路
上经过阿尔奈（Arnay-le-Duc）时被临时扣留，此事的用意恐
怕更多在于将来把她们作为人质，而非防止她们到境外去组织
敌对武装。但是流亡贵族与整个王政欧洲勾结一时声势大起，
加上"发棱事件"的渲染，似乎贵族随时都可能伙同侵略者一
起打回来，这种气氛制造了一种局面，非但没有改变革命意识
的特征，反而丰富和强化了它的内容，助长了它的行动意识：
突然间"贵族阴谋"扩大到整个欧洲，而革命的象征性也相应
地具有了某种普适的意义。要对抗诸王的国际，只有组成人民
的国际，这样才能确保大革命的持久胜利。正是这个原发程式
的不可避免的扩大，在其内部酝酿了战争和十字军东征。

因为，1792年春开始的战争，按其基本性质和不确定的
动力，从法国方面讲并非出于法国"资产阶级的"利益，从欧
洲方面讲也不见得是诸王的一个反革命计划。当然，有人瞥见
这里面有些东西使法英争夺利益的古老恩怨达到了顶点：可是
冲突方面由此而扩大到成为没完没了的战争，就其主要内容和
"客观"原因来讲，两者之间却有一道鸿沟，除了丹尼尔·盖
林（Daniel Guérin）[1]，治大革命史的历史学家没有一个人能逾

（接上页）开会时就号称是"爱国党"。此后"爱国者"成了"革命党"的代称，
泛指一切支持大革命的人。参看 J. Tulard, J-F. Fayard 和 A. Fierro 著 *Histoire et
Dictionnaire de la Révolution française, 1789–1799*, Editions Robert Laffont, Paris,
1987；1998 年再版，第 1023—1024 页。——译注

[1]　参看 D. Guérin, *La lutte de classes sous la Première République, Bourgeois et "bras
nus"*, *1793–1797*, Paris, 1946, réed. 1968, t.II, p.501。

越这道鸿沟。至于诸王的欧洲，的确预感到法国大革命是一个威胁，但他们并不因此就捐弃前嫌，废止定策，放弃一贯的盘算，为了一场似成当务之急的反革命十字军东征而牺牲各自不同的抱负和野心。尽管流亡贵族和土伊勒里宫一再施压，王政欧洲充其量也只是接受战争，而不是发动战争。饶勒斯颇有眼力，他曾注意到，法国的国内政策才是始于1792年的那场巨大冒险的起因。但这起因又怎么讲呢？

吉伦特党人自1791年底就成了同皇帝[1]交战的最雄辩的战争吹鼓手，那是因为他们坚信这是他们掌权的条件，与路易十六〔欲借外力保住王权〕的想法殊途同归。而山岳派的领袖如丹东、德穆兰、马拉等人也见风使舵，立刻抛弃因持反战立场而暂时孤立的罗伯斯庇尔；他们至少与吉伦特党人一样，都有一个计划，打算借雅各宾派的爱国主义热情把大革命推向对外冒险，从而使革命走向极端。由此可见，各种政治潮流把1792年的法国推向战争是与当时一些个人和集团的蓄谋盘算分不开的，这些个人和集团希望借此来夺取权力、保住权力或夺回权力。在这方面，路易十六的盘算后来被证实是自杀性的，而布里索或丹东之辈的图谋则是精确的，但有一点除外，这一点是他们不曾预料到的，也是致命的，那就是：把大革命推向极端的人，最终也被大革命推上断头台。

在山岳派领袖们中，确实只有罗伯斯庇尔反对战争。这种

---

〔1〕 指德意志皇帝利奥波德二世（Léopold Ⅱ，1790—1792年在位）。1791年6月20—21日法王路易十六出逃失败（"发棱事件"）后，德皇利奥波德二世同普鲁士国王弗里德里希·威廉二世（Friedrich Wilhelm Ⅱ，1786—1797年在位）于8月27日共同签署"皮尔尼茨宣言"，呼吁欧洲各国君主做好准备，随时"扶正法国王位，使之能够巩固君主制政府"。——译注

杰出的清醒头脑使他站出来力排众议，像驱散幻想那样廓清雅各宾派辩术中的军事道德理由。针对布里索，他反驳道：不，战争绝非轻而易举，法国士兵即使打胜了，也不会被人当作解放者来迎接，而胜利本身说不定还给大革命生出一批叛乱将领。可是，这种清醒头脑却伴随着一种程度不轻的关于革命原动力性质的盲目见解：罗伯斯庇尔看不到战争能给他身上那种摩尼教徒的天才敞开广阔的用武之地。他猜测不出某种世俗末世学与民族主义首次会合即将产生的爆炸性威力。这套话语，他和他的同党肯定比任何人都讲得好，也会把他带到潮头浪峰之上，但他拒绝了这样的时机，或者不相信这样的时机。这是因为，他比他的对手更能体现意识形态的纯粹性，加上他生性多疑，反而看出他们那套说辞是醉翁之意不在酒：在肯定价值的背后，包藏着权力的野心。譬如布里索和路易十六都主张战争，可这两人除了这种野心之外，又有何共同之处呢？不断揭权力的老底也是革命意识形态作为权力运作的一个部分：1791年底到1792年初的那个冬天，在罗伯斯庇尔的内心里，因为还在操一口无懈可击的疑人之语，结果这种语式被形势改造成了一种反战说辞。

布里索的论据（他发表了支持战争的最漂亮讲演）倒是有一个破绽没有逃过罗伯斯庇尔那尖利的耳朵：一方面，布里索满嘴地道的革命语言，似乎革命是个二维世界，只有爱国主义和叛国，只有人民和谋反的贵族，只要事态扩大到欧洲，就可以为法国大革命的军事攻势找到正当的理由。"是的，要么我们战胜贵族、教士和选民，树立起我们的公共威信，要么我们被人打败，被人出卖……可卖国贼终将被证明是罪人，终要受到惩罚，最后我们定能消灭与法兰西民族强盛为敌的一切。先生们，到那时我会坦白地跟你们说，我只有一事顾虑，那就是担心没人出卖我们……我们需要的就是〔有人〕叛国投敌：那是我们的得救……叛国投敌只能使卖国贼遭殃；而对人民只会有利。"[1]

另一方面，这位吉伦特派雄辩家又招来与宫廷和内阁沆瀣一气的指控；也就是说，在革命意识看来，他是赞同代表旧政权亦即代表人民的敌人那一切的。战争被他的捧场者说成是戳穿敌人阴谋的办法，但在罗伯斯庇尔看来，事情正好相反，战争是敌人的恶毒阴谋，是敌人向爱国者布下的一个陷阱，是用来使"中间党派"这个"人数众多的派别"倒向贵族阵营的手段。在他眼里，战争只是作为大革命内部的权力得失才存在的。面对布里索，罗氏有能力分析并预见到好战派言论的虚幻，并非他具有特别清醒的头脑，而是因为他从不偏离阴谋论的摩尼教论调，骨子里始终是个疑神疑鬼的人："你们早已命中注定这样，想捍卫自由却不存戒心，不得罪敌人，不与宫廷为敌，不与大臣们对抗，不与温和派反目。对你们来说，爱国主义的道路多么轻松，多么愉快啊！"[2]

假若图谋颠覆自由的阴谋中心不在科布伦茨[3]，而是在法国"我们中间"，爱国者的职责更应该是监督、揭露、戳穿、提防。罗伯斯庇尔当时虽然不是国会议员，但他以人民的名义，并通过雅各宾俱乐部，履行这一关键职责比任何时候都坚

---

〔1〕 1791 年 12 月 30 日在雅各宾党人俱乐部的讲演。
〔2〕 1792 年 1 月 11 日在雅各宾党人俱乐部的讲演。
〔3〕 科布伦茨（Koblenz）：德国城市，位于摩泽尔河与莱茵河交汇的"德国角"。1793 年，法国流亡贵族集结于此，组成由大贵族波旁亲王孔德（Condé）领导的"孔德军"。法王路易十六的两个弟弟也在这里设立了保王党流亡大本营。——译注

定。布里索不是曾提醒爱国者要严防"叛国"行为吗？话又说回来，这种提醒毕竟是靠不住的：照理说，背叛通常是秘密进行的，是高明的、真真假假的、出人预料的："不，宫廷及其走狗才不会以赤裸裸的、粗俗的方式背叛你们，也就是说笨拙到让你们一眼就看穿，或者操之过急，让你们有时间来补救他们给你们造下的孽害。他们骗你们上，使你们麻痹大意，把你们拖垮，一步步把你们送到你们的政治末日；他们装得温文尔雅，还打出爱国的旗号，巧妙地背叛你们；他们从制度上慢慢地背叛你们，一如他们至今所作所为；必要时，他们甚至出奇制胜，更易得逞地背叛你们。"〔1〕

由此可见，罗伯斯庇尔所说的背叛并不像布里索认为的那样，是由战争开创的一种可能性，一种留给内部敌人的选择。背叛乃敌人与生俱来的本性，它就是敌人的生存方式，既不外露，且盗用爱国主义的声音，所以更有危险性。布里索在他最后一篇著名战争讲演〔2〕中为事件的不可预见性辩护，主张人物的意图和历史不能一概而论：〔法国〕宫廷和奥地利皇帝看似很希望战争打起来，其实不过是想吓唬吓唬爱国者，然而两种情况都有风险，他们弄不好会搬起石头砸自己的脚："路易十六网罗满朝显贵，他可曾想到巴士底狱有一天会陷落？……又一次，星火燎原。担心后果的绝不是爱国主义；受威胁的只能是王位的存亡。"这种对历史客观性的指涉，意在允许可能的历史短视，但在这种情况下也能允许不良的意图，从道理上讲，它与罗伯斯庇尔的政治天地是格格不入的，因为罗伯斯庇

---

〔1〕 1792 年 1 月 25 日在雅各宾党人俱乐部的讲演。
〔2〕 1792 年 1 月 20 日在雅各宾党人俱乐部的讲演。

尔的政治天地要求愿望须与它所激励的行动以及它所寻求的效果完美一致。朝廷希望战争，大臣希望战争，并非因为战争能使他们出卖大革命：他们已经背叛大革命，并且还在不停地背叛大革命，似乎背叛革命就是他们的职守。布里索最后加入了他们的合唱，因为背叛把触手似的阴谋也伸向了他。

行动从来都不是无目标的，就像权力从来都不是清白的。和大革命本身一样，罗伯斯庇尔只知道好人和坏人、爱国者和罪人、公开的警惕言论和大臣们暗中的阴谋。罗氏一上来就怀疑布里索，同时又怀疑纳旁氏（Narbonne）和路易十六，这下就把他的对手推进了纳旁氏为路易十六及其心腹谋臣设下的陷阱。这位倒霉的吉伦特党人，提"叛国"之罪本是用来揭露国王的面目和推动大革命，没想到自己事先卷了进去，成了内阁的同谋。吉伦特党人有做事"毛躁"的坏名声，并非他们没有采取办法来实施他们的政策（革命政策不是有关手段的思考），而是因为他们只讲一半的革命语言。罗伯斯庇尔既然把自己的身家性命等同于革命语言，自然也就把那伙人早早钉在他们自身逻辑的断头台上了。

如此一来，还没等到战争既成为强化革命权力的条件又为"恐怖政策"提供合法性的基本补充，革命权力就已不断地处在战争辩论的中心了。吉伦特党人的自相矛盾就在于，他们按革命再接再厉的思路要求宣战并达到宣战目的，同时又被人指为旧制度内阁权力的逢迎者。罗伯斯庇尔的悖谬则在于，他以某种显而易见的现实态度的名义粉碎所谓"解放者"的黩武主义论调，却又不断地深化人民权力的神话。这样，他既能从政敌的暂时得势中捞到好处，又能预先揭露他们的野心。战争后来终于将他扶上权力宝座，但不是米拉波或布里索梦寐以求的内阁权力宝座，而是与"恐怖政策"分不开的舆论权威。

因为战争毫不含糊地把新的价值等同于祖国，祖国携带着它，而被疑为不珍重新价值的法国人则被视同罪人。早在大革命头几年，"爱国者"这个用语就已经指好公民、新社会秩序的拥护者、"联盟节"同心同德的狂欢者。那时，凡被怀疑敌视新法国的个人或团体，就好像暗藏的阴谋家，尽被排除在以肃反为宗旨的民族同化之外，但在罪名上他们受到的不过是凭空猜疑，要么就是有过一些情节较轻、早已悔过的暴力举动罢了。战争很快就把这些人变成叛徒，交给人民去法办。既由于刑名偏于重罪，战争不仅交出阴谋分子，还使这一行动成为革命话语的一个神圣义务：一部可以无限重复开动的机器，从基层到最高层，从区到委员会，层层整肃，反复运行。

我称之为"形势理论"的大师们想把这部机器降低为困难和挫折时期的产物，说得准确一点，就是想使"形势"成为这部机器运行的解释原则：民族危亡时刻为敌人的阴谋和镇压之酷烈两者都提供了一个合情合理的表象。事实上，我们可以注意到，在最初的两个恐怖日子里（1792 年 8 月和 1793 年夏），这种局面的确形成一个形势，特别有利于揭露敌人并加以讨伐。但这根本没有任何理由可以成其为解释原则：翻一翻《人民之友》[1] 就知道了，自 1789 年夏起，那时反革命还十分渺茫，总而言之还没有出现勾结外敌的严重情况，此种有关人民和阴谋的辩证法就已经存在了。它充分展现出来，直到 1794

---

〔1〕 马拉（Jean-Paul Marat）于 1789 年创办的日报。1789 年 9 月 12 日创刊，至 1793 年 7 月 14 日停刊；其间，马拉因鼓吹暴力革命乃至凶杀而入狱或遁迹伦敦，该报曾数度暂停，或更改刊名。——译注

年春各路"宗派"失势，罗伯斯庇尔集团实行专政之时，就完全支配了法国的政治史；那时，军事局面正在全面扭转，旺岱叛乱[1]已被戡平，也没有任何外国军队再威胁国土和大革命的战果。罗伯斯庇尔的平均主义和教化式的玄学于是大行其道，君临一切并控驭了一场最终符合其原则的大革命。"最高存在"（l'être suprême）[2]的节庆和"大恐怖"时期都被赋予了同一个终极目标：确立以德治国。断头台成了区分好人和坏人的工具。

---

〔1〕 旺岱叛乱：1793年2月24日国民公会颁布全国征兵30万人法令之后，引发西部旺岱（Vendée）地区的反革命叛乱。起初只是居民拒服兵役，但事态渐渐演变成敌视革命及共和政府的大规模武装反叛。旺岱地区的天主教和保王党势力集结了多达4万人的"旺岱大军"与大革命对抗。国民公会和公安委员会立即征调强大的共和国部队组成"西路军"讨伐旺岱叛乱。这场内战持续了近10个月；至1793年12月23日旺岱军在萨威奈（Savenay）战役全线败北之后，战事方告大致平息。继之而来的是残酷的镇压。当时担任"西路军"总指挥的杜罗将军（Turreau de Garambouville）下令派出12支"死亡纵队"在旺岱地区清剿"乱党"残余："凡参加过叛乱者，不分男女老幼，格杀勿论。"杜罗后来被控在旺岱实行"大屠杀"并于次年被逮捕，但最后仍获无罪开释。虽然共和政府于1795年采取怀柔政策，宣布对旺岱叛乱者实行大赦，归还没收财产并给予旺岱人以宗教信仰自由，但旺岱叛乱的余波仍一直持续到1799年雾月18日政变之后，才在第一执政官波拿巴的民族和解政策之下最终恢复和平。——译注

〔2〕 "最高存在"（l'être suprême）：罗伯斯庇尔在"恐怖时期"制订的国家最高信仰。据史学家考证，"最高存在"一词来源于启蒙哲学精神中的自然神崇拜，其内涵乃指无人格的造物神。早在法国大革命初期，这个词就已隐含于革命文告之中，只是随着革命与天主教的冲突日益加大，才逐渐被革命党的意识形态专家用来作为宗教的替代物。直到1793年，大革命的文化专家还是倾向于"理性"崇拜（culte de la Raison），甚至将巴黎圣母院改为祭拜"理性"的庙宇。由于罗伯斯庇尔不赞成极端的非基督教化政策，才由他本人建议订立国教式的"最高存在"信仰，作为国家庆典，于1794年6月8日首次在巴黎举行。参看J. Tulard，J.-F. Fayard和A. Fierro著 *Histoire et Dictionnaire de la Révolution française，1789–1799*，Editions Robert Laffont，Paris，1987；1998年再版，第807页。有关大革命与信仰问题的专门研究，西卡尔神父（l'abbé Sicard）1895年发表的《寻找一种公民宗教》（*A la recherche d'une religion civile*）至今仍然是一部权威著作。——译注

革命团体相继承袭这个共同计划，意在把大革命推向极端，亦即使革命符合它的一套说辞，结果却不断地仲裁政治斗争，最后把这套说辞最完美的代表人物扶上了权力宝座。在这个意义上，罗伯斯庇尔的玄学并不是大革命史的一个题外话，而是一种类型的公共权威，只有革命现象才能使之成为可能并且名正言顺。作为权力斗争的场所、政治集团的分化手段、使大众归附新国家的办法，这种意识形态最后变成了几个月内与政府并存的东西。自此，一切论争都失去了存在的理由，因为观念和权力之间已经没有插足的空间，政治不再有别的场所，只有：一致认同，要么就是死亡。

由此看来，热月党人的胜利合上了大革命众多含义中的一页：在 1789 年和 1794 年之间，这一页不断地诉诸整个政治生活，纯粹民主的意识形态由此而成为大革命的真正权力，最后又成为大革命惟一的政府。这些打倒了罗伯斯庇尔的人，虽然想恢复代议制的合法性，但他们自己却没法遵守这种合法性，好在他们重新发现社会的独立性和惯性、政治谈判的必要、手段和目的的"差不离"。他们不只是停止了"恐怖时期"，还使之作为权力类型威风扫地，把它和人民意志区别开来。可他们就像一些中毒过深的老人，一有机会又故伎重演，尤其在果月十八日[1]之后；不过他们这样做并非没有羞耻之心，像求助于

---

[1] 指共和五年果月十八日（18 Fructidor，即 1797 年 9 月 4 日）事变。时国会改选后两院王政派议员占多数，督政府内部共和派三巨头（巴拉斯、拉雷维利埃 – 勒伯、鲁贝尔）担心政局突变，遂秘密向统兵在国外同奥地利斡旋的波拿巴求援。波拿巴派心腹将领奥杰罗将军火速赶回巴黎。8 月 7 日奥杰罗抵巴黎，次日被任命为巴黎卫戍部队司令。9 月 4 日巴黎人一觉醒来发现城里布满军人。政变部队逮捕了新当选的王政派督政巴泰勒米及 65 名王政派领袖和新闻记者。督政府于次日宣布取消 53 省近二百名当选议员的资格。史称"果月（转下页）

一种权宜之计，而非一种原则。

证据是他们竟至于无法再思考这种事。他们倒不是对未来的看法有分歧，而是被自己的过去弄得人格分裂。1793 年 5 月 31 日，他们赞成驱逐吉伦特派议员并肢解国民代表机构：代议制原则已经成为共和制合法性不可或缺的东西，他们突然间这么做还能体现这一原则吗？他们投票通过了 1793 年和 1794 年的重大恐怖措施，且往往还亲自指挥了那些腥风血雨的清洗：他们刚刚以自由的名义推翻了罗伯斯庇尔，让社会再次拥有权利去憎恨断头台，现在又如何解释自己扮演的角色呢？这种恐怖政策的意识形态昨天在他们的眼里与大革命还是血脉相连的呢，而如今，热月九日已使它那表面的合理性荡然无存了。罪恶改换了门庭。所以光靠热月党人把过去主张恐怖政策的人留在领导岗位上，是根本不足以保住权力的。他们还必须同时被除"恐怖"这个魔头，把它同他们的权力区分开来，把它完全归咎于罗伯斯庇尔及其小团体。以前"恐怖"就是大革命本身，现在则成了阴谋或一种暴政手段的结果。热月九日之后几个月，巴贝夫[1]就一针见血地指出："恐怖"就是反革命。随着时间的推移，狄柏多在他的《回忆录》里倒是使用了一个并不为过的理性化的说法，其说也同样建立在把"恐

（接上页）十八日政变"。——译注

[1] 巴贝夫（François Noël Babeuf, 1760—1797）：法国职业革命家，被视为社会主义思想的先驱。大革命初期公开呼吁废除税收而被捕，经马拉营救获释。1792 年涉嫌伪造文书，在家乡索姆省被缺席判 20 年苦役，遂逃至巴黎；不久被捕归案，经狄柏多干预获取消原判。热月事变后主编《言论自由报》，因撰文抨击新"恐怖"政策的替身塔利安（Tallien），再陷囹圄。出狱后伙同安东内尔（Antonelle）、马雷萨尔（S. Maréchal）等革命党组织"秘密救国政府"，鼓吹人民革命。不久巴贝夫等五十多名革命党被执政府以"谋反"罪名逮捕。经审判，巴贝夫于 1797 年 5 月 27 日被送断头台处决。——译注

怖"和大革命区分开来的基础上："1793 年的'恐怖时期'实非大革命的必要结果，它造成了一个不幸的偏差。与其说它对大革命有用，不如说是致命的，因为它越出了所有的界限。这个'恐怖时期'是残暴的，它祭杀了敌人，也祭杀了朋友；它不可能得到任何人的认可；它不仅给主张恐怖政策者带来致命的反作用，也给自由及其捍卫者带来灾难性的反作用。"[1]

革命意识形态一旦弃绝"恐怖政策"，它本身就不再是共和政府的延伸了，也不再涵盖整个权力领域了。它成了权力的合理化，而不再是权力的杠杆；它成了一种共识，而不再是一种合法性。然而，尽管它还社会以其独立性，还政治以其本身固有的自主性及理性，它还是继续构成共和舆论，构成某种纽带，热月党人集团借此向人民继续言说大革命的那套话语。它不再是惟一的权力，不再是政府，因而也不再是"恐怖政策"。但面对整个反革命欧洲，它所传递的价值，即自由和平等，反而只有牢牢地维系于共和制的象征形象之上了。"恐怖政策"和战争是雅各宾派的两份遗产，热月党人取消了前者，却始终甩不掉后者。他们从罗伯斯庇尔手中夺回权力时摧毁了权力的杠杆：断头台的平等；他们想保住自己的权力却要付出投资场所迁移的代价：战争的平等。

---

[1] Thibaudeau, *Mémoires*, 2 vol., Paris, 1824, tome I, pp. 57–58.〔译按：狄柏多（Antoine Claire Thibaudeau, 1765—1854），法国大革命时期最年轻的政治家之一。24 岁陪入选三级会议的父亲赴凡尔赛。后成为国民公会议员并任公共教育委员会专职干部。热月事变后参与清洗雅各宾党人。督政时代任五百人院（议会下院）议员，涉嫌参与保王党活动而被迫隐匿。第一帝国时期追随拿破仑一世，"百日王朝"后流亡国外，至 1730 年"七月革命"后归国，逝世前成为国民公会惟一幸存者。一生经历六个朝代，所著回忆录全称《执政府时期回忆录》（*Mémoires sur le Consulat*）。〕

由此可见，战争还是衡量对大革命是否忠诚的最后标准：媾和，就是同不共戴天的敌人妥协，就是着手复辟旧制度。这个逻辑可以说是吉伦特党人身后获得的胜利，而热月党人和山岳派都碰得头破血流，这证明热月九日在这方面什么也没有改变。斐扬派[1]也好，丹东也好，罗伯斯庇尔也好，都未能同对手言和，尽管大家都曾心照不宣。他们之后的一帮弑君者也只是成功缔结一些停战协议而已，况且停战之后往往又狼烟再起，胜败难定，而战争已在为波拿巴推翻他们准备好条件了。因为战争不再服从这种手段和目的的合理性了，再说这种合理性围绕可谈判转让的兵家胜败之事，已使旧制度的战争变成了有限的冲突。况且战争已经成了大革命的意义所在，因为大革命作为现代的第一场民主之战只能背水一战，要么胜利，要么灭亡，别无他途。

　　结果，战争最后成了大革命的公分母。我敢说，战争跨越了不同的时期，并且以某种方式调和了山岳派独裁和热月党人共和国。但是热月九日以后出现一个断裂：它区分了两个时期，一个是战争仅表现为贵族阴谋在形式上扩延的时期，也即与革命权力抗衡的反权力时期，另一个则是战争已经转变成一种社会、政治和意识形态投资的时期。罗伯斯庇尔倒台后，社会在收回它的权利的同时，也收回了它各方面的滞重和利益；而行动的表现方式也不再全面涵盖社会力量的角逐游戏和政治

---

[1] 斐扬派（Feuillants）：1791 年 7 月国民议会宣布暂停国王职务以及巴黎发生要求废黜国王请愿运动后雅各宾内部分裂出来的君主立宪派。常在巴黎圣奥诺雷街斐扬修道院聚会，因而得名。正式名称为"斐扬修道院宪法之友社"，又称"斐扬俱乐部"，主要成员有拉斐德、西哀士、巴纳夫、杜波尔、拉梅特兄弟等。——译注

冲突了。突然间，热月党人的战争暴露出山岳派战争暗藏的那一面：它重又负担起法国社会的一些古老习性，并且改造了它们。它在一个非常古老的基督教国家里，重又激励起十字军东征的精神。它加强或重新开创了官府和中央政权的权威，而这类官府和政权乃是君主制的战利品。它不仅赋予人民以军事职能，还取得浩浩的文治武功，而武人生涯及军功过去一直是贵族才有的勋荣[1]。平等的旗帜之所以能用它随风猎猎的波浪形褶皱包容整个民族，不仅仅是因为这面旗帜是新的；是的，这面旗帜的确使法国人摆脱了往日的不公正，但同时也给他们恢复了被民主政治涤荡过的历史抱负。

所以，热月九日并没有标志着这场大革命的结束，而只是标志着它最纯粹的形式之终结。罗伯斯庇尔之死把社会相对于意识形态的独立性还给了社会，因而他的死也使我们从古参走向了托克维尔。

---

〔1〕 乔治·桑（George Sand）言及帝国时曾经写道："那个年代〔1812 年〕人们从小就受到胜利自豪感的熏陶。贵族的幻想膨胀起来了，传给了所有的阶级。好像从娘胎里生出来是个法国人，就是一种荣耀、一个头衔似的。鹰徽成了整个民族的徽章。"〔《我一生的故事》（Histoire de ma vie），收于《乔治·桑自传作品》，La Pléiade 版本，第一卷（1970），第 736 页。〕

六

　　热月九日划分了两个时代，同时也划分了大革命的两个概
念。它给古参的大革命画上句号，而让托克维尔的大革命显露
出来。这个年代学上的连接点也是一道学术上的分界。它在时
间表象下划分了阐释的分野。

　　如此看来，古参是寄居在 20 世纪左派学术史的同一块招牌
下的，因为同这部左派学术史一样，古参主要感兴趣的是雅各宾
现象。他凭着分析的才智，选择了他出于明显偏好而侧重的时
期，这个时期恰好随着罗伯斯庇尔的倒台而告终。惟一不同的
（当然是基本的区别）是雅各宾派史学一丝不苟地采用了雅各宾
自我说项的话语，把人民参与执政说成是时代的特征。而古参正
好相反，他从雅各宾主义那里看到的是一种关于权力的话语（人
民意志）变成了统治社会的绝对权力。不过，即便从这两种情形
着眼，也的的确确是一种权力体制在热月九日被砸碎了。

　　若按左派史学不言自明的标准，则这种划分必同已知史实
南辕北辙相去日远，因为盖林和索布尔的研究均以各自的方式
证明了罗伯斯庇尔独裁只是在镇压巴黎区党运动之时，也就是

1793年秋和1794年春[1]，才奠定大局的，以至于连最"罗伯斯庇尔派的"、亦即索布尔式的史学传统也认为，热月期间垮台的政权之"人民性质"日益成问题了。这一史学传统之所以还以热月九日作为一个决定性的分期，是因为它传达了这个日子的存在真理，比一切博学写作的进步都更有力量：须知一个革命传奇随着罗伯斯庇尔之死而消亡了，而它曾经在雅克·鲁被捕或埃贝尔[2]被处死之际逃过一劫。给这个传奇找到钥匙的人是古参。他以雅各宾现象界说大革命，又以象征性地攘夺人民意志界说雅各宾现象，从而揭开了这个传奇之谜。

因为，热月九日那天逝去的并不是民众参与共和国的管理。严格说来，罗伯斯庇尔独裁的那几个月里，也就是1794年4月至7月间，这种民众参与是根本不存在的；不管怎么说，在整个所谓公安时期，民众参与国家管理这种权利早被党派寡头（俱乐部、区党和委员会）没收了——这些党派寡头同国民公会争当人民的象征者。在这方面，罗伯斯庇尔不过是这个神秘身份的最终体现罢了。可是，热月谋反者推翻的正是这

---

[1] 参看本书第321页。

[2] 雅克·鲁（Jacqlues Roux，1752—1794），天主教教士，革命前在安古莱姆（Angoulême）神学院教书。1790年底上巴黎投身革命，成为最早宣示效忠公民宪法的天主教神职人员之一。随后参加巴黎区党运动，成为平民主义"狂人派"（Enragés）领袖，揭露"商业贵族"（资产阶级）窃取革命成果，要求剥夺囤积居奇者及对富人征税，引起国民公会不安。1793年7月雅克·鲁被逮捕并送交革命法庭审判。这位革命教士宁可在狱中自杀，也上不了断头台。埃贝尔（Jacques René Hébert，1757—1794）：大革命时期报人和政治家，平民运动激进领袖。多次呼吁民众暴动。在协助山岳派清除吉伦特党人后，又转而抨击山岳派的统治。1794年3月13日深夜，罗伯斯庇尔下令公安委员会逮捕埃贝尔及其同党共18人，以阴谋推翻国民公会罪名草草审判后集体送断头台处死。多数史家认为，罗伯斯庇尔消灭埃贝尔派后，失去了无套裤汉平民运动的支持，等于自掘坟墓。——译注

个权力体制。所以，问题不单是一个政权取代另一个政权，譬如一次政变或〔议会〕多数派发生变化。问题在于一种权力类型取代另一种权力类型：在这个意义上，而且仅仅在这个意义上，大革命终结了。

确实，革命权力是由它不断给出的自身代表性——除非它有消亡的危险——构组起来的清一色的、对"人民"来说透明的权力；一旦被从这个象征性地位拉下来，它便让位于一些集团或个人，这些集团和个人靠一套揭发性话语又重建了此种清一色的权力特点和透明性。大革命是不讲平等的，它只讲合法性。它整个地立足于一种既多样又独一的民主合法性话语。

罗伯斯庇尔倒台后，大革命就没有合法性了；它只有一种平等（即便它有时候也侵犯这种平等）。这时，它整个立足于共和制平等观念的众多死胡同之中。

这就是说，大革命的意识形态不再同时既组成政权又组成公民社会了，它不再以人民主权的名义去取代这两个机构了。这一中断是热月九日之后不久就由高涨的社会运动和对"恐怖时期"的普遍憎恨标示出来的。显而易见，罗伯斯庇尔倒台立刻引起的是社会在日常生活、风俗、习惯、感情乃至利益等各个层面收回它的独立性。热月复得的自由，其基本内容乃是社会对意识形态的报复：所以它提供给观察者的是一种单调乏味的沉重感，令那些仰慕"不可腐蚀者"的人感到不快。这里面透露出来的不仅仅是一种"反动"，同时也是被前一种大革命掩盖了的另一场大革命；后者接替前者，因此有别于前者，但若无前者，后者也不会诞生，所以后者与前者又是密不可分的，它就是：利益的大革命。

农民成了国家财产的获得者，资产阶级得以经商并生意兴隆，军人致富并在战场上功成名就。托克维尔曾经写道："法国已不再热爱共和国了，却还深深地依恋大革命。"[1]这话的意思是说，在热月之后的法国社会里，"革命的"东西就是利益，而非政治；是社会保护或捍卫其既得利益的愿望，而不是人类历史的重新开始。既然大革命不再是一个大事件的降临，它也就变成了一份总结。既然它已被公民社会收回并为之担当责任，它也就提供了一部明细账的可见度。半个世纪后，托克维尔以此为观测点，从中读出这笔账还欠下了旧制度的许多人情哩！

总之，热月之后的法国人"已不再热爱共和国了"。托克维尔这话的意思是说，这个时代的政治制度既找不到舆论支撑，也找不到宪政平衡点，甚至没法行使真正的权力。他注意到，一旦恐怖政变得"不可能了，而公共精神又缺乏，这时整部权力机器就都摔成了碎片"。托克维尔没有撰写过关于"恐怖政策"的理论，所以他对此种所谓"恐怖"的不可能性也未能做出解释。囿于他自己阐发的"大革命–连续性"概念，结果他把1789年至执政府时期法国大革命不断开创的政治形式的研究放进了一个巨大的括弧里。

如果说热月之后"恐怖政策"变得"不可能"了，那当然是因为社会收回了它相对于政治的自主权。然而此种回收之所以可能，实因革命意识形态不再与权力并存之故。从今以后，行动的表现形式不再是主导性的，而是从属于行动本身了。构成

---

〔1〕 托克维尔：《旧制度与大革命》（《全集》第二卷）下卷，第282页。即督政府那一章的开头部分；这一章是1852年写的，题目叫作"为何民族国家不复为共和制，却仍然是革命的"。

行动目标的价值也同行动者区别开来了：价值成了行动者行动的理由，而不再是行动者的身份。热月党人抗击1789年国内王政派的进攻，保卫共和国，用不着再宣称自己是"人民"：这就是弑君者的恐怖政策与罗伯斯庇尔恐怖政策的全部区别。前者是一种合法性证书，后者只具操作性质：所以前者是大革命的一个行动，持久而充满了血腥，后者则因为很快就受到社会抵抗的扼制，只是一种临时措施，它宣告了热月党人政权的末日。这个政权已不再获"恐怖政策"授权，而其行政授权又尚未开始，所以它既没有大革命那样的力量，也没有法的效力。

督政府时代行政部门有关共和国庆典礼仪的规定极为繁复。从这些繁文缛节中不难看出，革命意识形态是如何退化成一种政治合理化的。并非它不如雅各宾时代那样必要了，相反，它在某种意义上甚至比雅各宾时代还必要，因为热月党人政府没法做到与其自封的合法性相一致。不过，这种革命意识形态行使的职能已经不一样了；它已改变了性质。既然今后权力建立在一系列主权授权的基础上，革命意识形态就不再是规定权力的东西了，也不再是使权力符合于人民意志的东西了。它通过向公民灌输共和教育，成为辅佐权力的东西。它通过传授平等，成为服务于权力的东西。它是意志和利益的表达者，而非权威的赋予者。督政制度的运行不采纳它作为原则，只把它预设为必要手段。

在这种情况下，是否督政制度在公共舆论中丧失信誉越多，关注合法性越少，就愈发需要革命意识形态呢？这个问题也无关紧要了。它落入这种情形，特征变粗，但性质并未改变。革命意识形态从原则性的东西转化为从属性的东西，从合法性话语转化为共和制的宣传。在纯粹的民主之下，它本身曾经就是权力的场所；而如今它只作为现代代议制国家的工具起作用了。

不过，革命意识形态扮演的角色还是比热月党人为符合其犬儒主义而改编的纯粹工具版给人的印象要深刻得多。那是因为，它从它自身全新的起源中保持了它本身曾经就是大革命的那种非凡的庄严性，并且在内敌外寇的眼里继续代表着大革命的形象。所以它不仅仅是为资产阶级利益梳妆打扮的工具；也不单是联合弑君议员、暴发户和泥腿子大兵共同保持革命遗产的一个手段；它和战争是形影相随的，都是大革命具有生命力的残留，不可分离地组成民主和民族国家这对孪生姐妹。这样一种沉积现象笼统地把利益和思想这两种等量齐观的东西搅在一起，其结果是代议制共和国变成了某种寡头政治类型的东西，根本无力持久地肩负起它的重任。波拿巴为此付出了双重的历史代价：一个强大的国家和遥遥无终期的战争。

于是，革命意识形态在1792—1793年间以其纯如化学的形态激发战争和"恐怖时期"之后，到了1799年家道中落，仍以半舆论、半合法性的形态继续担当建立中的新政权的扛鼎秘诀。当时，雾月的资产阶级正在寻找一个自由派军人来梳理代议制。而人心向背，自然要推出一位常胜将军来奠立一个专制的国家。诚如马克思解释的那样[1]，是一个行政版的"恐怖时期"结束了法国大革命。

可见，托克维尔按总结的方式来思考法国大革命时，他有

---

[1] 马克思：《神圣家族》，巴黎，1845年；巴黎，Ed. Sociales版本，1959年，第149—150页。

双倍的理由做出这样一个判断：这份总结主要是政治的和文化的（广义而言），主要在于强化中央集权国家，这个集权化国家已经摆脱了旧制度的社会行政织体给它设置的重重障碍。托克维尔在他最后一本著作里称为"民主"的东西，与其说是一种社会状态，毋宁说是一种均权主义文化；这种文化是靠绝对君主制的发展才得以在社会上流行起来的，它既摧毁传统的等级制度，同时又使这种制度固定化，因为它在掏空等级制度内容的同时，又以法律的形式使之无限延续下去。然而，正是这种文化以及它所诱发并作为其结果的中央集权行政制度的胜利将路易十四和拿破仑联系起来了，由此构成了法国大革命的意义。

正如我尝试论证的那样[1]，这部历史欠缺的是对历史所穿越的中介做一分析，尤其对其中最重要、最不可能的中介做一分析，这个最不可能的中介就是大革命本身。因为问题在于理解一个现象表面上不可阻挡的连续性是如何通过一场大革命表面上极端的间断性而浮现出来的。

人们可以清楚地看到，这场大革命在摧毁障碍的同时，也行使一种中央行政权威，将某种东西从障碍中剔除出去。但此书所要提示的东西已经超出这一否定性的观察结果：民主文化才是法国大革命真正的大事降临，但在这种文化中，在这种本来就是其本质的合法性转让中，有某种东西从反面或从正面重构了绝对权力的传统形象。在 1789 年和 1794 年热月九日之间，革命的法国把民主的悖论（卢梭对此有过考察）当作权力的惟一来源。它通过人民意志的话语来兼容社会与国家；而这种合

---

〔1〕 参考本书第 236 页以下。

法性迷恋症的最后征象就是"恐怖时期"和战争,最终又被一些欲占有民主原则的集团加码哄抬。"恐怖时期"依照革命的模式重新组建了一种公共权威的神权。

这个形构于热月九日破碎了,社会收回了它的独立性;社会重新出现,携着它的滞重、它的利益、它的裂痕,想重铸有关民选代议机构的法律。在某种意义上大革命结束了,既然它放弃了它的语言,既然它显露了它要承担一些利益。不过,它身上的某个部分还越过热月九日继续说话:战争,躲过"恐怖时期"而残留下来,成为革命合法性的最后避风港。战争在迫使执政府时期的法国(一如它强迫旧式君主制)接受其动用资源和人力的行政制约的同时,也成为某种中介,大革命的真谛透过它继续向法国人隐隐发出救世论的起源呼声。这个逻辑的尽头是波拿巴这位大革命的国王。古老的权力形象与新的合法性联系到了一起。

如果我们不考虑年代,让托克维尔从奥古斯丁·古参身边绕过去,我们会获得一场其性质属于权力和想象之辩证法的法国大革命,其爆发10年之后的第一个总结则在于一种民主王权(uneroyauté de la démocratie)的建立。大革命是一次关于权力的集体想象,它打破连续性,偏向纯粹民主,不过是为了在另一个层面上更好地担当起专制主义的传统。这就是法国社会的一桩公案,既要借它来重组政治合法性,又要通过它来重建中央行政权。古参能让我们理解民主合法性是如何取代旧的神权合法性的,它又是如何占领旧的神权合法性让出的空间的;那是一个浩瀚无比的空间,严格说来是无限的,因为它的原则里包容了整个社会政治秩序。大革命的民主合法性是它自身的对立面,但同时也是它固有的另一面:我的意思是,它收回同一个空间，但它不愿分割这个空间，它只是往这个空间里注入同样清一色的原则性内涵而已，为了一切新秩序，但以人民的意志为出发点。

那几年间，任何"自由"资产阶级都未能成为这种合法性的代表或解释者。任何议会代表制都未能成功地将新公民的权利和义务持久地转换成法律。在"恐怖时期"的政府中，纯粹民主可谓达于登峰造极的地步。波拿巴后来之所以能够"合上"大革命这一页，是因为他为之创立了一个全民投票的版本：最后终于找到一个形式，社会在这个形式下建立的政权带有社会的那一切，同时又独立于和高于社会本身，如同"恐怖时期"那样，庶几能把1789年以来煞费苦心追求的东西归还给一个新国王，因为过去那套说辞毕竟是个矛盾：一个民主政府的可能性条件。既然法国重新找回了她自己的历史，或者不如说调和了她的两种历史，大革命也就结束了。

要理解这一点，只需真率，愿意从概念的中心来考察大革命，而不是执意要把大革命稀释到某种泛泛的演化论观点里去，以期给革命行动者们的德行增添些许尊严的光彩。给当代法国带来原创性的，并不是因为她经历了从绝对君主制向代议制的过渡，或者是经历了从贵族世界向资产阶级社会的过渡：欧洲没有革命，没有雅各宾，不也照样走完了相同的道路吗？——尽管法国的事件在这里那里加快了演变并造就了一些效颦者。然而法国大革命并不是一个过渡，而是一个起源和关于起源的幻想。这就是它身上创造了历史价值的独一无二的东西，正是这种"独一无二"后来成了普适的价值：民主的初次试验。

法国大革命三种
可能的历史

Ⅰ. 革命的教理*

> 法国人的悲剧，同时也是工人的悲剧，就是那些伟大
> 的记忆。有必要让大事件来一劳永逸地结束这种对往昔的
> 反动崇拜。
>
> ——马克思：《致恺撒·德·派蒲》，1870年9月14日

一

莫非我们又回到了古代的混战？反革命的幽灵又要威胁
伟大先贤的业绩啦？读克劳德·马佐里克新近出版、由阿尔

---

* 此文最初发表于《年鉴》(*Annales*) 1971年3—4月，第2期。这次重新发表，增加了一段有关旧制度国家的论述（本书第172—179页）。〔译按：*Annales* 系法国年鉴学派著名刊物，由吕西安·费弗尔和马克·布洛赫于1929年创刊于斯特拉斯堡。最初刊名叫作《经济社会史年鉴》(*Annales d'histoire économique et scoiale*)，1946年后更名为《年鉴。经济·社会·文明》(*Annales.Economies.Sociétés. Civilisations*)，简称《年鉴》，缩写 A. E. S. C. 或 *Annales ESC*。〕

贝·索布尔[1]作序的一本小书[2]，还真的让人信以为真哩。虽然我们的公共生活平静得有点儿沉闷：作者在书中严词呵责一部供大众阅读的大革命史书，这部史书是五年前我同德尼·里歇联名发表的。[3]这部书被怀疑是一部犯禁之作，违背了索布尔及其弟子们所采纳的马克思主义阐释，甚至因此也违背了他们带着信徒的拳拳之心揽为己用的那些伟大先驱者的著作，从饶勒斯到乔治·勒费弗尔。由于此种推理奉行的善恶二元论逻辑，里歇和我突然间被指控犯了玩弄"资产阶级意识形态"的罪名，甚至说我俩凭此等东西为自己的著作"在报纸、电台和电视上策划了一场声势浩大的广告攻势"云云。马佐里克凭匹夫之勇，就挥动刀斧要做前所未有的革新，毫不犹豫地为其个人而修改学术界严格执行的规范：他四处调动读者的爱国主

---

〔1〕 阿尔贝·索布尔（Albret Soboul，1914—1982）：法国历史学家。勒费弗尔的弟子，1958 年以博士论文《共和二年的巴黎无套裤汉》（Les Sans-culottes parisiens en l'an Ⅱ：Histoire politique et sociale des sections de Paris，2 juin 1793-9 Thermidor an Ⅱ）一举成名。1968 年接替雷恩哈特（Marcel Reinhardt）执掌巴黎大学法国大革命史讲座直到去世。生前最后一年（1981 年）曾访问中国。作为学院派的革命史权威，索布尔的史学成就被认为更新了传统方法，拓宽了马迪厄以后的大革命社会史视野，80 年代末以来其著作的权威性受到了质疑。著有《1789，自由元年》（1789, l'an I de la ibeeré，Paris，Ed. Sociales，1950）、《文明与法国大革命》（La Civillisation et la Révolution française，三卷，1970—1983）、《法国大革命史纲》（Précis d'histoire de la Révolution française，1972）、《大革命的农民问题》（Problème paysans de la Révolution，1789-1843，Maspéro，1976）、《法国革命史》（Histoire de la Révolution française，t.1，De la Bastille·Gironde；t. 2，De la Montagne·Brumaire，1974）。——译注
〔2〕 马佐里克（Claude Mazauric）：《论法国大革命》（Sur la Révolution française），Ed. sociales，1970 年。
〔3〕 F. Furet et D. Richet, La Révolution française, 2 vol., Hachette, 1965-1966. 此书 1973 年由 Fayard 出版社以不太昂贵的版本再版，另有 Verviers（比利时）版本，Marabout，1979 年（译按：此书另有 Hachette 出版社 1997 年袖珍本，收入该社 Pluriel 丛书）。

义，以便更有力地鞭笞他称之为"反民族的偏见"的敌手之论，而所有对手在他看来都是些对雅各宾扩张主义不冷不热的冷血动物。在这个话题上，马佐里克大概心血来潮，好斗的话说过了头，赶紧又补了一句反躬自省的自白："我这人怎么想就怎么说。"末了，在一通长篇大论之后，这位勇气可嘉的学人终于向我们透露了他之所以有洞察力的秘诀："从理论上讲，史学家的方法相当于列宁主义工人党的方法。"就这样，为了对付一本被怀疑为异端的书，审理一桩双重公案的诸原则被提出来了；代理检察官不仅穿起了民族荣耀的锦衣，还披上了列宁主义理论的道袍。看来判决不会轻。活该，被告自找苦吃了！

想必读者自会明白，这场辩论就其戏剧性政治特征而言，实在是一场闹剧，要么就是一场捕风捉影的战斗。在时下的法国，就政治方面来讲，任何事、任何人都不可能威胁到法国大革命的业绩：自从法西斯失败以来，右派早已不再自我定位为反1789—1794年大革命及反共和制的力量了。何况在学术上，法国大革命的"马克思主义"史学（我倒是宁可称之为雅各宾派史学）今天比任何时候都更是占主导地位的史学：有自己的前辈，有自己的传统，有自己的经典和通俗文本，而且不能说它培养的是不登大雅之堂或离经叛道的趣味。一言以蔽之，在我们的社会和制度里，尤其在学院机构里，法国大革命还在执政。当然，我这话的意思不过是说，一切涉及大革命的历史辩论都不再包含任何实实在在的政治利害关系了。

假如历史学家还在相信这种利害关系，是因为他们有这种需要：臆想自己参与城邦斗争总是使书斋里的迂夫子变得坚强，更何况这种参与是不着边际的；它付出的是最低限度的烦恼，而得到的是最大限度的心理满足。但反过来，假如这种不着边际的东西被感觉为一种真实，则是因为知识界透过法国大革命的历史去分享或弘扬那些始终具有生命力的价值。在应该组建我们政治文明的基础时，这些价值一点也没有失去它们激发热情的力量；即便这些价值不再成其为真实斗争的利害所在，它们也不会因此就立刻脱离人们的记忆。究其原委，不惟是这种民族记忆成为学校精心安排的教学内容，长久地驻留于我们社会生活的各种事件之上，更因为它具有一种几乎不可确定的伸缩性；可以明确地说，自法国大革命（尤指法国本身的大革命）以降，一切革命都倾向于把自身看作一个绝对的开端，历史的一个零点，充满了有待未来完成的大业，而且这些大业不言自明，它们就包容在其原则的普适性之中。这就是为什么那些自恃拥有革命"基础"的社会，尤其是拥有相对晚近的革命"基础"的社会，谱写它们的当代史总是特别困难。[1]所有这类历史都是对起源的纪念，而纪念日的魔法乃是靠继承者的忠诚打造出来的，并非遗产批评争论的结果。

由此看来，整个法国大革命史在某种程度上变成一种纪念恐怕也是难免的。譬如王政派的纪念是哭国王的不幸及合法性之一去不返。"资产阶级的"纪念是庆祝一种新的社会契约之奠立。革命者的纪念则重在强调奠基性事件的原动力及其承诺的未来。从这个观点来看，整个法国大革命史学可以合法地同 19 世纪、20世纪社会政治情势的演变过程联系起来[2]：由此得出一个模样儿

---

[1] 参看 Mona Ozouf 的文章：《从热月到雾月：大革命的自述》（De thermidor · Brumaire：le discours de la Révolution sur elle-même），载 *Revue historique*, 1970 年 1—2 月，第 31—66 页。

[2] 参看 Alice Cérard：《法国大革命，神话与阐释（1789—1970）》（*La Révolution française, mythes et interprétations 1789–1970*），Coll. Questions, d'histoie, Flammarion, 1970。

有点奇的怪胎，一部残留史，每一阶段都由释史中传递的现时部分来界定。这种练习若是意识到历史性和现时性盘根错节交织在一起的那种模糊条件的话，那它肯定是有用的，甚至是大有裨益的；不过，它不能仅限于单纯观照整个大革命史学中的当下部分，除非把它导向一种完全相对化的历史概念，而这种完全相对化了的历史是服从于社会要求的，亦即在无法控制的偏差中有一个容易产生错觉的固定点；此方法还须有特殊的专业知识，以对我们所处的当前时代的种种限制有一个尽可能准确的鉴别。

大革命，过去还是未来？

显然，这类限制远不见得是一样丰富，或一样乏味的。譬如反革命偏见，即便它以某种完全不能忽略的兴趣组成了大革命各种历史叙事的背景（如泰纳的革命史撰述），我还是觉得它对大革命现象的解读是最有害的；这种偏见总是有意无意地要缩小或否认大革命现象，想当然地把人引向一些道德化的诠释类型（天命说、阴谋论等等），而这些诠释类型不大适合用来解释——这本是它们的功能——以民众特殊活动为特征的事件或史期。要理解大革命，还得在某种程度上接受大革命：的确如此，一切都在方式上。直到 20 世纪上半叶，那些最伟大的历史学家仍然为这个事件着迷，事件笼罩了他们的一生；但是他们当中，基佐也好，米什莱也好，托克维尔当然也不例外，没有一个人自认为有权将这个事件视为可亲近的、"正常的"、容易理解的事件。而面对这个现象的怪异性时产生的那种惊讶，倒是成了他们历史撰述的存在论意义上的决定因素。所有人都肢解这个巨大现象的阶段和组成部分，使它还原为一个漫长的演变过程，以便于将它的一种或数种意义概念化，结果是使这个现象"重心偏移"。因为对于大革命来说，一切真正的历史分析始于批判，至少是隐含的批判，批判形成其显著意识的东西，即处在革命意识形态中心的旧／新之断裂：就此观点而言，在学术上走得最远的还是托克维尔，他推翻了大革命的行动者们对自身以及对自己的行动的看法，指出这些人远非一种根本性〔历史〕中断的代理人，他们实际上只是完成了法兰西诸王开始的中央集权化官僚国家而已。至于基佐，倒是他身上那种政治保守主义使他得以从这个奠基性事件的神话中抽身出来：法国大革命应该是一个结果，而不是一个开端。这三人当中，将革命意识形态内在化最深的是米什莱。米什莱是在遍览法国史之后才涉足大革命史的；此种为过去而过去的激情，加上他分析革命史时所采用的极为出色的多样化手法，使他摆脱了目的论：既然革命史预告未来并为之奠定了基础，它必如第三共和时代人们所说的那样是一块"巨石"。

第三共和国初期的斗争尤其社会主义运动的发展，加强了大革命作为〔历史〕母亲的自发意识形态。这是因为，社会主义运动乃是一种二次革命的潜在载体；按照辩证法的观点，二次革命旨在否认第一次革命所建立的时势物态，并最终实现其承诺的希望。由此产生了这样一种奇怪的形构论，这样一种幼稚的意识形态，这样一种线性图式：革命母体（la révolution mère）[1]在20世纪重新找到了其行动者当年赋予它的奠基性意义；其实找回的是不同的意义，因为这是一种严格筛选的意义，就好比事件被刨掉

---

〔1〕 同18世纪至20世纪的欧洲历次革命相比，为什么17世纪的英国革命从未扮演"革命母体"的角色？研究一下这个问题是很有意思的。

了它大部分的经验财富：法国大革命不再是价值观念的震撼，不再是从米拉波到拿破仑那种缔造了国家及当代法国社会的大调整，即社会身份地位及领导人的调整；这场革命被称作"资产阶级"革命，可它是在热月九日，也就是恰好在其进程中的非"资产阶级"插曲结束之际，被停下来的：它的中心从此处在雅各宾时期，而这个时候说教式的乌托邦意识形态已经最大限度地遮蔽了真实的历史过程，遮蔽了公民社会和国家之间的真实关系。幼稚的历史学家偏偏在此种价值和意识形态上做感情投资，无非是使他能够重新肩负起共和二年[1]那些行动者的幻想，硬是赋予法国大革命以双重的奠基意义，其价值也不再是一国的，而是放之四海而皆准的了。当索布尔大谈"我们所有人的母亲"时，恐怕这句经典引语[2]丝毫也增加不了论辩的条理；倒是像发自内心的一声呼唤，照亮了一种激情的深幽之处。

因为，从1917年起，法国大革命就不再是或然性之母了，不可能像原来那样要根据它来设想另一个最终具有解放意义的革命方案了；它已经不再是饶勒斯所发现和描述的那种充满了丰富潜在性的可能事物的场域了。它变成了一个真实事件的母亲，她的儿子有一个名字：1917年10月，更加习惯的叫法是"俄国革命"。从1920年起，马迪厄就在一本小册子[3]里说

---

〔1〕 共和二年（1793年10月—1794年9月）的行动者，主要指恐怖时期的雅各宾党人。——译注

〔2〕 主要参看盖林（D. Guérin）所著《第一共和时期的阶级斗争》（*La lutte des classes sous la Première République*）第二卷《在我们的母亲身边战斗》（*Bataille autour de notre mère*），1968年再版，第489—513页。"母亲"这个提法在19世纪很流行，尤其见于米什莱和克鲁泡特金的著作。

〔3〕 《布尔什维克主义和雅各宾主义》（*Le Bolchevisme et le Jacobinisme*），巴黎，1920年《人道报》书店。

1793 年 6 月至 1794 年 7 月的山岳派政府和内战年代的布尔什维克专政有某种亲戚关系："雅各宾主义和布尔什维克主义一样，两者都是专政，产生于内战和对外战争；两者都是阶级专政，采用恐怖政策、征用私产、征收捐税等相同手段；两者最后都给自己提出一个类似的目标，那就是改造社会，不仅要改造俄罗斯社会或法国社会，还要改造普天下的社会。"（第 3—4 页）总而言之，正如马迪厄所指出，俄国布尔什维克的头脑里始终装着法国大革命这个典范，尤其是雅各宾专政的那个时期。1903 年俄国社会民主党分裂成布尔什维克和孟什维克后，列宁就一直替雅各宾模式辩护："雅各宾与意识到自己阶级利益的无产阶级组织起来有不可分割的联系，这正是革命的社会民主党人。"[1]这条援引加深了列宁同托洛茨基的整个论战，当时托洛茨基偏向孟什维克一边。在一本不大为人所知（最近再版）的著作里[2]，托洛茨基指出列宁的分析犯了年代错误。要么"雅各宾'与意识到自己阶级利益的无产阶级组织起来'有⋯⋯联系，雅各宾不再是雅各宾"[3]；要么雅各宾就是雅各宾，也就是说压根儿不同于革命的社会民主党人："两个世界，两种学说，两种策略，两种心态，有若天壤之别⋯⋯"[4]托洛茨基在对雅各宾恐怖主义的绝路和意识形态狂做了长篇历史分析之后，得出这个结论。显然，这种提请恢复学理秩序的呼声，

---

〔1〕 列宁：《走一步，退两步》，《列宁选集》，莫斯科，1954 年，第一卷，第 617 页。着重号为列宁所加。
〔2〕 托洛茨基：《我们的政治任务》，Ed. Pierre, Belfond, 1970 年。此书出版于 1904 年，托洛茨基有意将它搁置不提；托洛茨基 1917 年转而支持布尔什维克之后，不希望因为从"右翼"反对列宁而使自己的政治形象变得黯淡。
〔3〕 同上书，第 184 页。
〔4〕 同上书，第 189 页。

哪怕具有无可指摘的马克思主义正统性，也未能阻止俄国革命者在他们的意识里长期混淆这两种革命。譬如大家都知道，列宁死后，斯大林借着"热月"幽灵游荡的当儿，同季诺维也夫、加米涅夫结成战略联盟[1]，因为他们都担心出现一个新的波拿巴，这个新波拿巴不是别人，就是红军前统帅托洛茨基。

　　这种传染并非只在 20 世纪行动者们的头脑里起作用，它也存活在研究大革命的史学家们的思想里。而且只要大革命史学界左派居多，这种情况就更甚，至少在法国是如此。用俄国革命来"移植"法国大革命，把 1789 年的曲调和兴趣转让给 1793 年，在学究气十足的领域还是有一些正面结果的：这种"移植"成了一种强烈的刺激，促使人们更加仔细地研究城市民众阶层在革命进程中的角色，一些重要专著，如马迪厄写"物价高涨"[2]、盖林写"赤膊汉"[3]、索布尔写"无套裤汉"[4]等，想必都是靠这种刺激而写出来的。[5] 显然，从托克维尔到韦伯（Max Weber），这类例子很多，思考现在可以有助于阐释过去。

---

[1] 1924 年以后，斯大林为了排挤托洛茨基，一度同任第三国际执行局主席的季诺维也夫及俄共中央政治局成员加米涅夫结成同盟；后来当季诺维也夫和加米涅夫组成"新反对派"并转而支持托洛茨基时，立刻遭到斯大林的清洗。1934 年季、加被捕，后以"叛国罪"处死。——译注

[2] 马迪厄：《恐怖时期的物价高涨和社会运动》（*La Vie chère et le mouvement social sous la Terreur*），两卷本，Paris，1927，rééd. Payot，1973。

[3] D. 盖林：《第一共和时期的阶级斗争，资产者和"赤膊汉"》（*La lutte des classes sous la Première République, Bourgeois et "bras nus", 1793–1797*），两卷本，Paris，1964，rééd. 1968。

[4] 索布尔：《共和二年的巴黎无套裤汉》（*Les Sans-culottes parisiens en l'an II*），La Roche-sur-Yon，1958。

[5] 也许可以把英国学派的重要研究成果也包括进来，尤其是霍布斯鲍姆（E. Hobsbawm）和鲁德（G. Rudé）的著作。科布（R. Cobb）对马克思主义不太感兴趣，在我看来他属于另一种不同的灵感。

当然，条件是这类思考必须是一种思考，一系列新的假设，而不是感情用事，机械地用现在去投影过去。像一个未成年人需要陪伴那样给俄国革命配上另外一种隐约其辞的话语，并未使法国大革命的阐释在丰富性和深度方面有什么进步；相反，这种潜话语像癌细胞那样在历史分析的内部扩散开来，反而最终摧毁了历史分析本身的复杂性和含义。我至少看到三种接近这一现象的途径：首先是在法国大革命的历史中寻找能支持俄国革命史和后革命史的先例[1]。姑且就以革命领导层内部的清洗为例吧，它构成了这两种历史的共同特征：和罗伯斯庇尔一样，斯大林也以肃反的名义清洗了他过去的同路人。结果法国的案例帮了另一个案例的忙，两种有关清洗的"自发"解释互相支持并围绕一个观念固定下来了，这个观念就是：反革命就在革命阵营里，问题在于如何把它清除出去。本来，要想对这两个现象做一真正的、能有结果的比较，就应该研究这两个案例中（当然两案是很不相同的）最初的领导集团是如何出现分裂和被清洗的同样过程的。但事情没有这样做，而是玩了一种用过去来为现在说明理由的印证机制，带有目的论史学的特征。

第二条路子是：用一种极端简化而且本身就有简单化倾向的马克思主义来代替马克思和恩格斯留给我们的某些关于法国大革命的分析，而马、恩的这些分析往往是矛盾的。[2]这是

[1] 在"列宁主义的"史学中，俄国革命的确有这样一种被赋予无限伸缩性的特权：革命从未结束。

[2] 为了写这篇文章，我重读了马克思和恩格斯的著作；他们两人有关法国大革命的撰述非常精彩，但几乎都是影射式的论说，有时难以凑到一起；他们的论述也许值得做一番总结并予以系统的分析，我希望在我的朋友柯斯塔斯·帕派欧亚努（Kostas Papaioannou）的帮助下，有一天能发表一份总结。在（转下页）

一种简单的线性历史图式，以为资产阶级革命将农民和城市民众集结在自己的背后，就可以实现从封建生产方式向资本主义生产方式的过渡；山岳派专政被夸大为革命进程中最代表"民众"的插曲，也是这样被赋予最"进步的"意义的：通过战争和恐怖政策把预先指派给资产阶级革命的任务"进行到底"，同时又宣告了未来的解放，尤其是宣告了1917年十月革命的到来。于是革命越来越偏离它自身的年代真实性，它被从1789年拉向1793年，然后于1794年7月正当革命燃遍欧洲并在法国大势已定时突然中断。"资产阶级革命"的概念因此变成了一个飘忽不定的概念，像一件过于宽泛的外套容纳了一个两头尖的年代过程。

这个明显的矛盾没有使"马克思主义"史学家（按上文界定的意义）感到为难，是因为他们并不是马克思主义史学家，而毋宁说是新雅各宾派史学家。这派史学家把苏俄革命传达的马克思主义图式拼贴在一种更加强大的政治-情感投资上，而此种政治-情感投资就是让法国大革命现身说法，把自己说成既是一个"伟大民族"的缔造者，又是普天下社会的解放者，也就是说法国大革命的"雅各宾"意义远远超过"宪政"革命的意义。这派史学家在苏维埃革命中津津乐道的就是马迪厄（他并不是马克思主义者）从1920年起就已瞥见的东西：两个救星形象重叠在一起，把我们当代历史的面貌编织成进步的宗

（接上页）此我对马、恩著作的使用仅限于必要的涉猎，旨在指出马佐里克对马、恩的阐释是多么地不忠实。凡涉及尚未译成法文的马、恩著作，我一概引用德文版的马、恩全集：*Marx-Engels*，*Werke*，39卷，Dietz出版社，柏林，1961—1968。（译按：傅勒15年后完成了这份"总结"，于1986年，以《马克思与法国大革命》为书名出版：*Marx et la Révolution française*，Paris，Fammarion，1998。）

教，苏联在后一个形象中扮演法国在前一个形象中的角色。至于最近几十年的历史是否多少戳穿了这种建设的真相，使之不再能愚弄世人，这都无关紧要了：意识形态的功能恰恰是掩盖现实，所以它能逃过现实。新雅各宾派史学家被受命于一个民族充当人类排头兵的观念缠住，中毒太深，所以他们根本就不情愿走出氧气间。相反，他们又一次借阿尔贝·索布尔的声音来重温一部历史的"教训"，这部历史不仅是进步的教科书，还采用现在时态来谈论1793年："谁不承认，今日革命运动提出的问题有一些早就以另外的形式处在共和二年复杂可怕的社会政治游戏中心？"[1]

在法国大革命的解释方面就这样形成了一种列宁主义民粹派的拉丁通俗版，索布尔的《史纲》[2]无疑就是这个版本的最佳范例，其正宗经典上至饶勒斯下至勒费弗尔，似乎囊括整个"左派的"大革命史学而显得更其声威逼人[3]。谁背离它谁就倒霉，背离它就是背叛丹东和饶勒斯，背叛罗伯斯庇尔和马迪厄，背叛雅克·鲁和索布尔。在这盆勉强调制的怪味大杂烩里，不难看出一种偷梁换柱的史学所具有的善恶二元论、宗派及保守主义的精神，它用价值判断代替概念，用目的论代替因果关系，用权威代替讨论。这些鼓吹雅各宾革命双重缔世说的

---

[1] 索布尔为马佐里克的书写的序，见上引该书第2页。
[2] 索布尔：《法国大革命史纲》（*Précis d'histoire de la Révolution française*），Paris，1962。在同是这位作者为乔治·勒费弗尔《八九年》（*Quatre-vingt-neuf*）一书再版撰写的后记中还可以找到这种大革命经典阐释的有点漫画式的图解："当代世界史中的法国大革命。"〔译按：索布尔1962年发表的《法国大革命史纲》是一本专为大学生和公众写的大革命史书，曾经作为教科书式的经典读物主宰大学校园和读书界长达20年。〕
[3] 我在下面会回头讨论勒费弗尔著作的重要性和意义。在我看来，即使是在阐释方面，勒费弗尔的重要性和意义也被索布尔及其弟子们不合理地侵占了。

德日进（Teihard de Chardin）[1]式新派传教士又找回了他们古老的摇篮，一个想象的二维政治空间，似乎他们生下来就在这里被赋予了人民保卫者的角色。通过他们，革命反革命的生死抉择于是得以流传下来，作为过去的遗产，也作为当前和未来，并由他们负责用一种既是圣餐也是教科书的历史学来加以描述和传播。其他一切大革命史，亦即试图摆脱这种正好由它负责解释的有关对象及价值的自发识别机制的历史，都是反革命的，甚至是反民族的：这一演绎"逻辑"可谓无懈可击，但有一点除外，那就是它不是推理，而是改头换面的纪念仪式，一种早已僵化了的仪式。这是一座无名士兵陵墓；不是马恩战役的士兵墓，而是弗勒鲁战役的士兵墓。[2]

二

索布尔的新书[3]则是这种历史学的完美图解；如此说来，

---

〔1〕 德日进（1881—1955）：本名泰亚尔·德·夏尔丹（Pierre Teihard de Chardin），汉名德日进；法国神学家、地质学家、古生物学家。早年入耶稣会。1922年获古生物学博士学位后被任命为巴黎天主教神学院教授。1927年参与北京周口店古人类化石发掘与鉴定。调和神学和进化论，用以解释人类科学。著述甚多，死后由后人整理出版凡13卷。主要著作有《人的现象》（1995）、《神的氛围》（1957）、《演化者基督，社会化与宗教》（1968）、《时空里的沉思和祈祷》（1972）。——译注
〔2〕 马恩战役，又称马恩河会战，指第一次世界大战英法联军在法国马恩河（Marne）一带两次（1914年和1918年）击退德军入侵。弗勒鲁战役：1794年6月法国将军茹尔丹（Jean-Baptiste Jourdan）统兵在比利时南部弗勒鲁（Fleurus）大败奥地利军；那次战役之后，法国兼并了比利时。——译注
〔3〕 索布尔：*La Civilisation et la Révolution française*, t. 1: *La crise de l'Ancen Régime*, Artaud，1970。

他的写作方法之发人深思，想必也是不可忽略的了。其书文笔朴实，谋篇甚巨，详尽昭揭了此种纪念性的和目的论的历史意识的所有秘密。

作为专治法国大革命史的历史学家，索布尔提出一个大有可为的题目，这个题目是从一套丛书计划[1]借来的：《文明与法国大革命》。按这套丛书诱人的预告，我们本可以周游世界寻找浩如烟海的文化遗产，可索布尔没有信守诺言，他充其量只是循惯例向我们提供了一幅"旧制度的危机"图景，而这个图景不过是18世纪法国的一幅鸟瞰图罢了。从前几页开始就已明确整个世纪是一场危机；历史每一层面的所有分析材料仿佛被后天必证明其正确性的不可避免的完满结局所吸引，全都朝着1789年汇流："哲学，紧密地附着于历史的主线之上，与经济及社会运动齐头并进，促成这种缓慢的成熟，最后遽然爆发而成为革命，圆满完成了'启蒙的世纪'。"（第22页）

读者一上来就被这样的开场白弄得满头雾水，接着又被一大堆形而上学命题打了个"措手不及"，只好回头去翻"目录"；想知道该不该往下读！得，一个想不到的问题又出来了：大纲。全书分四章：农民、贵族、资产阶级、"第四等级"（即市民阶级）。当然，任何提纲都是随意性的，按理还有逻辑上的约束。但此书大纲却硬逼18世纪的历史学家演杂技。他得把人口统计、经济行情、政治、文化分割成社会范畴，譬如把"启蒙"划入讨论贵族问题的第二章，又如把"哲学家"归入涉及资产阶级的第三章；或者，只是在"提到"贵族时才通过君主制同贵族保持的仅有联系顺带引出专制主义国家问题。

---

[1] 《伟大的文明》(*Les Grandes Civilisations*) 丛书，Arthaud 出版社。

索布尔不慌不忙，十分镇定地施行这一新亚里士多德学派手术，阶级概念在他的手术刀下简直就像形而上学范畴那样得心应手。

既然他冒险做这样一种人为的划分，我们只好相信他并非日子久了腻味了他在概念框架内授课的材料，无心再去重新组织这种材料了，尽管换了一个不同的但更加恰当的题目[1]。更主要的恐怕是在他眼里，不管你用什么形式标题去乔装打扮，法国18世纪的整个历史都暗暗地指涉到两个基本命题：1. 从历史现实的所有层面来看，演变的"一致趋势"表明18世纪的特征是旧制度的普遍危机；2. 这种危机主要是社会性质的，必须按阶级冲突来分析。可是，这两个命题中的第一个要么是同义反复，要么是目的论的，或者兼而有之。总而言之，以其不准确性，这个命题避开了一切判断的合理标准。第二个命题则是一个历史假设；有趣的是，这是法国大革命关于自身的假设，正好是在事件出现之时，甚而略略早于事件。索布尔的18世纪，其实就是西哀士本人的和他那本小册子《何谓第三等级》描绘的18世纪；一个被贵族第三等级冲突整个地咬住并由此而决定了的世纪，其演变过程随这种社会矛盾的变化而变化。从未有人如此幼稚地强调大革命事件对18世纪施加的专横束缚。人们的确可以寻思，对于一个历史学家来说，经过一百八十年的研究和注释，经过那么多的局部分析和总体分析，还在一味呵护法国大革命行动者们描绘的过去图景，算得上是一个伟大的学术成就吗？而对于一种所谓的马克

---

[1] 索布尔：《18世纪下半叶的法国社会》(*La société française dans la seconde moitié du XVIIIe siécle*)，C. D. U.，1969年。

思主义史学，一味朝人们所要解释的事件当时的意识形态意识（conscience idéologique）看齐，这种工作效率难道不是有点儿自相矛盾吗？索布尔跟西哀士一样，对他们来说，1789 年的大革命并不是 18 世纪法国社会各种可能的前景之一，而是法国社会惟一的未来，是它的圆满结局，它的终极目标，甚至就是它本身的意义。就像贝纳丹·德·圣皮埃尔[1]的香瓜长出来就是供全家人吃的一样，索布尔的 18 世纪也在 1789 年被切开来供大家分享了。还能剩下什么呢？

我想，作者肯定有点尴尬，因为他最后又给他的社会划分添了一个结论性的章节，这一章的标题干脆就重复书名："旧制度的危机"。可是这个章节并不是真正的结论，而不过是一篇普通的叙述，将大革命的直接起因又讲了一遍罢了：拉布鲁斯[2]的经济衰退周期说、社会危机、"启蒙运动"枯竭、国家式微、贵族反抗。可是从这个时候起，旧制度"危机"危在哪儿呢？究竟是在索布尔以结论性笔调所描述的 80 年代呢，

---

〔1〕 贝纳丹·德·圣皮埃尔（Bernardin de Saint-Pierre, 1737—1814）：法国作家。信奉卢梭的自然人学说。1788 年发表描绘世外桃源的言情小说《保罗和薇古妮》，为时人传诵一时。——译注

〔2〕 拉布鲁斯（Ernest Labrousse, 1895—1988）：法国历史学家。1932 年以论文《18世纪法国价格及收入动态概论》取得经济学博士学位；后主修经济史，1943 年完成史学博士论文《旧制度末年及大革命初期的法国经济危机》，将计量学和西米扬（Simiand）统计社会学方法引入经济史研究；不久当选巴黎大学经济社会史讲座教授。曾任罗伯斯庇尔研究会会长，法国大革命 200 周年纪念活动历史研究委员会主席、荣誉主席。与乔治·勒费弗尔共同主编八卷本《法国经济社会史》（Histoire économique et sociale de la France）, Paris, PUF, 1976—1982 年。拉布鲁斯认为经济危机是酝酿革命的地层，具有决定性，但单是经济危机不足以引发革命。其著名论点是："每隔十年就有经济危机，但不会每隔十年就有革命。"拉氏主张历史学阐释应以经济、社会、政治交叉或综合研究为视野。——译注

还是在整个 18 世纪社会矛盾的年代深处？读者对这一切压根
儿摸不着头脑，但答案似乎就在其中：〔危机〕在此也在彼。
这个世纪渐渐聚集了燃起一场大火的干柴，而 80 年代爆出火
星。这样，即便时间性最后闯进社会层理的分析，也不至于改
变分析方法上的概念划分及目的论哲学。相反，只能确认这种
概念划分及目的论哲学。这就是新神学家发明的新的神佑法。

　　在这张普罗克拉斯提斯床[1]上，可怜的 18 世纪变成什么
个样子了呢？

　　一个充满社会矛盾的巨大场域，这些矛盾是潜在的，但又
携带着人们指给它的未来；这就是 1789—1793 年间的阶级对
峙：一方是资产阶级及其"民众盟友"，即农民和城市"第四
等级"，另一方是贵族。

领主赋税及"封建反动"问题

　　在这一分析里，农民抓了大头，占该书近一半篇幅：有
200 页专写农民问题；以我之见，这是该书的精华。索布尔综
合了大量有关旧制度时代农民问题的研究成果，并且十分全面
地分析了农村生活的不同侧面：生活框架、技术、人口、日常
劳作、文化和信仰等。

　　这些篇章透露出作者对乡村的同情，对贫苦人生活的理
解，读来饶有趣味。但是在基本的解释方面，该书的分析引出

_____

〔1〕 希腊神话中的"抻人匪"普罗克拉斯提斯（Procrustes）强迫被抓获的过路人躺
　　　在他的床上；如果过路人的身子比床短，就把他们抻长；如果比床长，就砍掉
　　　他们的脚。此喻"削足适履"。——译注

一个大问题，而作者过于仓促盖棺定论：18 世纪法国乡村领主赋税[1]及封建社会分量问题。

　　索布尔胸有成竹：在概念方面，他跟法国大革命的那些法学家一样，并不是不知道"封建的"和"领主的"这两个用语的区别[2]，但他还是常常混用这两个概念，跟以前大革命意识形态混淆两者如出一辙。这样做使他在历史分析层面能够笼而统之地谈论一个"综合体"或一种"封建制"，以为这个提法涵盖了农村经济和社会关系的主要部分。令历史学家老是混淆"封建的""领主的""贵族的"这些用语，说穿了不过是以词语混乱去附庸与他所描述的事件同时代或随后而来的思想意识罢了[3]；结果历史学家被 1789 年意识形态划定的"新""旧"界限给圈死了，那时旧的一概被界定为"封建的"。这么一来，历史学家就不得不把农村社会的一切负面现象乃至最终的"爆炸性"因素全都算到"封建社会"的账上，诸如农民的

──────────

[1] 领主赋税（droits seigneuriaux）：法国旧制度时代贵族领主享有的特权。名目繁多，主要指地租。在法国，较晚近（马克·布洛赫认为到 16 世纪中叶大规模的农奴解放运动已经完成）的领主地租形式主要包括庄田地租（fermage）、佃田地租（métayage）和更古老的采地年贡（cens）。广义的封建法权（droits féodaux）则涵盖面更广，包括习惯法或成文法规定的"死手权"（mainmorte，指领主对附庸的遗产的永久管业权）、人头税及服徭役等各种奴役性义务，还包括狩猎税、渔税、强制使用领主磨坊税、领主司法裁判权、教会的什一税等。——译注

[2] 参看梅林的有关说法〔见索布尔书（《文明与法国大革命》第一卷《旧制度的危机》）第 67 页引文〕以及梅林 1789 年 9 月 4 日和 1790 年 2 月 8 日以封建法权委员会名义向制宪议会提交的报告。〔译按：梅林（Merlin de Douai，1754—1838），律师，法国大革命的"法律专家"。1789—1793 年废除封建法权法案主要起草人之一，同时也是公安委员会刑法的主要制订人。〕

[3] 马佐里克的书里也有同样的做法，见 Sur la Révolution française，Ed. soiales，1970，第 118—134 页。"马克思主义"被简化成一种与事件同时代的思想意识的论证机制。

贫困及受剥削、农业生产力的停滞以及资本主义发展的缓慢。在法国，由于这种"封建制"毕竟四五百年来已经受到猛烈的冲击，故又冒出一种"贵族反动"[1]（第89页）的古老观念来，庶几得以挽救一个早已受到威胁的概念。著名的"八四之夜"，开会的人们几乎就是这么想的吧。[2]

　　大家都知道，关于全国范围领主赋税在地租里（以及在农民和贵族收入里）的相对比重，能够提供数据的分析目前尚付阙如，而且不会很快就可备查：领主赋税的名目多到令人难以置信，加之原始资料分散，土地赋税簿籍的资料也不大可能搜集汇编成系列的统计表册。索布尔书第44页写道："地租基本上是封建性的，它控制了农业生活……"就18世纪法国而言，这个命题（就我加了着重号的部分）显然是不确切的，因为那时的庄田地租（fermage）、分成佃租（métayage）和自耕田收入无疑都高于领主赋税收入；所以在行家看来，出这样的命题实在是令人惊讶；恕我冒昧讲一句，这命题之不准确到了何等地步？关键就在这儿。我们在这方面已有大量专著证明了一种很不相同的现实：在"封建化"程度相对低的南方，勒鲁瓦•拉杜里研究的农民似乎早在16世纪初就已结清了领主地租。[3]在 P. 布瓦描述的萨尔特（Sarthe）地方[4]，领主地租率似乎很低，在整个地租范畴内是最低的，甚至比庄田地租的

---

〔1〕　同在别处一样，索布尔在这里也将"贵族的""领主的""封建的"这些词语等同起来。

〔2〕　1789年8月4日深夜，制宪议会一致通过废除封建特权及赎买领主赋税法案，正式宣告法兰西埋葬"旧制度"。史称"八四之夜"。——译注

〔3〕　勒鲁瓦•拉杜里（Le Roy Ladurie）：《朗格多克的农民》（Les paysans de Languedoc），S. E. V. P. E. N.，参看该书第一卷，第291—292页。

〔4〕　布瓦（P. Bois）：《西部农民》（Paysans de l'Ouest），Mouton，参看第382页以下。

金额还少。布瓦由此得出结论："几乎可以毫不夸张地说，领主地租问题并不牵涉到农民。"在 A. 普瓦特里诺描述的奥弗涅（Auvergne）地区[1]也有同样的说法，那里领主赋税的百分率同纯收益相比似乎不超过 10%，不过此项研究同时也显示，当地领主赋税在整个 18 世纪有上升的趋势。相反，在梅耶研究过的布列塔尼（Bretagne）地区[2]和圣雅各布描述的勃艮第（Bourgogne）地区[3]（最近又有 R. 罗宾的研究著作[4]），领主对纯收入的抽税依然很重，尤其以实物缴纳的捐税；勃艮第地区的实物地租以及布列塔尼地区可随时收回的产业的附庸捐税，似乎都是经济上较重的领主赋税。

以我们目前掌握的情况，不可能说 18 世纪有一种"封建反动"，或者说 18 世纪经济领域及农业社会有一个类似的客观过程。甚至很难说真正的领主赋税明显影响了贫困农民即小经营者的生活水平，首先领主赋税主要压在地主身上，其次领主赋税同什一税一样，通常是租金收入的扣除额。即便相反的情况属实，即便领主加大征收捐税是 18 世纪末农民贫困化的根源，也未必见得此种演变就是贵族性质的和"封建"性质的

---

〔1〕 普瓦特里诺（A. Poitrineau）:《18 世纪下奥弗涅地区乡村生活》(*La vie rurale en Basse-Auvergne au XVIII* e *siècle, 1726–1789*)，巴黎，1965 年。参看该书第一卷，第 342 页以下。

〔2〕 梅耶（J. Meyer）:《18 世纪的布列塔尼贵族》(*La Noblesse bretonne an XVIII* e *siècle*)，S. E. V. P. E. N.，1966 年。尤其参看该书第二卷。布列塔尼的领主抽税相对重一些，但并不妨碍梅耶得出结论（第 1248 页）:"严格意义上的领主赋税再高，在贵族收入中也只是占相当小的百分比而已。"

〔3〕 圣雅各布（P. de Saint-Jacob）:《旧制度最后百年勃艮第北部地区的农民》(*Les Paysans de la Bourgogne du Nord au dernier siècle de l'Ancien Regime*)，1960 年。

〔4〕 罗宾（R. Robin）:《1789 年的法国社会：瑟姆尔－奥苏瓦》(*La société française en 1789: Semur-en-Auxois*)，Plon，1970 年。

（即索布尔意义上的，贵族和反资本主义的）：普瓦特里诺不久前发表了一篇很有意思的曲线图表[1]，显示出18世纪下半叶奥弗涅地区的领主庄园不仅商业化了，还日益走向市场生产一体化。而圣雅各布（他本人似乎也对使用"领主反动"这一提法有所保留[2]）论及18世纪中叶的勃艮第时，曾指出领主庄园是如何借助包税人而加入他称之为"重农主义革命"过程的，亦即加入农村的资本主义发展。[3]难道非得说那是"贵族反动"，而不能像柯班曾经建议的那样[4]，谈谈领主庄园的资本主义化吗？从这个观点来看，农民反抗领主不见得就是反贵族或"反封建"，而倒有可能是反资产阶级和反资本主义。"八四之夜"也并非一个出于共同利益而联合起来的阶级阵线的热血沸腾的举动，而是一场争执的遮羞布，或者，至少是一场大误会。何况废除领主赋税并没有消除法国村社史上抵制资本主义发展的运动，这一点也实在太明显了。正如布瓦的论著所提示的那样，农民对领主庄园的敌视只能是农民向来反对经济变革的一种古老形式。

最近有一篇德语文章[5]，从这个视角提出了一个有意思的假设；此文根据对巴伐利亚和法国的比较，指出德国易北河以西地区的僧侣和贵族虽然保留他们的优等产业，但已将所有旧

〔1〕 普瓦特里诺（A. Poitrineau）：《18世纪下奥弗涅地区乡村生活》，第二卷，第123页。
〔2〕 圣雅各布，《旧制度最后百年勃艮第北部地区的农民》，第434页。
〔3〕 圣雅各布，《旧制度最后百年勃艮第北部地区的农民》，第469—472页。
〔4〕 柯班（A. Cobban）：《法国大革命的社会性解释》（The Social Interpretation of French Revolution），Cambridge University Press，1964年，第47页。
〔5〕 Eberhard Weis, EYgebnisse eines Vergleichs der grundherrschaftlichen Strukturen Deutschlands und Frankreichs vom 13. bis zum Ausgang des 18. Jahrhunderts, 载 Vierteljahrsschrift für sozial und irtschaftsgeschichte, 1970, pp.1–14。

的保留地让给了持有采邑土地的自由农（paysans tenanciers），结果是自由农占有的有效地产高达80%至90%。而法国正好相反，领主采邑演变的主要现象是庄田出租制，这种庄田出租制从16世纪一直延续到18世纪，渐渐不利于原来的采邑土地征收年贡制，加上年贡逐年跌值，贵族亦日益弃之：及至18世纪末，法国持有采邑庄田的自由农占有土地总额不过三分之一，远非流行的看法那么多。这项有关法国和德国西部地区领主采邑演变状况的比较研究有一个便利，可以解释大革命前夕的法国何以出现农村贫困化以及庞大的农业无产者阶层，而在莱茵河彼岸却看不到类似的情况，那里90%的土地辗转于持有产权的经营者手里。这项研究同时也表明，法国农村资本主义是经过庄田出租制而发展起来的。领主采邑不仅没有阻碍这种发展，反而同它的代管人以及有产者中间商一道成为农村资本主义发展的媒介。[1]布瓦的分析也可能是有道理的，既然残余的领主赋税早已降为次要地位，随着心理层面日益感受到其后果，这种赋税也就成为一种边缘经营的边缘抽取了，故18世纪末叶法国农民反抗领主赋税，事实上矛头对准的是土地资本主义。

长期以来，认为贵族反动表现在领主赋税加重的模糊观点之所以被史学家们接受，恐怕仅仅是因为这种观点符合阶级斗争和营垒对峙的过于简单化的看法；要么就是因为它可以帮助索布尔找回一种初级小学的马克思主义，以至于他欣然写出"农业的资本主义转型要求废除封建和特权"这样的句子来

---

〔1〕 乔治·勒费弗尔的《奥尔良研究》（Etudes orléanaises，Paris，1962—1963）对这一现象有出色的描绘；参看该书第一卷，第一章《奥尔良农村》。

（第 89 页）。而更主要的原因则在于，这种观点可以援引 18 世纪的一系列"文学"例证，首先是三级会议陈情表。然而有关陈情表文献价值的讨论（本世纪初以来这场讨论是不是丰富了，只有上帝知道）至今主要涉及一点，那就是陈情表的起草者在何种程度上忠实于他们所代表的共同体的真实愿望。假定这个问题的回答是肯定的——的确往往也是肯定的——使用陈情表还得有第二个先决条件，也许是更基本的条件。这些文献究竟应该作为现实的见证来读，还是作为 1789 年法国社会的政治精神状态和意识形态来读？我本人和罗宾都倾向于后一种读法，而且罗宾在这一点上已经举出例证[1]。至少我认为后一种读法应该优先于前一种读法；首先应该从每一社会学层面描述这些陈情表的内容，然后才同它们所源出的真实社会生活作比较。

没错，农民的陈情表常常对领主的苛捐杂税怨声载道；但似乎还是不及对什一税和人头税怨言那么多，什一税和人头税才是农村共同体的两道名副其实的伤疤。对于领主赋税，农民陈情表攻击较多的往往不是物权，而是债权、使用领主磨坊和面包炉等的付税义务、狩猎税等。至于说这些法权在较晚近的历史上还有加重的现象，的确也能找到，尤其表现在农民对领主土地簿籍官的敌视；不过，即便假定（未必见得真实）农民陈情表皆对当时还在加重的领主抽税怨声载道，又能证明什么呢？几乎证明不了什么。

我想，假如我们在今天的法国乡村组织一次类似 1789 年那样的咨询会议，仍要乡人起草呈文之类，那么，这些现代

---

〔1〕 罗宾，同 180 页注 4，第 255—343 页。

陈情表想必也会一致反对税收的；而众所周知，近一百五十年来法国农民实际上是一个课税较低的社会阶层。一份政治文件，尤其反映政治意识的文件，哪怕写得再粗糙，总要自然而然地把罪恶归咎于人，而不是归咎于物；这就是欧内斯特·拉布鲁斯（他至今仍然是法国大革命起源研究方面的马克思主义史学泰斗）非常恰当地称之为"政治咎由论"的那种心态[1]。18 世纪末的贫困，有很多迹象是不容置疑的，也可以归咎于人口的增长；当时新增五六百万人口，这些法兰西国王的臣民好歹也得有个能见阳光的地方吧！拉布鲁斯还起草过一些令人赞叹的曲线图表，从另一个方面揭示了贫困的根源，当时的租约（也就是更加"资产者"化的地租形式）的价格攀升比涨工资还要快，甚至比其他物价都快。[2] 可是，农民以及地方上的公证人如何能知道呢？你叫他们怎么能不自发地掉转枪头去反对城堡和那些组成地方权力形象的人呢？恰如罗宾论及奥苏瓦（Auxois）地区的陈情表时指出的那样[3]，农村共同体的上书并不是历史分析或经济分析之类的报告，而是有关捐税、什一税、狩猎税等具体生活的呈子：什么东西被剥夺了，什么东西被禁止了。何况那次咨询是在 1789 年春进行的，正当一场短期经济危机深重的时候；广大贫困农民怎能不从较近的历史去寻找

---

〔1〕 拉布鲁斯（E. Labrousse）：《旧制度末年和大革命初期的法国经济危机》（*La crise de l'écnomie française · la fin de l'Ancien Régime et au début de la Révolution*），巴黎，1943 年。总论部分，第 47 页。

〔2〕 拉布鲁斯：《18 世纪法国的价格和收入动态概论》（*Esquisse du mouvement des prix et des revenus en France au XVIIIe siècle*），巴黎，1932 年。参看该书第八编第 2 章。另外，拉布鲁斯在《旧制度末年和大革命初期的法国经济危机》一书中还提出了我在此加以发挥的一个观点："领主反动"主要在于经济方面，即按纯收益百分比计算实际庄田地租提高了。（参看该书总论部分，第 45 页。）

〔3〕 罗宾，同注 180 页注 4，第 298—313 页。

原因，怎能不从他们的劳动被抽取更多的捐税这类实情去寻找当下困苦的根由呢？

那时，领主和僧侣（后者涉及什一税的情形）可能成了经济危机的替罪羊。关于这一点，没有人比布瓦的论证更精彩的了；布瓦在其论著专门分析"陈情表"的那一章里，非常出色地论证了萨尔特省的特定案例[1]。我们的确注意到，农民上书激烈反对特权等级滥用权势也好，领主税或什一税的抽取是客观现实也好，有关共同体的政治行为也好，三者之间并不存在任何关系。相反，在该省西部，陈情表反特权等级（尤其反僧侣）锋芒特别尖锐[2]，但从教会产业面积和什一税税率来看，却看不出有什么客观的理由；该省这部分地区后来还成了朱安党起义[3]的发源地；而陈情表对特权阶层格外温和的东南地区后来反而成了坚守共和制忠贞不渝的阵地。换句话说，并不是凭一种想象的反"封建"后成事实的安排，再配上乡村"贵族反动"的佐证，就可以从中找到农民精神状态和行为的秘密。

那么，18世纪末叶法国社会中对贵族和特权等级的这种失望感，如此混杂、如此强烈而又带有根本性，是从何而来的呢？鄙意以为，所谓"贵族反动"之说，更多的是一种心理的、政治的和社会的现实，而非经济生活的实际考量。整个

---

〔1〕 布瓦，同179页注4，第165—219页。

〔2〕 该省后来的状况，反映在全部陈情表上只是稍微有点反贵族而已。

〔3〕 朱安党起义（la chouannerie）：1791年起在卢瓦尔河以北布列塔尼、诺曼底和曼恩等地爆发的农民起义。根据史学界的主要意见，朱安党与旺岱暴乱不同，远不是贵族领导的反革命武装，而主要是对乡村贫困现状不满（因而也敌视革命政府反宗教政策和征兵措施）的农民反叛。多为分散流动的小股农民队伍，未形成军队，但活动时间很长，一直持续到1800年波拿巴实行怀柔政策方告平息。——译注

18 世纪就好像是一种贵族时髦风尚又激扬起来的过程[1]，与此同时，拐弯抹角穿过整个社会金字塔，又仿佛是一个差异世界激化的过程。梅耶在其论文的一条注释里提及一份颇有意思的文件[2]；那是一本抨击布列塔尼大法院"黑帽院长"[3]的匿名小册子，堪称一部规劝大法院院长正确行使职权的讽刺性教科书："我们是一小撮，不能老凑成伙。既会做孤家寡人，昏庸也有副尊容；学而时习之；日久能成习，熟了能生巧，如今我更爱庸人的风流，自个儿烦恼，要么跟某位院长一块儿无聊，乐得再有几名参事或绅士来凑趣；没有常年当院长的习惯，哪能有这等十全十美的操守！"

官袍，金钱，或佩剑——随着人们在那个世纪的进步，这些贵族之间的勋位越来越失去意义，它们掉了身价仿佛是为了加强另一种身份，即社会伟大"过渡期"的地位，是它把贵族和庶民区分开来了——的确有一种贵族的"种族主义"激化。但是，贵族在礼仪和权力表象方面的这种曲张不见得同它加强对农民的经济榨取有关，倒有可能是贵族将统治表象和区分仪轨强化到可笑地步的迹象[4]，因为贵族丧失了靠专制维持的权力，或自以为丧失了权力——其实是一回事。结果，整个社会都仿照他们的样子上演一出统治和奴役的心理剧，贵族对抗非贵族，大贵族排挤小贵族，富人欺凌穷人，巴黎人排斥外省

---

〔1〕 参看 M. Reinhardt 的文章《18 世纪下半叶的精英和贵族》，载 *Revue d'histoire moderne et contemporaine*，1956 年，第 5—37 页。

〔2〕 梅耶：《18 世纪的布列塔尼贵族》第二卷，第 961 页。

〔3〕 法国旧时代大法院院长和书记官戴圆形黑色法帽，因得名。——译注

〔4〕 参看梅耶的论著〔同上书〕第一卷第 793 页，1772 年布列塔尼三级会议对"封建法权"做出这样一个判断："封建法权就利益而言通常并不十分重要，从趣味和舆论来说倒是温文尔雅、弥足珍贵的。"

人，城里人侮慢乡下人：这个问题与其说是经济财产问题，不如说是社会统治问题。诚如托克维尔所看到的那样[1]，18 世纪的法国社会是一个由于君主制中央集权化并伴随着个人主义崛起而分崩离析的社会。从这个角度去看，大革命可以被视为一个社会文化整合的巨大过程，通过 1789 年的"反封建"爱国主义以及后来接手的雅各宾意识形态来完成它的诉求。平均主义是屈辱的反面，天下"共和"是"王朝"孤独的反面。这甚至意味着，贵族作为差别的典范，为民族整合付出巨大代价是理所当然的。

---

〔1〕 托克维尔：《旧制度与大革命》，Gallimard 版本，第二卷，第 9 章。我在此顺便指出，索布尔的著作里引用托克维尔纯粹是出于尊敬，而且常常出错。比如：为了支持他对 18 世纪法国乡村封建法权和"封建制度"分量的分析，他使用了（第 64 页）《旧制度与大革命》第二卷第 1 章讨论农民对封建法权不满的一页文字。结果他又重复了他刊登在《法国大革命历史年鉴》上的一篇文章犯过的常识错误（La Révolution française et la féodalité，载 A. H. R. F.，1958 年 7—9 月，第 294—297 页）。凡仔细读过《旧制度与大革命》这本书的人都知道，托克维尔的论点如下：

1. "封建"法权对已经变成土地持有者的法国农民的压迫轻于欧洲大陆邻国的农民，当时欧陆邻国的许多农民还是任人奴役和剥削的。乡间对封建法权之所以强烈不满，并非封建法权特别沉重，而是因为这种法权已经成了残余物，并且同其天然辅助物即领主在地方上的"父权式"行政制度相脱离了。

2. 法国农民在 18 世纪的状况"有时"比 13 世纪还差，那是因为 18 世纪的农民受国王的专制统治，尤其受税制的束缚，而无任何可能求助于领主代为说情（第二卷，第 12 章）。

3. 如同在青年马克思的著作里一样（尤其参看《犹太问题》），对托克维尔来说，封建社会既是一种公民政治制度，也是一种社会经济制度：法国大革命的起源之一就是这种制度在政治层面不存在了，它被君主制摧毁了，仅以残余的方式保留下来，故而在公民社会的层面上是可以承受的。

索布尔在为乔治·勒费弗尔《八九年》再版撰写的后记中使用托克维尔著作某些段落的方式也是大可为人诟病的，他断章取义，精心剪裁，然后放进自己的后记里（第 260、263、283 页）。只有未认真读过托克维尔，要么就是对〔托氏〕文本的意义若罔闻的人，才会认为《旧制度与大革命》一书引向索布尔提出的那类阐释。因为实际情况正好相反。

18 世纪的主导阶层

这段冗长的题外话使我不得不再次涉及索布尔的书及其对贵族和资产阶级的分析：这是该书的中心部分，也是最令人为之悲哀的部分。难道历史学家对农村社会、对乡间"劳作"和乡人的"日子"的亲切同情转眼间烟消云散，荡然无存？抑或他偏离了自己惯常的考察范围？语气降了下来，描述变得干巴巴的，解释也越来越程式化。论纲的随意性加重了对历史真实的摧毁。就拿僧侣来说吧，时而被作为"上层"与贵族相提并论，时而又被作为非"上层"与资产阶级混为一谈，而在这种社会学手术中旧制度特有的社会文化制度也不见了。教会本是靠什一税生存的，并且招来普遍的敌视或忌妒，不仅仅在农民中——可是我们随后又读到，在"八四之夜"后的辩论中，教会却又积极参与了旧制度的文化解体。除了下层僧侣的里歇主义（richerisme）[1]，索布尔的分析没有透露出任何东西。在这种民粹派的历史解读中，格罗杜伊森提到的那些"资产阶级精神"传道士[2]哪里去了？丹维尔说到的那些堪称法国启蒙运动教育家的耶稣会士[3]哪里去了？还有詹森教派教徒以及毫无疑

---

〔1〕里歇主义：17 世纪法国天主教会内部的自由主义派别，其发起人为时任巴黎神学院总务长的神学家里歇（Edmond Richer, 1559—1631），因得名。主张教会内部实行权力下放，反对教皇绝对权力论，其思想来源属于 15 世纪以来奉行高卢主义的王权派独立运动。1789 年大革命初期，里歇主义演变成僧侣下层（本堂神甫等低级神职人员）反对教会高层的运动。——译注

〔2〕格罗杜伊森（Groethuysen）：《资产阶级精神的起源》（*Les origines de l'esprit bourgeois*），Gallimard, 1927 年。

〔3〕丹维尔（P. de Dainville）：《现代人文主义的诞生》（*La naissance de l'humanisme moderne*），Paris, 1940 年。

问标志着天主教法国根本性危机的詹森主义，都哪里去了？真是 De minimis non curat Praetor（大师不拘小节）。

另外还有一个问题：该书讨论资产阶级那几章的结尾提到了"金融"世界，还顺带引出"企业资产阶级"的概念。首先，这是双重误解。"金融"与企业及银行毫无关系，它与后者越来越细地区分开来[1]，而且是互相竞争的，尽管这两种活动有时也交错在一起；这种享有特权的、封闭的资本主义是靠管理一个农业王国的财政而生存的。从这个观点看，它又是熊彼特（Schumpeter）类型的企业资本主义的对立面；而在拯救王国财政的尝试中，官方"金融"被私人"银行"接手（内克获提任大臣即是这一交接的象征）乃旧制度社会国家结构危机的重大迹象之一。另一方面，金融并非纯然是一个"资产阶级的"世界：恰好相反，在18世纪，金融是从平民上升到贵族所要逾越的命运之界的显赫界桩。当时的金融界精英，也就是那些包税人、国库主计官、总收税官，不仅买下王室文书官爵，还安排儿子当大法院法官，或者把女儿嫁给公爵。索布尔要不是把自己封闭在"封建"贵族的论纲格式里（他本人在书中第220—224页援引的贵族收入来源类别也戳破了他的这种

_____

[1] 参看 H. Lüthy《法国的新教钱庄》（*La banque Protestante en France*），2 vol., S. E. V. P. E. N., 1959—1961；J. Bouvien 所作的书评，载《法国大革命历史年鉴》（*A. H. R. F.*），1962年，第370—371页；另参看 G. Chaussinand-Nogaret 的著作《18世纪朗格多克的金融家》（*Les financiers de Languedoc au XVIIIe siècle*），S. E. V. P. E. N., 1970年，以及同一作者的另一文章《旧制度时代的资本和社会结构》（*Capital et structure sociale sous l'Ancien Régime*），载 *Annales E. S. C.*，1970年3—4月，第463—476页。

思路〔1〕），他也许会顺着肖希南的研究成果的提示〔2〕，瞧一瞧金融大官僚的财产结构：卖官鬻爵或为谋取各种名目国家年金而做的投资占了压倒性地位。购买一座领主庄园不过是附庸风雅、追随时代的跑马帮。这是地位和统治的象征，而非财富的现实。

旧制度时代社会的特殊敏感点其实就是位于被称为上层资产阶级和上层贵族之间的过渡地段——或视不同个案和不同时期又呈现为非过渡地段。在这样一个等级社会里，从小贵族爬到大贵族地位，的确比通过聚敛巨额平民财富和进国家部门担任要职而脱离平民身份、最终跻身贵族名门之林要难得多。索布尔恪守的严格纵向的死板社会学，可以说是从布兰维利埃到西哀士各种反动观念学派和革命观念学派的翻版，它无视并掩盖了这一基本事实；而在我看来，这个基本事实乃是18世纪王国领导阶级危机的根源。的确，要注意到这个事实，至少得考察君主制国家在社会中以及社会危机中扮演的角色。可是，在这本近五百页的大部头著作里，唯社会学论（sociologisme）的专横比比皆是，竟至于没有一个章节不讨论专制主义的运行。而且索布尔本人在该书第253页也向我们提供了开启这个骇人的寂静世界的钥匙。在他看来，自路易十四时代起，君主制国家就已经是"贵族"（aristocratie）的一个附属物（在布氏常常不准确的词汇里，"aristocratie"〔贵族〕这个词乃是"noblesse"〔贵族、贵族身份〕的另一个说法〔3〕）。证据呢？证

---

〔1〕 事实上，说领主赋税所得构成总收入中的大部分甚至极大部分，这话离实际情况还差得远呢。

〔2〕 肖希南－诺加雷（G. Chaussinand-Nogaret），参看上引肖氏的文章。

〔3〕 这里，傅勒将aristocratie和noblesse这两个概念做了严格区分；前者更多地指作为阶级的贵族，尤指英国式的贵族（即掌权的或议会的贵族阶级），而后者泛指一般贵族的总称，包括传统贵族和通过卖官鬻爵而获得封号的新贵（转下页）

据是 1789 年、期待发生反革命，尔后是发棱事件，再就是秘
密组织不战自败的战争。一言以蔽之，古老的"目的因"的同
义反复证据。

　　有趣的是，索布尔在这样做的时候，无意中也抛弃了马克
思关于法兰西旧制度及法兰西通史的一个主要观点[1]：旧制度
国家较贵族和资产阶级拥有相对的独立性。这也是托克维尔的
观点，而且是托克维尔独到的见解，是其基本概念之一；[2]当

（接上页）族或穿袍贵族。按此区分，noblesse 的历史含义更有法国特征。在法
　语里，noblesse 这个词来源要早一些，大约在 11 世纪从拉丁文 nobilis 借用过来
　的，意为"知名者""名流"，引申为"出身高贵者"；aristocratie 则是 14 世纪
　从希腊文 αριστοκρατια 翻译过来的，意为"最好的人的政府"；语
　源学上两词有严格的区别，现代法语中则已混用。——译注
〔1〕马克思和恩格斯关于专制国家（Etat absolutiste）相对独立于资产阶级和贵族
　的论述很多，但很分散。可以参看马克思《黑格尔国家哲学批判》（1842—
　1843），éd. Costes，1948，pp. 71–73 和 pp. 166–167；马克思《德意志意识形态》，
　éd. Costes，1948，pp. 184–185；恩格斯《1899 年 2 月 20 日致考茨基》，Werke, t.
　XXXVII，p. 154；恩格斯《1890 年 10 月 27 日致康拉德·施密特》，载 Etudes
　philosophiqies, éd. Sociales, 1951, p. 131；恩格斯为《法兰西内战》撰写的 1891
　年序，Werke, t. XVII，p. 624。
　　　这些论述使马佐里克提出的一个论点（见 139 页注 2 引马佐里克书第 89 页
　注释）完全站不住脚，即以为马克思和恩格斯在他们成熟期的著作里放弃了专
　制国家在资产阶级和贵族之间充当仲裁人的观点。我的证据是，在马、恩的后
　期著作里，尤其在恩格斯和考茨基的通信里，还看到这一观点，当时考茨基正
　在撰写他那部论 1789 年法兰西阶级斗争的著作，他曾就此问题向恩格斯请教。
　　　据我了解，《法兰西内战》和《哥达纲领批判》里并无修改上述论点的痕
　迹，而马佐里克却引这两本书作为马克思在这一课题上作出新理论的证明。实
　际情况是马佐里克犯了双重的混乱：他把列宁关于资产阶级国家的理论错当成
　马克思关于旧制度国家的观点；同样，在第 211 页，又把《哲学的贫困》中一
　句著名的话〔"历史总是从坏的方面发展。"〕归给列宁。这种混说明马佐里
　克对马、恩的著作一无所知。假如他不是拿马克思来炫耀的话，我绝不会想到
　要去责备他，其实他反映的是西哀士和列宁的观点，这与马克思不是一回事。
〔2〕马克思认真读过《论美国的民主》一书；他 1843 年就提到过这本书（见于《犹
　太问题》）。

然，这一观点同时也是马克思和恩格斯思想的组成部分，这是无可辩驳的，所以这个思想的杰出继承人、1889 年的考茨基为之撰写了分析法国大革命起源专著的第一章。[1] 这一章的卷首语特别告诫人们勿将马克思主义做"社会学的"简单化；我想，这一告诫也完全适用于阿尔贝·索布尔："每当人们把历史变化引向阶级斗争时，往往过多地只看到社会有两个事业、两个相互斗争的阶级、两个稠密而一致的人群：革命的人群和反动的人群，一个在底层，一个在上层。照此看法，没有什么差事比写历史更容易的了。然而，社会关系并没有这么简单。"[2]

事实上，法国君主制几百年来一直在扮演促成等级社会解体的积极角色，到了 18 世纪更是如此。由于同商品生产的发展发生联系，加上敌视地方势力，而且又是民族现象的载体，君主制与金钱一道，与金钱同时，甚至超过金钱，成了社会变迁的决定性因素。渐渐地，它从社会和文化两个层面蚕食、破坏和摧毁了等级之间的纵向连带关系，尤其贵族的连带关系：在社会层面，特别是通过卖官鬻爵，组成了与封建时代贵族不同的新贵族，他们多半是 18 世纪的贵族；而在文化层面，主要是向从此集结在君主制卵翼之下的各个领导集团提出一种不同于个人荣誉的价值体系：祖国和国家（Etat）。概言之，由于君主制国家是社会晋级升迁的分配者，它本身也成了金钱诱惑力的中心，但它在保留等级社会遗产的同时，也开创了一个平行的、与前者格格不入的社会结构：一群精英，一个领导阶

---

[1] 考茨基：《1789 年的法兰西阶级斗争》，巴黎，1901 年。考茨基曾长久地同恩格斯讨论这本书，参看两人 1889 至 1895 年间的通信（Werke, t. ⅩⅩⅩⅦ-ⅩⅩⅩⅨ）。

[2] 考茨基，同上书，第 9 页。

层。法兰西国王始终是王国的头号寨主，但他更是凡尔赛宫那些官署的大老板。

显然，18世纪不存在作为等级的贵族政治连带关系；后来革命不幸重新缔造了这种连带关系，并将它的形象传给了历史学家。相反，那个时代充满了贵族间的冲突，1781年"剑袍之乱"[1]的起因多半是小贵族对大贵族的不满，而非贵族同仇敌忾蔑视平民。势力弱小的佩剑贵族仇视金钱、仇视暴发户、仇视社会变迁，其实是仇视君主制组成的领导阶层。阿克骑士（chevalier d'Arc）撰写的那本书[2]可以说是那个时代最有趣的见证之一。

18世纪可称为权贵的领导层贵族（noblesse dirigeante）之间，也不存在连带关系；这个阶层按严格意义亦可泛指贵族（aristocratie），而将之统称为大贵族恐不贴切；因为这个阶层无论从其形成条件或官职地位来看，都是由很不一致的人集合而成的：其中有非常古老、足以构成社会等级制度历史源流及上流社会参照系的"封建"家族，有日夜梦想收复路易十四时代失地的上层军人贵族，有趋炎附势的主教，有逆臣或改而效忠国王的官僚，有同大家族联姻的金融暴发户，还有总督和凡尔赛上层官僚机构的官员；这就是人们所说的整个"宫廷贵族"，他们自然遭到贵族等级内部其余成员的谗诋[3]，而事实上

---

〔1〕 关于贫穷的"佩剑贵族"同上层贵族的这场冲突可参看 E. -G. Léonard 撰写的《18世纪的军队》（*L'armée au XVIIIe siècle*），Plon，1958年；此书至今仍然是这方面的一部基本著作。

〔2〕《军人贵族或法兰西爱国者》（*La noblesse militaire ou le patriote française*），1756年。

〔3〕 参看上引梅耶的著作第908页，布列塔尼大法院最后一任代理检察官罗兹·德·波古尔（Loz de Beaucours）有过这么一句话："布瓦特伯爵尝言，任何时候宫廷贵族都是其他贵族不共戴天的、最危险的敌人。"

"宫廷贵族"也是四分五裂的，分成大大小小的一些集团，人们难以按物质利益划定这些集团的性质。势力大的穿袍贵族也一样，若不是被召进凡尔赛宫执掌要职，他们也是生活在宫廷外围的，只不过他们控制了十分活跃的上流社会文化，并且通过大法院反对派，倾其毕生精力打击凡尔赛宫的人以及他们在地方的代表，即各省总督。但总督十有八九也是大法官出身的。[1]

所以应该承认，18世纪法国这一贵族阶层的政治文化姿态并没有根据某某集团已经是资产者的，某某集团依然是封建的，或某某集团是地主的来重新厘定任何党派一致性，尽管很明显他们的收入来源首先是地租（这也并非就意味着是"封建的"）。可以对这批上流社会政治精英进行分析的，是他们的态度或野心，也就是他们对权力以及与此紧密相关的、由权力所建立的社会流动机制的态度或野心。招安入官、赐封爵位、君主制中央集权化，凡此三者之实施，使整个公民社会被国家紧紧控驭住了，而资产者的全部财富就好像被它吸走了一样，都拿来换取贵族封号了。用贝杰隆的说法，路易十四曾经令人眼馋地组织过"精英竞赛"制度[2]；但等到路易十四驾崩，却引发了精英内部的一场恶斗，这场游戏变成了牵涉政治、社会和经济得失的激烈争夺；君主制国家虽然没法搜刮王国的财富，

---

〔1〕 参看上引梅耶的著作第987页；亦可参看格鲁德（V. Gruder）的著作：*Royal Provincial Intendants：A Governing Elite in Eighteenth Century France*，Cornell University Press，1968。

〔2〕 参看贝杰隆（Louis Bergeron）《关于法国大革命的几点看法》一文，载《半月刊》（*La Quinzaine*），1970年12月；亦可参看同一作者对18世纪末法国精英问题的分析文章，详见《欧洲革命和瓜分世界》（*Les Révolutions euro éennes et le partage du monde*），coll. Le Monde et son histoire，Bordas-Laffont，1968，t. Ⅶ，pp. 269-277。

但它也重新分配财富。

从这个方面，并且相对于权力而言，18 世纪似乎毫无疑义是一个"贵族反动"的时期，只要"贵族"这个词是在其真正含义上使用的，指的是政治上居领导地位的精英。从当时的一些回忆录、书信和行政公文当中，我们的确也能找到多方面的文学见证。但这个现象也可以从一些截然不同的现实那里找到参照。

是不是第三等级上层跻身贵族（noblesse）行列而导致贵族寿终正寝，抑或贵族统揽了官府要职和把持了国家而重新形成路易十四时代消失了的世袭贵族（aristocratie）？这个传统的假说[1]有利于考察 18 世纪末资产阶级的挫折和野心。但按今天人们所能做出的判断[2]，这个假说尚无统计上的事实来支持；国家鬻卖王室文官公职，在路易十四驾崩的 50 年代已大力衰替，但随着国家财政紧缺，于 18 世纪下半叶又盛行起来。至于大法院法官的聘任与 17 世纪相比有什么大的变化，布卢奇[3]和艾格雷[4]等人的研究也没有提出新的意见。据艾格雷研

[1] 尤其参看 E. Barber 的著作：*The Bourgeoisie in Eighteenth-Century France*, Princeton, 1955。

[2] 我在这里使用的是我的朋友、密歇根大学教授卞恩（D. Bien）的一篇文章（可惜还没有公开发表）：《18 世纪法国社会流动状况》（Social Mobility in Eighteenth-Century France）；亦可参看卞恩教授的论文：《1789 年前的贵族反动：军队案例》（La réaction aristocratique avant 1789: 1' exemple de l' armée），载 *Annales E. S. C.*（1974），第 23—24、505—534 页。

[3] 主要参看〔布卢奇（F. Bluche）的著作〕：《18 世纪巴黎大法院法官的出身》（*L'origine des magistrats du parlement de Paris au X VIIIe siècle, 1715-1771*），巴黎，1956 年；《18 世纪巴黎大法院法官》（*Les magistrats du parlement de Paris au X VIIIe siècle, 1715-1771*），巴黎，1960 年。

[4] 尤其参看〔艾格雷（J. Egret）的文章〕：《旧制度末期的大法院贵族》（L' aristocratie parlementaire la fin de l'Ancien Régime）, 载 *Revue historique*，1952 年 7—9 月，第 1—14 页。

究，旧制度最后 20 年间有 13 个大法院（parlement）和两个最高法院（conseil souverain），共有 757 名成员，其中 426 人是新任命的：在这些新来者中，有近百人出身平民，其他则多是新贵族。这些数字最好是在一个长时段上同其他数字比较，才能完全说明问题；至少，这些数字得证明没有证据显示大法院参事的聘任出现了社会性僵化。地方总督的情况也是如此：格鲁德[1]最近提出的数据表明，总督人选几乎全是贵族（伴有贵族世系的极大差异），但随着"金融界"（亦即新贵族）出身的总督人数逐年增加，这种排他性在 18 世纪有所降低。主教聘任的情况又是怎么样呢？ 1774 年至 1790 年时期 90% 是贵族，而在此之前 1682 年至 1700 年时期贵族占 84%。[2]大臣的情况也一样：路易十五和路易十六手下的大臣都是贵族，或大体上都是贵族，而路易十四任用的大臣几乎都不是贵族，尽管这一点圣西门另有说法，天真的是索布尔也照搬圣西门氏的证言（第 250 页）。最后是军队，几乎保持清一色的贵族：但是在大革命和帝国之前，军队从来就不是资产阶级的晋身之阶。据柯维希埃统计[3]，路易十四手下的将领很少是平民出身。而据莱奥纳[4]的研究，自路易十四统治末期以降，尤其在同欧洲

---

〔1〕 格鲁德，同上书，第二部分。
根据上引卞恩（D. Bien）《18 世纪法国社会流动状况》一文所列统计表。亦可参看 N. Ravitch 的著作《主教冠与佩剑》（*Mitre and Sword*），Mouton，1966 年；此书指出旧式"佩剑贵族"子弟的奋进压倒了其他贵族阶层；的确如此。
〔2〕 参看布卢奇《18 世纪法国内阁官员的社会出身》一文，载《现代史学会简报》（*Bulletin de la Société d'Hist. mod.*），1957 年，第 9—13 页。
〔3〕 参看柯维希埃（A. Corvisier）《路易十四的将领以及他们的社会出身》一文，载《17 世纪史学简报》（*Bulletin du XVIIe siècle*），1959 年，第 23—53 页。
〔4〕 莱奥纳（E. -G. Léonard）：《18 世纪的军队》（*L'armée au XVIIIe siècle*），第 9 章《社会问题和军饷。军人贵族的梦想》，Plon，1958 年。

没完没了交战以及财政崩溃的时期，包税人出身的平民子弟跻身军界高层者越来越多。由于鬻官价位高昂，加上维持军队需要高额费用等条件，这一变化趋势持续到 18 世纪，但也招来了"旧式"贵族对"钱庄将校"乃至整个宫廷贵族的嫉恨，可见宫廷贵族不见得都是由老派贵族组成的；当时受攻击的主要还不是平民，而是金钱、财富和与之同流合污的国家当局。一时间，贵族内讧使君主政体大有四面受敌之虞，故有 1718 年和 1727 年的两度矫枉过正，这两年颁布的措施又明令军衔只能授给贵族；不久，又有 1750 年 11 月昭布的敕令，规定赐封贵族称号须以家族和个人两方面为考绩标准：是为荣誉勋位（Légion d'honneur）之肇端，它提前了半个多世纪。

所以，在掌握更多的情况以前，眼下没有证据可证明当时贵族出现了重新集结归拢的社会现象。鉴于财政需求日益紧迫，王朝还是继续册封新来的朝廷文官、新的大法院法官以及戎马一生的平民军人，而古老的贵族世家则迎娶金融家的女子做儿媳妇。有些客观过程，如庄园变卖加快，也证明第三等级的上层不断融入贵族。考虑到资产者财产增长速度快，野心膨胀也很快，这种融入想必（甚至很可能）是不够快的，虽然目前还很难考证清楚。梅耶的研究[1]给人留下这样的印象，他比较了 18 世纪布列塔尼的资产阶级精英和授爵情况，资产阶级精英的经济能量很大，而获贵族封号的人数却相对有限。即便这一点从全国范围来看是属实的，我们也只能又多一条理由，不能把有关旧制度统治阶级的社会学研究同平民／贵族接触区域的分析截然分开，因为从一个等级爬到另一个等级，或者一

---

〔1〕 梅耶：《18 世纪的布列塔尼贵族》，尤其参看该书第一卷，第 331—442 页。

个等级堵死了另一个等级的出路，这些情况都有。极有可能的是，这条青云直上的福运线在 18 世纪变得太僵硬了，难以满足日益加大的需求，但它同时又太柔软、太容易被金钱买通了，不值得去捍卫它。[1]

总之有一点是可以肯定的，那就是通过国王和金钱加官晋爵在整个 18 世纪都遭到"老派"贵族的长期反对，他们内心的呼声早在路易十四驾崩之时就已释放出来。而历史学家所说的"贵族反动"也许不过就是旧制度精英内部贵族和晋爵者之间的一场恶斗罢了，表明相对老朽且往往家道中落的一派贵族在拼命抵制那种仰赖金钱和国家来组建领导阶级的企图。诚如卞恩（D. Bien）所指出的，1781 年著名的"剑袍之乱"并不是针对平民的，而是针对贵族中那些尚未获得四品贵族地位的人的。等级社会本质上就是要刺激人们的差别崇拜（culte de la différence）；对 18 世纪精英起决定性影响的问题不仅仅是：资产者还是贵族？或者：贵族还是晋爵者？还有：晋爵已有几时？不管怎么说，一方面是资产者争相冲击一扇越来越拥挤、因而越来越有筛选性的社会小门，另一方面是一旦越过门槛，又得加入不同贵族集团之间的斗争。这两个现象并不是矛盾的，而是相辅相成的。两者都表达了在等级社会范围内越来越不适应专制主义组织起来的相对狭窄的社会流动机制：考虑到那个世纪是盛世时代，所谓不适应当然是量方面的不适应。但也有质的不适应，因为平民的进身之途只有一条，那就是进

---

[1] 随着 1750 至 1770 年庞大的那一代人迈入成年之后，也刺激了这种需求〔参看 B. Panagiotopoulos《帝国职员的年龄结构》一文，载《现当代史评论》（*Rev. d'hist. mod. et cont.*），1970 年 7—9 月，第 442 页以下〕。

入国家、宫廷、官府、军队，跻身官僚阶层。既然如此，所有统治集团自然会在某种程度上优先考虑权力斗争。因此之故，贵族之间为控制国家而同室操戈（尤其是各大法院和王室行政机构之间的冲突）成了政治生活的主调，以至于世纪末没完没了地重演一场巨大的危机，这也是不足为怪的。专制主义国家制造了它自己的掘墓人。

在我看来，18世纪社会政治危机的关键答案并非如某些人假定的那样是由于贵族关闭门户，或者贵族假某种想象的"封建性"之名而全面与资产阶级为敌，恰恰相反，关键答案在于贵族本身的开放，放得太宽则危及等级内部的凝聚力，放得太窄则不利于时代的繁荣。法国历史的两大遗产，即等级社会和专制主义，已经陷入没有退路的冲突。

在18世纪末叶的法国，被看作"专制的"东西，其实是行政君主制本身的进步。自中世纪末期以降，法兰西诸王通过对外战争和设立长期税收制度已将历代先王苦心打下的江山建成国家。为了这个目标，他们打败了离心离德的力量，征服了地方势力，尤其征服了大领主势力，并且建成了一个臣服中央政权的官僚体制。路易十四就是法兰西王权胜利的典范和象征：正是在他的统治下，获君主授权代表凡尔赛宫廷官府的总督灭了各省市府和大家族的传统势力。正是在他的统治下，宫廷礼制降服了贵族，使之或限于军事生活，或被招进国家行政机构。所谓"绝对的"君主制，不过就是中央政权战胜了领主和地方社群的传统权力罢了。

然而这场胜利实乃一种妥协。法国君主制在现代意义上并不是"绝对的"，"绝对"这个词的现代释义令人想到极权政体。这首先是因为法国君主制始终建立在王国"基本法"的基础上，任何君主都没有权力改变"基本法"：譬如国王无权更改王位继承规则，也不能侵犯其"臣民"的财产。尤其是，法兰西诸王不是在传统社会的废墟上建立起他们的政权的。相反，他们不惜代价，既同这个社会发生一系列冲突，又和它做交易和妥协，结果是这个社会最终以多方面的联系层层嵌入新的国家。这其中有意识形态方面的原因，即法国王权从未同古老的权力承袭观念完全决裂：法国国王尽管成了凡尔赛宫廷官府的掌门人，他还是领主的领主。不过这个现象也有税收方面的原因：为了有能力同哈布斯堡家族[1]打一场争夺霸权的旷日持久的战争，波旁家族（之前是瓦罗亚家族）想尽办法搞钱，尤其利用社会的特权和"豁免权"（这两个词意思相同）[2]。特权，指的是社会集团相对于中央政权而拥有的不受时效约束的法权；譬如一座城市的自由地位（franchise）、某一行会增补新会员的规则、这个或那个共同体享受的免税待遇。这些特权的由来是多方面的，其古老的起源早已不可考，但成了一些约定俗成的惯例；国王并不废除这些特权，只是同持有或自称持有特权的人谈判，讨回个好价钱而已。

在迫不得已的时候，国王甚至扩增特权，以"卖官鬻爵"的名义将部分公共权力卖给私人。卖官制度也是很古老的，但

---

〔1〕 哈布斯堡家族（Habsbourg）：11 世纪立宗室于瑞士的欧洲大贵族世家，所建哈布斯堡王朝是欧洲历史上最久的王朝（1273—1918）。在六百多年的家族变迁史中，哈布斯堡王朝同欧洲各国王室联姻而不断扩大势力范围；王朝的不同世系先后统治过日耳曼神圣罗马帝国、西班牙王国、奥地利帝国、奥匈帝国等。第一次世界大战中奥匈帝国崩溃，王朝告终。——译注

〔2〕 在法国的旧制度时代，"特权"（privilièges）指贵族和僧侣享有的"封建法权"（参看本书 178 页注 1）；"豁免权"（libertés，或称 franachise）的情况相对复杂，通常亦属特权的一部分，指某一城市或某一社会群体相对于国家（主权）拥有的一定程度的独立地位，包括享受某些免征税待遇。——译注

公职成为世袭财产却是到了 17 世纪初年才有的事，从此卖官鬻爵这类事情多了起来；"三十年战争"[1]期间，国王急需财力，卖官之风尤盛。路易十三和路易十四除了任命可随时免职的高级官员总督之外，还任命了一大批把官职据为私产的国家职员；有其利必有其弊，卖官成了一把有正反两面结果的双刃剑。大量卖官鬻爵可以网罗有钱人、资产者和贵族，使他们成为国库增收的来源，并且通过这种方式使新兴的、强大的官僚集团（最高法院成员在其中占主要地位）紧紧地维系于国家的命运，但同时这个强大的官僚集团却也由此获得了财产的独立性。在路易十三和路易十四之间的王位空位期，由大法官发动的投石党举事（1684 年）[2]显露了卖官制度的危险。路易十四成年后一直抹不掉青年时代这段回忆的阴影，他不断地想降低此种敌对势力，但碍于他自己的需要及先王的立言而始终无法消除这一潜在的危险；因为他维持了卖官的条件。

所谓"绝对的"君主制，其实是介于建设一个现代国家和

---

[1] "三十年战争"（la guerre de Trente Ans）：1618 年德意志新教诸侯与天主教帝国权力之间爆发的政教冲突，由于欧洲诸国介入而演变成一场欧洲战争。以德意志新教诸侯和丹麦、瑞典、法国为一方，并得到荷兰、英国、俄国的支持；神圣罗马帝国皇帝、德意志天主教诸侯和西班牙为另一方，并得到教皇和波兰的支持。最后以皇帝、德意志天主教诸侯和西班牙的失败告终，1648 年缔结《威斯特伐利亚和约》，历时 30 年。——译注

[2] 此言"王位空位期"实为摄政期。路易十四（Louis XIV, 1638—1715；1643 至 1715 年在位）5 岁时父王去世，其母安娜（Ann ed'Autriche）摄政，实际由枢机主教、首相马萨林掌权。1648 年巴黎大法院会同审计院等联合发布"二十七条声明"，要求监督政府财政。由于被拒及数名法官被捕，引发巴黎市民起义，王室被迫逃出首都；随后政府军围攻巴黎，翌年法院与王室签署和约，结束冲突；是为"法院投石党运动"。第二次投石党运动发生在 1650 年前后。遭马萨林囚禁的亲王孔德（Condé）出狱后领导宫廷反对派的倒阁运动。由于内部分裂，孔德被迫出走，1652 年联合西班牙军队打回巴黎。不久，孔德兵败巴黎，再度出走西班牙，"亲王投石党运动"遂告失败。——译注

维持封建时代承传下来的社会组织原则这两者之间的一个不稳定的妥协方案。用韦伯（Max Weber）的术语来说，这是一个混杂了承袭性、传统性和官僚体制的制度，它在社会内部不断地编织出一种颠覆的辩证法。17世纪上半叶，人头税增长极快，贵族、僧侣以及许多城市多多少少都获减免这项直接税，惟独农民的人头税飙升引起了他们多次反抗，而且农民的抗争得到一些传统豪门世族的支持。不过，农民的这种骚乱抗争根本看不到什么前景，只能促使国家和资产者长时期联合起来对付他们而已。更为严重的是，对于路易十四组建的这种"旧制度"，国家虽然达于它的鼎盛期，但新的国家权力根本找不到合法性的原则来重新统一社会上的各个领导阶级。它造成等级社会四分五裂，同时又要维护这个等级社会，甚而至于使之"种姓化"。它统一了全国市场，使生产和交换合理化，打破了建立在经济自给自足和领主保护主义基础上的农业社会，所以它比任何时候都更小心地防备社会的传统差别。譬如，它三令五申责成贵族改良，将假贵族逐出贵族等级，逼他们重新纳税，然后又同他们谈判重新被接纳到贵族行列的条件。因此之故，新的国家权力不仅使一个社会进身机制复杂化了，还使它变得声名狼藉，而自15世纪以降，通过购买领主土地或卖官鬻爵，这个社会进身之阶始终保障着法国贵族深层的更新换代。而在路易十四治下，法国贵族（参看圣西门的著作）由于丧失了其职能乃至原则，也就越发恼羞成怒地盘缩在自己的特权之上："血统"在荣誉的等级里显得比任何时候都重要了，但通过国家和金钱"往上爬"的途径也比出身要快得多了。

由是观之，这个旧制度对于它所包含的现代性成分来说是太过于陈旧了，而对于它本身那种古老过时的东西来说又是太新了。18 世纪，路易十四死后重重扩大起来的就是这个基本的矛盾。而这个制度对立的两极，即国家与社会，越来越难以相容了。

18 世纪是个相对幸福的世纪，总之比索布尔想象的要幸福得多：没有那么多的战争，没有那么多的危机，也没有那么多的饥荒。王国的居民虽然深受路易十四治政后半期连年危机之苦，但接下来便进入一个恢复期，然后是一个绝对的增长期，在沃班元帅[1]至内克大臣时期人口从 2000 万增加到 2700万。在劳动生产率缺乏决定性转型的情况下，人口繁殖倒有可能消耗了一部分进步成果：也就是说，这种进步只是部分地得益于经济的增长。当时，只有英国经历了一次生产技术的革命。法国仍然依赖古老的农业经济，要靠一系列小小进步积累起来才能见效，故产量增长相当缓慢。

但是这种相对的繁荣另有一层秘密，那就是国家的现代化。18 世纪的法国君主制已经不是按几乎常年同哈布斯堡家族交战的需要来动员国民资源的脆弱工具了；它继承下来的是路易十四时代取得的进步，而非路易十四本人不得已承受的或自作自受的种种束缚。加上时运交济，它有更多的钱财和精力来打理一些重大事务，诸如现代性、城市规划、公共卫生、农商发展、统一市场、振兴教育。总督权责也全面到位了，不仅压倒了传统权威，而且一手遮天掌管了一切。在详察国情和改良行政的巨大努力中，总督处于中心地位；总督对经济和人口进行反复调查，借助法国有史以来的首次社会统计使其施政行

---

[1] 沃班（Sébastien Vauban, 1633—1707）：法国军事家，路易十四时代的法军元帅。担任防御总军需官期间，在法国边地修筑大量防御工事和堡垒。——译注

动合理化。至少在俗权方面，总督几乎剥夺了僧侣和贵族在地方上的所有官职编制权。甚至向来由教会掌管的基础教育这块古老"禁猎地"也渐渐移交给总督管辖，并且得到了有力的推动。所以，18世纪的君主制国家远不是反动的或被私利束缚住的国家体制，而是变革乃至普遍进步的伟大原动力之一，可以说是一个长期的"开明的"改革工地。

问题在于这样一个君主制国家同时又摆脱不了上个世纪制订的社会妥协方案，它越要通过行动去彻底摧毁等级社会，反而被迫更尊重它。这个社会是在经济生活水平提高、个人首创精神及愿望增多、文化传播日益广泛的情况下逐渐解体的：人在需求方面的革命使物质财富的革命提前了，却又遇到恪守社会晋升制度的僵死结构的阻挡。金钱和功劳敌不过"出身"。通过赐官授爵，国家继续把效命社稷的平民功臣，尤其是那些赚钱最多的人纳入王国的第二等级[1]；但国家这样做的同时，却在方方面面都得不偿失。旧式贵族对此愤愤不平，再说他们往往不及新贵族富有；而新贵族越过那道窄门之后，一心只想过河拆桥；反正这道进身阶对一个发展中的社会来说筛选标准也太严了。君主制只是成功使"它的"贵族阶层异化，而未能就此建立起一个领导阶级。

在整个18世纪，一切都证明法国贵族经历了这样一场危机，但不是朝着人们通常理解的方向。贵族并不是一个衰落中的集团或阶级。它从来没有这么出类拔萃过，而文明也从未像

---

〔1〕即贵族等级。在旧时代的法国，社会等级划分依次为：僧侣是第一等级，贵族是第二等级，平民（包括资产者、农民和城市小手工业者）是第三等级。——译注

启蒙时代的法国文明那么具有贵族气。仰靠大片地产，使领主庄园顺应市场经济的需要，享受地租的提高，而这一切往往又是大型工商业的起源，贵族在那个繁荣的时代可谓独占鳌头。但自从摆脱路易十四的专制后，贵族始终无法调正它与国家的关系。它守住它的传统权力，却丧失它的基本存在理由，而且没法界定它的政治职能。在这方面，简单地讲，可以说路易十四死后至少留下三种贵族面对面，而与此相应的是对待国家现代化的三种姿态：一种是"波兰式的"贵族，也就是说敌视国家，怀念他们昔日在地方上的显赫地位，随时想夺回被他们理想化了的过去的日子。第二种是"普鲁士式的"贵族，希望把国家的现代化据为己有，垄断官职名位，尤其把持各级军衔，使操行职守成为他们新的存在理由。第三种是"英国式的"贵族，倡导君主立宪，是为新时代的贵族。

凡此三类人的演进，无一是可能的。第一种演变是没有希望的，只不过是对一种丧失了的身份的复古之梦。其余两种，法国君主制亦无一采纳或稍事张目，而是任其在小集团和大臣的人事更替中从一方摇摆到另一方。在一个快速发展的公民社会里，谋职和尊严的诉求是如此的重要，仅限于考虑出身已不可能，故第二种演变必有寡头政治过甚之嫌。至于第三种，至少到 1787 年为止，法兰西历代国王从未有系统地考察过这条路子。而贵族方面亦很晚才接受这方面的代价，即税收特权的终结和在财富的基础上组建一个领导阶级：这就是杜尔戈[1]有一阵子绘制的有产者君主制蓝图。

这就是法国 18 世纪基本危机之所在，革命的部分情节就是

---

〔1〕 参看 206 页注①相关部分。——译注

从这里生发出来的。法兰西国王和贵族都提不出合适的政策和制度，以便能按起码的共识使国家和起领导作用的社会结为一体。王室做不到这一点，其行动就只好围绕税收中心问题摇摆于专制主义和妥协之间了。贵族做不到这一点，就只有一个重新统一的原则，那就是以一种社会身份的名义去敌视国家，尽管他们早已失去这种社会身份的秘密，再也唤不起对它的回忆了。

路易十四就能够很好地控制一个等级社会内部精英的晋升和竞赛规程，使之成为国家建设的法本。到了路易十五就不行了，路易十六更不行。这两位国王都没完没了地被两头牵扯，既要维护古老的领主连带关系，又要顾及社会的、官僚的新的合理要求，结果受等级制和社会流动这两种对立方式的制约，整天忍让这个集团、迁就那个集团，也就是削足适履，视国家精英四分五裂的各种冲突来调整步子。扶植马索，又推肖泽尔；成全马伯欧，又举杜尔戈。[1]什么政策都试一下，就是不能贯彻到底：每一次，国家行动总是招来很大一部分领导精英的激烈反对，开明的专制主义也好，自由的改良主义也好，

---

[1] 马索（Jean-Baptiste Machault d'Arnouville, 1701—1794）：法国政治家。1745 年被路易十五任命为财政总监，推行削减特权的直接税政策，遭贵族和僧侣反对而被迫辞职。肖泽尔（Etienne François, duc de Choiseul, 1719—1785）：法国政治家，路易十五和路易十六两朝元老。1758 年至 1770 年担任外交大臣，兼任国防大臣和海军大臣。在任期间实行新政，容忍启蒙思想和大法院反对派。推行军事改革，培训军官、发展炮兵、组建强大舰队，由于军费开支浩大加剧财政危机，最后被迫辞职。马伯欧（René Nicolas Charles Augustin de Maupeou, 1714—1792）：法国政治家；1768 年出任首相。在任期间反对外交大臣肖泽尔的开明路线，强化专制统治，镇压大法院反对派。杜尔戈（Anne Robert Jacques Turgot, 1727—1781）：法国政治家、经济学家。早年曾为狄德罗主编的《百科全书》撰写词条，著有《论宽容书》（Lettres sur la tolérance, 1754）等著作；1774 年出任财政总监，推行重农主义和工商自由并举的经改政策，取消行会制度以促进劳动力解放；由于遭到特权阶层抵制，1776 年被迫辞职。——译注

从来不见这些精英同心同德站到一起支持什么拥护什么。这些18世纪的精英可真是一身二任啊，既当执政者又当造反者！其实他们是骑在专制主义脖子上解决他们自己的内部冲突，直至1788年罗美尼[1]埋葬专制主义为止。即便1789年那样的危机也未能重新使他们联合起来，除了在第三等级空想家的想象里；革命的爆发（由于人们所说的"贵族反叛"），许多贵族议员在制宪议会的行为，甚至制宪议会这一作品本身，不以18世纪的权力危机和精英危机为参照是理解不了的。法国大革命——同所有的革命一样——至少在开始的时候，遇到的只是零星的、乌合之众的抵抗，那是因为旧制度未等被打败就已经寿终正寝了。大凡革命，其特征首先表现在摇摇欲坠的政权的脆弱和孤立；其次也表现在史诗般地重新发明革命史：贵族这条九头蛇的革命性重建就是这样来的，它以对立的方式（a contrario）构成社会价值的重新定义，释放出一个具有解放和蒙蔽双重作用的巨大信息，而人们可能误以为是历史分析。

在这场精英危机中，也许有待考察的是文化差异（或统一）所起的作用。这是一个漫无边际的问题，一如整个文化历史社会学领域的考察那样，还十分粗浅。但至少有一点是清楚的，那就是凡尔赛以及其他城市的贵族同有教养的资产阶级读的是同样的书，他们也讨论笛卡尔和牛顿，同样为曼农·莱

---

[1] 罗美尼，又称罗美尼·德·白理安（Etienne Charles de Lomenie de Brienne, 1727—1794）：法国大主教。1770年当选法兰西学士院院士。1787年5月至1788年8月王国财政危机时期奉诏出任财政总监，在路易十六支持下召开"显贵会议"以图推行税制改革；税改失败，被迫召开全国三级会议，结果提前促成选举（革命前议会制雏形）及第三等级得势（代表席位增加一倍），是为法兰西旧制度崩溃之导火索。——译注

斯戈（Manon Lescaut）[1]的悲惨遭遇哭泣，同样为《哲学书简》和《新爱洛绮丝》[2]欢呼；那个世纪的政治轮换，并不是在等级的社会边界，而是在有教养的社会内部慢慢形成的。在议会制和自由主义的诉求面前，出了一个伏尔泰，以他天才的见识描绘了一种君主改良主义，对王权的怀疑低于对公民社会的怀疑、低于对出身不平等的怀疑、低于对僧侣以及启示宗教的怀疑；重农学派后来把这种有产者社会加以理论化，用它来支持一种开明的专制主义。所有这些文化的和政治上的选择并不重新划分社会分野；继宫廷之后，反而是城市，也就是社交生活、学院、共济会会馆、咖啡馆、剧院这些场所慢慢编织出一个在很大程度上弥漫着贵族气息的"启蒙社会"来，不过这个非常贵族气的"启蒙社会"也向平民的天才和金钱敞开大门。说穿了还是一个精英社会，不仅排斥各民众阶层，甚至王国的绝大部分贵族也被拒于大门之外。这个社会混杂了知识、身份地位、思想和时髦风气，不稳定但很诱人，敢于批评一切，甚至批评自己，不知不觉地领导了精英界和价值的一场深层改组。仿佛是出于偶然，受封贵族、穿袍贵族，尤其金融贵族在其中扮演了首要角色，在他们出身的社会和他们抵达的社会之间架起了一座桥梁；这似可作为补充见证，证明法国社会这一交界区的战略重要性，因为法国社会一直就携带着这种略有受虐狂之嫌的讽刺意味，并且伴随着自身的怪异感和飘飘然的成

---

〔1〕 法国 18 世纪作家普雷沃（abbé Prévost，1697—1763）的小说《德格里欧骑士和曼农·莱斯戈的真实故事》（简称《曼农·莱斯戈》）里的女主人公。——译注

〔2〕《哲学书简》（Lettres philosophiques）是伏尔泰 1734 年发表的著作。《新爱洛绮丝》（La Nouvelle Héloïse）是卢梭 1761 年发表的长篇小说。——译注

功感，在摸索一条"资产阶级"人际关系的路子。

索布尔为这个"启蒙社会"的横向连带性只贡献了 18 行字（第 279 页），读来像是为"贵族意识形态"或资产阶级"哲学"长篇大论而发的一声短叹——文化界也要从贵族 / 资产阶级冲突中推导出分类原则！我们只好坠入简单化的谷底了，在那里，对文献和作品的无知可与分析的呆板相媲美。孟德斯鸠干脆就成了"封建式议会反动"的冠军，好像这是一码事似的。索布尔使用了阿尔都塞的著作[1]，但断章取义去掉了有关孟德斯鸠现代性的所有分析，而他剽窃里歇的一篇文章[2]时亦是如此，只不过把意思颠倒过来而已。他无法想象，在法国社会的发展过程中，特权和自由之间存在着某种辩证关系。1789—1793 年间的意识形态范畴还被暗暗拿来当作历史的万能尺。面对贵族思想，他只消发明一种"资产阶级的"反潮流就行了，那就是："哲学和哲学家"。我们顺便又得知，"工业资产阶级还没有发展到能在文学上反映出来的程度"（第 277 页）。相反，对于非工业资产阶级，却有那么多无与伦比的阐释者！伏尔泰、达朗贝、卢梭（当然，未来的无套裤汉们也要同资产阶级分享这些阐释者），还加上孔多塞[3]；一句话，这

---

[1] 阿尔都塞（Louis Althusser, 1918—1990）:《孟德斯鸠，政治和历史》（*Montesquieu. La politique et l'histoire*），巴黎，1959 年。

[2] 里歇（D. Richer）:《精英和专制主义》，载 *Annales E. S. C.*，1969 年 1—2 月，第 1—23 页。

[3] 孔多塞（Marie Jean Antoine Nicolas de Caritat, marquis de Condorcet, 1743—1794）：法国哲学家、数学家、政治家。法国重农学派的门徒，曾为狄德罗主编的《百科全书》撰写政治经济学词条。法国大革命期间当选制宪议会议员和国民公会议员，恐怖时期被控追随吉伦特党人阴谋推翻共和国而被捕，在狱中服毒自杀身亡。系狱期间完成其主要著作《人类精神进步概论》（*Esquisse d'un tableau des progrès de l'esprit humain*）。——译注

就是"启蒙运动",它得救了,不仅免受一切贵族的毒害,还正本清源,恢复了它作为资产阶级革命和人民革命预示者的伟大尊严。简直就是一盘了不起的杂拌儿,里面的"大概"和老生常谈令一切评论望而却步。还可以举出终曲的那声和弦(第381页),福楼拜听了肯定高兴:"启蒙运动的听众是多方面的,正如哲学家是各不相同的。哲学却只有一种,并且始终是一种。"

就这样,通过索布尔姗姗来迟但忠实的嗓音,法国大革命写下了它终将扶上宝座的历史人物的临终生活或产前生活:"封建"贵族、不断上升的资产阶级、反封建的农民、未来的无套裤汉。伟大庆典的帷幕马上就可以升起来了;我们干脆建议索布尔把他的著作第二卷叫作"一个革命者的回忆"得了。

三

跟随马佐里克,人们倒是进入一个不那么自发的世界。文笔的清新感没有了,说教或批评却是战斗性十足。这本小书[1]的三分之一篇幅是由已在《法国大革命历史年鉴》发表的一篇文章[2]组成的,谈论的是五年前里歇和我出版的那部"法国革命史"。但在该文基础上添加的论说却几乎纯然是政论的或意识形态类型的。自然也就引出几个问题来。

首先,一本书的作者不见得非要回答他的批评者:书一旦

---

〔1〕 马佐里克:《论法国大革命》。
〔2〕 见 *A. H. R. F.*,1967,第339—368页。

写出来并且已经发表，能（或不能）为自己辩护那就是书的事了；这只能由读者去决定。发表一本书，就是把自己交给批评界。所以我觉得谈论马佐里克的书评是不大合适的，不过，既然马氏特地写了一本书来讨论我们的著作，这又给了我谈论他的书的权利。并非这种讨债似的做法令我有快感：说实在的，批评一种批评，或者为一本已经陈旧的书而迁就作者的自尊心，都不是什么愉快的事；再说就我这方面而言，今天若要重写那部旧作，也不会是以同样的方式了。不过，假设要这样做的话，也许面对检察官我会不自觉地加重我的案子，敢情变成一个罪加一等的"修正主义者"，所以最好还是不要讨论书本身，而是讨论马佐里克的文章引出的几个问题。

还有最后一个先决问题：怎样去谈论这部半学术半政论的散文？如何回答，甚至，为何要回答一位指控一部法国大革命史反共、反苏、反民族的作者？假若马佐里克的意思是说，在他看来整个大革命史都必须依照另一场革命来证明，而这个不言自明的目标的示范就是爱国主义的试金石，那么我们恰好就身处在这种说教式的目的论里了，可是在如此粗陋的形式下，这种目的论权且可以当作历史学家的良知，却不值得一分钟的讨论。如果马氏只是单纯指出，任何一位治法国大革命史的史学家在其研究对象面前（我们大家多多少少都把对象的冲突内在化了）都不免要有一些存在论的和政治性的前提，那他确实道出了一种实情，即便如此也没有必要去讨论这种实情。读马氏的书，显然他和我对当下世界做出的并不是同一个判断，这对我们主观上重撰历史不可能不产生后果。当然，写出来的历史还是属于历史。除非掉进彻头彻尾的相对主义，执意要使当下成为不同的历史解读的分界线，就应当尝试理解历史学家的经验和偏见在作品中借以开辟路径的那些知识中介：也就是历史学家的假设和前提，一切证据端绪的先决条件。在我看来，马佐里克的假定与索布尔的相同，的确是所有假定中最枯燥无味的，理由我在前文已经陈述过了；这些假定旨在借助一种被败坏了的马克思主义，并按一种不言自明的价值尺度来使1789年至1794年的革命意识形态内在化；在这种价值尺度中，民众参与事件的程度被用来作为历史学家的圣餐和希望的基准点。我的出发点当然相反，并且立足于这样一个假设，即革命事件本质上乃是意识形态"负荷"极大的事件，意识形态在事件中对真实过程施加的防护罩功能起了尽可能大的作用。任何革命在精神中都是一种震撼性的断裂；而在事实中，它同时也是一种对过去的了不起的重新审查。历史学家的第一职责是去除捆绑着大事件及其行动者和继承者的奠基式目的论幻象。究竟是不是马佐里克的假设是革命性的，而我的假设是保守的，我们当然可以无限期讨论下去。但在学术上，我认为这个问题没有意义。最好是只限于马佐里克的论著所包含的历史分析，同时圈定我们在一些精确问题上的分歧。

一个形而上学人物："资产阶级革命"

愿意的话，我们就从"资产阶级革命"这个概念说起吧。这个概念为法国事件的历史阐释提供了一个近乎天意的系泊点；它给出一个总的概念化，不仅能够包罗浩如烟海的纯经验资料，还能容纳现实的不同层面：它可以笼统参照经济、社会和政治意识形态各个层面。在经济层面上，1789年和1799年之间发生在法国的事件全部被推定为解放了生产力并痛苦地催生了资本主义；在社会层面上，这些事件表达了资产阶级对旧制度古老"特权"阶级的胜利；而在政治和意识形态方面，它们代表资产阶级政权的降世和"启蒙运动"压倒上个时代的价值和信仰。将革命摆入这三种历史"趋势"之后，革命不仅被视为前和后之间的基本断裂，而且还被当作这几个趋势的决定性后果和奠基性因素；而三个阐释层的总和又被归并于"资产阶级革命"这个独一无二的概念，似乎事件的中心即其最本质的特征是社会性的。正是由于这种理论上的纰漏和谬误，法国史学中才发生了以"生产方式"为基础的马克思主义长期过渡到简化为阶级斗争的马克思主义的情况：这样一种知识方案只是造成法国大革命本身的阐释左倾化而已，虽然它回到马克思以前的历史学，但从西哀士到巴纳夫，这种历史学已根据法国大革命的案例起草了阶级斗争的概念。正是通过对马克思的简化（在这里变成回到起源的单纯中介）并借助某种同义反复及身份认同，索布尔和马佐里克重新找到了他们的意识形态奶妈，只不过这位"奶妈"对索布尔而言并不是理论性的，而几乎是感情色彩的，在马佐里克那里则是政治性质的：揄扬平均主义辩证法也就是鼓吹其永久的目的性，它就潜藏在我们当前时代的深处，并且是活生生的，就像一份不可分割的双重遗产。

其实，生产方式的马克思主义概念化也好，重新对事件的行动者做阶级斗争的解释也好，都与法国大革命的短周期不相符，与1789—1799或1789—1794（尤其是后者）的年代分期不相符。

要说一种"资本主义生产方式"取代了一种"封建生产方式"，则显然不可能在年代上推定这种转变仅同几年间的历史事件发生联系。按本文的框架，我在这里不可能就旧制度的性质展开广泛的讨论。[1]但是无论你赋予"封建制度"或"封建主义"这个概念以何种内涵，这种讨论都会强调过渡的思路，即一种混合型的社会－经济性质兼同长时段的思路。如此一来，将革命与其"上游"源流截然切断，只在客观社会进步的层面保留革命行动者赋予它的激进断裂意义，这种做法当是十分武断的。显然，"封建生产方式"的概念公式与下述思路是不相符的：既然说18世纪的法国创造了消灭封建生产方式的条件，那就得论证包含在这个概念公式里的假设靠什么来检验，也就是说，譬如封建法权靠什么来阻挡资本主义在农村的发展，等级社会结构以及贵族的存在靠什么来阻挠一种赢利性的、以自由承包为特点的工业经济的形成。考虑到资本主义就渗透在乡村领主社会的毛孔里[2]，而且在工业方面很大程度是依靠贵族而发展起来的，论证清楚以上问题并非易事，或者说并非举手之劳。再者，18世纪的法国经济远未受到阻碍，而是相当繁荣，经历了可与英国媲美的增长速度[3]；那个世纪末出现的危机，不过是繁荣趋势中的短期行情变坏而已。总之，假若法国大革命真的可以用一个生产方式向另一个生产方式过渡来阐释，那么，同样的难点也会在靠近"下游"的地方等待我们——据说法国大革命解放了资本主义的力量，然此种野蛮

---

〔1〕 在这一研究框架内，首先浩如烟海的文献目录就已令整理者望而却步。关于这个问题的马克思主义阐释，我主要参考 P. M. Sweezy, M. Dobb, D. H. Takahashi, C. Hill 合著的论文集：《从封建主义向资本主义的过渡》(*The Transition from Feudalism to Capitalism. A Symposium*)，伦敦，1954 年。

〔2〕 参看上文，第 140—142 页。

〔3〕 参看 F. Crouzet 的文章：《18 世纪的英国和法国。两种经济增长率的比较分析论文》，载 *Annales E. S. C.*，1966 年 3—4 月，第 254—291 页。

资本主义的启动却是非常漫长的。在乡村，较之 1789 年以前，野蛮资本主义更受定型了的小资产的阻扰。而在城市，显然革命引发或加剧了 18 世纪最后几年的危机，但在这之后似乎并不保障这种野蛮资本主义能够快速发展。虽然 1789 年在观念和社会机制层面促成了不少司法原则的进步，为推动市场经济及其人才打下了基础，但 1792 年到 1815 年庞大的法国农民军征战欧洲似乎并非完完全全是在资产阶级经济合理性谋虑授意下的军事行动。若坚持按"生产方式"来加以概念化，就必须以一个较法国大革命本身年代要宽泛得多的时期作为研究对象；不然，这个学术假设与历史资料相比几乎无所助益。[1]

马克思主义的提问法如此容易转化成"资产阶级革命"和社会政治类型分析，想必就是这个原因，似乎经过法国大革命，资产阶级的权力就取代了贵族的权力，而资产阶级社会也取代了等级社会。就连格外重视马克思主义而为人称道的罗宾，最近也建议[2]把同旧制度结构相联系的各个社会集团统称为旧制度的资产阶级，指的即是那些与"地产的、官僚的及平民的基础"联系在一起的社会集团，那些同靠剥削雇佣劳动力过日子的阶级有联系的社会集团。从马克思主义的观点来看，这个分类法是有用的；但历史问题在于：一方面，革命（至少在多数上）恰恰是由旧制度的资产阶级发动和领导的；另一方面，如果我们不再从行动者的层面，而是从客观效果的层面去

---

〔1〕 恩格斯在 1889 年 2 月 20 日致考茨基的一封信里写道："在新的生产方式问题上，你以为用一些名句和神秘兮兮的表达方式轰炸我们，就可以一了百了地解决那些疑难……换了我，我宁可少说几句。每当这种新的生产方式同你所说的事实之间隔着一道深渊，立刻就显得像是一种纯粹的抽象，不仅不能说明事情，反而使事情变得难以理解。"（*Werke*, t. *XXXVII*，第 155 页）

〔2〕 罗宾：《1789 年的法国社会：瑟姆尔 - 奥苏瓦》，第 54 页。

分析革命的过程，就会发现帝国时代资产阶级的形成方式与1789 年以前基本上没有什么不同，仍然是大宗买卖、土地以及国家部门（此时军队代替了官僚）。[1] 即便这样，对于一个如此短的时期，上述概念范式也只能说是严谨而不实用。

不过，值得称道的是罗宾的定义至少在逻辑上贯通到底；这些定义虽然提出一些它无法解决的问题，但毕竟指出了对法国大革命这样一个事件采用纯结构分析只能步入死胡同，因为这种方法是按年代学上短暂的意义来理解大革命的。马佐里克无法厘清大革命的成分，越发抓住本体论不放；人们跟着他走，结果重新掉进圣托马斯（saint Thomas）的俗套："大革命不过是旧制度结构危机全面的和超越自身的存在方式罢了。"[2] 所以他不惜代价来维持构成这种超越的主、客体的东西，即事件的成因和意义：资产阶级革命。而且，他强调革命是一次性的，贯穿1789—1794 年这个时期的混乱表象，因为这个"上升的时期"带有现象本身渐进式"激化"和同样渐进式的大众干预特点。[3]

这就叫作 deus ex machina（解围之神）：因为"资产阶级革命"并非革命的资产阶级之谓，故不单是一个社会阶层，不单是一场危机浩浩荡荡席卷而来，暴露出公民社会各种各样的矛盾，还有一个主、客体不可分割的程序、一个行动者和一种意义、一个角色和一个信息，这一切汇集在一起，调和在一

---

〔1〕 参看 G. Chaussinand-Nogaret，L. Bergeron 和 R. Forster 的论文：《1810 年大帝国的显贵》（Les Notables du grand Empire en 1810），1970 年列宁格勒经济社会史会议学术报告，载 Annales E. S. C.，1971 年 9—10 月。

〔2〕 马佐里克，《论法国大革命》，第 52 页。

〔3〕 同上，第 55 页。

起，迎着大风大浪前进，因为它们实际上构成了一个未来的图景，而它们也将受命宣布这个未来图景。马佐里克朝着这个由后向前的方向倒着走，结果转移了〔事件的〕中心；至少他从马克思那里保留了这样一种基本的怀疑：人们经历的事情和他们自以为经历的并不是一回事。这种cogito（我思）被逐出个体意识，却遁入集体性的主体之中，但怀疑也跟了进去：资产阶级追逐的不一定就是它所设想的目标。然而，此种救度式的怀疑在这个"概念"杜撰者面前还是戛然停止，好像在意识形态面前只有他纤尘不染。此公凭什么自命是一种终于不是造假的意义的持有人？凭他在后世历史图景的启迪下"起草"资产阶级革命概念的本事。有这个保障，读者可以满足了。

的确，这个无所不能的概念具有神授的特性，读者想在里头找碴儿是不可能的。就像笛卡尔的上帝依其属性之数来获得存在，故不能不存在一样，马佐里克的资产阶级从一开始就是一个超凡入圣的种类。在里面，凡是"潜在的"东西，哪样找不到？人民的支持和农民的同盟都包含了，资产阶级接受了这两样东西，照样只扩展自己的"本性"，它还从来没有这么顺当的时候呢！可是，这种靠逻辑硬撑的历史，这种让人脸红的静止的斯宾诺莎主义，是要付出代价的；不难揣摩出，这种斯宾诺莎主义给战战兢兢的论证提供了一些好处：论家可以一笔抹去危机的纷杂、交错以及不断反复出现的意外事件；这些方方面面一开始就被吸收和并入本质的总体性之中——就像反革命之被消融于革命，战争之被消融于革命那样——充其量不过是一个惟一意图的花边而已；它们永远只能以那个不容辩驳的概念的统一性为参照。"资产阶级革命"成了个一环环展开的形而上学怪物，它不仅扼杀了历史的真实性，还以永恒的名义

（sub specie aeternitatis）使之变成一种创建和宣示的地基。

种种法国革命

其实，这个概念对历史学家还是有用的（这是我个人的看法），只要用法上有所框束和限定。分析"资产阶级革命"，从最简单的层面上讲，首先意味着不仅要研究不同的资产者集团参与大革命的情况，包括它们的计划和活动，同时也要研究它们面对社会大动荡的种种反应。从这个观点来看，有一点似乎是可能的：正如柯班一再指出的，卷入革命最深的那些资产者集团一般甚少同资本主义生产方式发生联系；而且从1789年起，大革命中其实有多种革命[1]，尤其是农民革命，一开始（从起草陈情表起）就在很大程度上独立于资产阶级的谋划。以我之见，乔治·勒费弗尔在研究革命史方面的巨大功劳就在于他最早揭示了这一点[2]，这恐怕也是他对革命史的重大贡献之一；从此，一些非常重要的专著相继问世，如布瓦[3]或提利[4]的著作，从一个稍微不同的问题角度以及城乡关系的分析入手，扩大了这方面的论证。虽然他们得出的结论不同，甚至某些观点相左，但有一点是共同的，那就是他们两人都强调

---

〔1〕 马佐里克似乎先是接受了这一观点（第26页），尔后又抛弃它（第55页）；我实在无法理解他怎么调和这两种分析。

〔2〕 尤其参看1932年的一篇文章：《法国大革命和农民》（收于文集 Etudes sur la Révolution française, P. U. F. , 1954年；第二版，1963年）。在这篇文章里，无论革命中的革命多元性，还是农民行动的自主性，乔治·勒费弗尔都讲得特别清楚。

〔3〕 布瓦（P. Bois），《西部农民》。

〔4〕 提利（Ch. Tilly）：《旺岱》（Vendée），Fayard，1970。

农业社会在政治上的巨大自主性，这种自主性主要是由农民对城里人不信任构成的，不管是领主、旧式领主、旧资产者还是新兴资产者。在布瓦的著作里，正如大家所看到的[1]，1789年的反领主陈请书印证并且在某种程度上预示了1790—1791年间对资产阶级的不信任，也预示了反共和制的朱安党起义；所以，上曼恩（Haut-Maine）地区的农民并非像马佐里克在自己的提纲里闭门造车所想象的那样[2]，因为对资产阶级革命的结果大失所望而变得敌视资产阶级革命；只不过，1789年后那个地区的农民若非敌视城市，至少是对城市怀抱冷漠和不信任态度的。当时向领主法权发难，向农村资本主义（以资产者这个城市居民为象征）发难，都是出于同样的失望感。如果说资产阶级革命缔造资本主义的社会关系，那么农民革命就是为自己打天下的；而所谓一致"反封建"的说法，无论在意识层面还是客观过程方面，都掩盖了变局中的一些大不相同的形象。

有一个误人子弟的看法，而且流传还相当地广，那就是以为革命必然产生于某些阶层或社会集团的变革愿望，理由是这些社会阶层或集团想加快在他们看来过于缓慢的变革过程。在这样一个直接卷入传统秩序变革的社会区域里，大革命也可能是抵制变革的愿望，变革被认为操之过急了。革命阵线可不是古老军事教科书里排得齐齐整整的战列，不是按历史线性图表组织起来的，不能设想所有领导这场运动的阶级都渴望并预告同一个未来，哪怕所有抵抗这场运动的阶级很快就为了同一个旧时代的图景而站到了一起。相反，革命阵线本质上是起伏不

---

〔1〕 布瓦，《西部农民》，第33页。
〔2〕 马佐里克，《论法国大革命》，第235页。

定的，往往随着快速演变的政治情势而变化；更何况革命阵线是混杂的，是由一些怀抱不同目标乃至相互抵触的成分组成的。

法国大革命爆发时，法兰西王国并非万马齐喑，一成不变。恰恰相反，半个多世纪以来它一直在经受着异常迅猛的社会经济变革，只是国家难以适应罢了；况且对于一个专制制度来说，再困难再危险的莫过于变动它的某些基础职能，尤其是让它自由化。但这种分析也同样适用于社会阶级；不仅适用于贵族，也适用于民众阶层，尤其适用于经不起打破传统平衡的民众阶层以及政治上不太意识到权力竞争利害关系及其目标的民众阶层。以至于马佐里克下笔之时，事情远没有他想象的那么简单，他在所谓民众支持的资产阶级革命阳关大道两侧分别描绘了这场大冒险的两种多余人，这两种人都被排除在民族团结之外：左边是巴黎的区公民运动，右边是农民的旺岱（Vendée）[1]。从 1789 年到 1794 年，虽然相继掌权的集团对大革命（一度听其自然之后）加以阻扰和疏导，革命的洪流其实并未真正受到控制，因为这场革命是由各种对立的利益和不同的观点组成的。这也许可以解释，像雅各宾主义这样一种有很强同化倾向的意识形态何以能够扮演基本的角色，无非是因为它是有补偿作用的。可是应该让历史去轻信它吗？

就革命运动的政治构成做内部分析，的确还有很多事情要做。多亏丹尼尔·盖林、阿尔贝·索布尔、乔治·鲁德和理查德·柯布等人，我们已经很了解 1793—1794 年间城市小民阶层的诉求及其政治角色。但取消行会以及由此而来的行业内部

---

[1] 指参加 1793—1796 年"旺岱叛乱"的农民。——译注

及行业间的自由竞争游戏在城市里究竟产生什么样的影响[1]，我们却不甚了解；至于18世纪大批移民流向城市的特别现象以及巴黎出现一批离乡背井新来的城市人口，他们皆是步雷蒂夫[2]的后尘而来，到了城里却有一种身不由己的感觉，这些人究竟起了什么作用，我们知道的就更少了。巴黎各区政治行为的一些秘密恐怕更多地取决于这类现象，而不是取决于那种平淡无奇的社会学类型的差异，这并不是不可能的。同样，大革命期间农民的行为动机以及城乡关系等细节就更不清楚了；可以肯定的是，城市对乡村社会的统治地位只是1789年夏以后才局部地形成的：自耕农纷纷拒绝执行〔1789年〕8月4日至11日颁布的赎买赋税权法令[3]，后来1792年8月和1793年

───────────

〔1〕 关于这种城市革命的特点，在恩格斯致考茨基的一封谈论法国大革命的信（1895年5月21日）里可以找到一些颇有意思的直觉。恩格斯在信中强调了他称之为"丧失社会地位者"的阶层亦即行业的和"封建的"旧结构社会残余在恐怖时期扮演的角色。（*Werke*, t. *XXXIX*，第482—483页）

　　在这个思想范畴内，还可以参看贝杰隆（Louis Bergeron）的文章，载 *Annales.E.S.C.*，1963年，第6期，"无套裤汉与法国大革命"专号。

〔2〕 雷蒂夫（Nicolas Restif, 1734—1796）：法国作家。年轻时在外省当排字工人，后到巴黎闯荡并开始写作，成为多产作家，擅长描写农民和城市市井生活。1767年发表成名作《道德世家》（*La Famille vertueuse*）；尤以《堕落的农夫》（*Le Paysan pervert*, 1776）、《巴黎女人》（*Les Parisiennes*, 1787）等时代风俗小说名噪一时。作为大革命的见证人，他留下《王宫》（*Palais-Royal*, 1790）和《巴黎之夜》（*Les nuits de Paris*, 1788—1793）等反映革命事件的作品。——译注

〔3〕 这个问题至今尚未弄清楚。我在这里只是归纳如下一些著作所提供的西南地区的情况，作为一个可能的假设：Ferradon 著《吉伦特地区的封建法权赎买，1790—1793》（*Le rachat des droits féodaux dans la Gironde, 1790–1793*），巴黎，1928年（第200—311页）；D. Ligou 著《旧制度末年和大革命初期的蒙托邦》（*Montauban • la finde l'Ancien Régime et aux débuts de la Révolution*），巴黎，1958年（第384—385页）。另有 E. Labrousse 所做的同样的一般性阐释，见于 R. Mounier, E. Labrousse 和 M. Bauloideau 三人合著的《文明通史》（*Histoire générale des civilisations*）第五卷《十八世纪》（*Le XVIIIe siècle*），第五版，巴黎，1967年，第383页。

7 月"山岳派法令"免除自耕农的一切赔偿，不过是从法律上认可一个既成事实而已。既然城里的革命资产者牺牲了一种本已属于资产者的财产（通过赎买义务折换），也就是向农民做了让步。勒费弗尔有句话说得好，除了武装敌对的情况和不得不作战的地区（旺岱，朱安党起义），资产阶级在大革命的任何关键阶段一般都与农民"妥协"，也就是同农民谈判："八四之夜"如此，"宪政"大重建之际如此，"八一〇"事件之后如此，"五三一"和"六二"事件之后也是如此。[1]

战争，恐怖，意识形态

不考虑革命阵线奇怪的、多方面的脆弱性，如新兴领导阶级的脆弱性，因其内部各派为争夺权力而钩心斗角；如联盟的脆弱性，因其摇摆于不同的或对立的利益之间，摇摆于各种掩饰的空想和怀旧之间；不考虑这些，又如何解释此后的战争呢？我知道，马佐里克把这个问题看作是次要的。他确实说过，战争是大革命的"天然构成部分"[2]。这话真神啊！如此庄严地回到聪明的卜律奇神父（abbé Pluche）老先生那里，"资产阶级革命"真的是不费力就找到新的运载火箭了，这枚运载

---

[1] "八四之夜"：参看本书第 179 页，注 2。"宪政"重建期：指 1789—1791 年"国民制宪议会"（Assemblée nationale constituante，又简称"制宪议会"或"国民议会"）和"立法议会"（Assemblée législative）时期"八一〇"事件：指 1792 年 8 月 10 日巴黎民众起义攻占土伊勒里王宫；同一天，立法议会通过法案暂时悬置王位。这个日子被认为标志着法国君主制的末日来临。"五三一"和"六二"事件：1793 年 5 月 31 日和 6 月 2 日先后发生巴黎民众冲击国民公会事件；在民众的压力下，国民公会被迫通过法令逮捕 29 名吉伦特派议员。这一事件标志着吉伦特党人失败，山岳派全面掌权。——译注

[2] 马佐里克，《论法国大革命》，第 57 页。着重号为马佐里克所加。

火箭凑巧就安装在前者的身上，并且用于同样的目的。可是，如果我们想保持严肃，那么法国大革命和欧洲之间爆发战争就可能是大革命史最重要、最有启示性的问题之一。尽管当时有流亡贵族和王室的压力，但与其说诸王的欧洲想打这场战争，不如说诸王的欧洲接受了这场战争，理由在此就不加详述了。在法国，宫廷以及留恋旧制度的社会力量倒是想打这场战争：但是在1791年底至1792年初的那个冬天，这些力量都是些乌合之众，根本无力发动所期待的战争。尽管罗伯斯庇尔反对，事实上是革命想向列王开战：大革命，接下来呢？哪一场？

我当然注意到，这场刚刚开始的大冒险之所以能变成一场"资产阶级革命"性质的战争，是由于法、英之间古老的贸易争端以及吉伦特集团的特殊压力。但是在第一点上，我想我会同意大部分治大革命史的史学家们的意见[1]，即在战争起因方面，法、英两国经济上争强是相对次要的因素。无论主观上还是客观上，法国内政方面的各种原因显然都压倒了两国在国际贸易中的利益之争。至于布里索和后来被称为吉伦特派的那伙人，即便他们的确是雄辩的战争吹鼓手，也不能由他们来单独承担战争的责任。在议会里，未来的山岳派三缄其口；而那些伟大的公论领袖如丹东、德穆兰、马拉等，在12月[2]就早早抛弃了罗伯斯庇尔。再说他们都赞同吉伦特党人将大革命推向极端的计划，从这一点来看，他们反罗伯斯庇尔是理所当然

---

〔1〕 至少我同意乔治·勒费弗尔的意见；但我不同意丹尼尔·盖林的意见，因为他是从"吉伦特派资产阶级"的经济抱负去看发动战争的主因的（参看上引盖林著作，第二卷，第501页）。
〔2〕 指1791年12月。当时控制议会多数的吉伦特党人正在准备对外战争，雅各宾俱乐部多名领袖人物都附和主战派，只有罗伯斯庇尔公开反对战争。翌年4月20日，法国向匈牙利及波希米亚国王宣战。——译注

的：战争将成为团结及革命持续高涨的纽结。

因为，这不单是一场资产阶级的战争，也不主要是资产阶级的战争。国王也想打这场战争，作为他复政的最后一个机会；而人民抓住战争机会，则是作为扩大其解放使命的一个手段。人民使之变成一场解放战争，其主力军是武装起来的城市民主和农民民主[1]；这是一场价值之战，而非利益之战。民族感情不再只限于确定一个新法国，而是要成为一种意识形态范式，一面十字军战旗；靠这种过分早熟的、介于意识形态救世论和民族激情的综合——而且还寄予那么多的美好希望——法国人并没有发现什么神奇到可作为典范的人类大同形式；不过，他们倒是最早将大众纳入国家（Etat）并组成了一个现代的民族国家。

这一历史实验的代价，就是不明的战争。1792 年春开始的价值之战本来就没有什么明确的或可以确定的得失，除了胜败，没别的目的。大革命的所有"资产阶级"领袖，先是丹东，尔后罗伯斯庇尔，再就是卡诺[2]，都想在某个时候停止这场战争；但战争已经被革命意识完全内在化了，以至于在意识形态层面，甚至在战局有利的时候，战争也始终意味着革命，而和平则意味着反革命。法国方面，这场战争其实是革命联盟

---

〔1〕 参看 J. -P. Bertaud 著《瓦尔米战役》（*Valmy*），coll. Archives，Julliard，1970。

〔2〕 卡诺（Lazare Nicolas Marguerite Carnot，1753—1823）：法国政治家、军事家。大革命初期在立法议会军事委员会担任要职。国民公会时期任军事专员，掌管军务，改组十四支共和国军队并取得瓦提尼斯战役（Wattignies）等重大胜利，被誉为"法国军事胜利的组织者"。1794 年参与推翻罗伯斯庇尔独裁统治的"热月政变"。次年曾任督政府成员。共和八年（1799 年）雾月十八日政变后，被波拿巴任命为国防部长。因反对波拿巴自任"终身执政官"而辞官归隐，但"百日王朝"时期又出任拿破仑一世的内政大臣；王朝复辟时期流亡国外，客死普鲁士。1889 年其骨灰被迁葬回国，安放于巴黎先贤祠。——译注

之"大势所趋"，无非是想仰赖一种同属资产阶级的、民众的、农民的意识形态凝聚来消除自身的危机；这里面夹杂有旧社会的军事遗风，也有启蒙运动的哲学价值，但由于崇尚新国家和"伟大的民族"，这些东西笼而统之被升华和民主化了，被赋予了一种普世的解放使命。"资产阶级革命"的概念并不适用于反映这种内部的革命动力，不适用于反映雅各宾主义和革命战争所构成的政治文化大浪潮。从此，战争主导革命要多于革命主导战争。

由于我对经典作品多少有点了解，我知道马佐里克期待我在此能举证一条马克思的语录：雅各宾主义和恐怖政策不过是完成资产阶级革命和消灭资产阶级的敌人的"平民方式"罢了。[1]但这两个命题都不准确。从 1789—1791 年起，资产阶级革命已经干了，完成了，同旧社会没有任何形式的妥协。废等级，除"封建"，能人尽其才，契约取代君权神授的君主制，而民主人（homo democra ticus）和代议制应运而生，劳动力得到解放，自由创业行于天下，凡此种种缔造我们当代世界的资产阶级新秩序因素自 1790 年以来全都一劳永逸地获得了；贵族中的反革命势力不战而逃，旧制度的国王成了阶下囚，赎买封建法权[2]也如人所见变成了一纸空文。而民众阶层，尤其是 1789 年夏的农民巨大压力，也在这种同过去决裂的关键行动中扮演了主要角色。

假若有人轻信这个时代的意识形态，对 1793—1794 年间

─────────────

〔1〕 参看马克思 1848 年 12 月 15 日文章《资产阶级和反革命》（*Werke*, t. Ⅵ, 第 107—108 页）。

〔2〕 指农民赎买领主赋税权，属于大革命初期废除封建法权的部分措施。未能实行。后来国民公会宣布全面无偿废除领主赋税。——译注

雅各宾派为自己编造的理由信以为真，会不会说资产阶级革命进程的极端化产生于反革命的抵抗呢？看来得解释一下：为何说在反革命客观上还十分弱小的时候，这种极端化在1789年夏，即7月14日之后就发生了；为何说革命的极端化并非导源于抵抗力量而是导源于这种力量本身的象征和笨拙，一如命运攸关的"发棱事件"所显示的那样。事实上，反革命的真正危险产生于1792年底和1793年夏的战争和入侵。但这场战争是大革命非要打不可的，原因就在于革命"需要大背叛"[1]。不管背叛是否真有其事——当然有，但远远少于革命家的想象——大革命都要编造出来，以作为它蔓延成势的条件；因为雅各宾的和恐怖主义的意识形态很大程度上是作为独立决策运行的，不受政治和军事情势的制约，它乃是一个可以无限加码的事物所在，更何况政治已经被装扮成道德，现实原则早已消失。再则，人们也知道，即便1792年8月和1793年夏两次最早的恐怖冒进显然同国难当头有关，"大恐怖"同那几年的大灾大难也不是巧合；相反，它是在1794年春军事局面正在全面扭转的时候发生的，形同一部专事平均主义和道德说教的形而上学行政机器。这是弥补政治困境的想入非非，不是搏斗中的现实产物，而是区分好人坏人的善恶二元论意识形态的产物，某种社会大恐慌的产物。1870年9月4日，恩格斯担心工人随时可能推翻临时政府，而致函马克思，用如下的话分析了"恐怖政策"："凭法国人的这些没完没了的小恐怖，人们就足以对'恐怖统治'得出一个最佳看法了。我们把它想象成那些散布恐怖者的统治，但事情正好相反，其实是一些恐惧不

---

[1] 大家知道，此语出自布里索（Brissot）之口。

安的人施行的统治。恐怖很大一部分是那些受了惊恐的人为了自己定心而犯下的徒劳无益的暴行。我确信，1793 年的'恐怖统治'几乎应该整个地归咎于那些扮演爱国者的过度兴奋的资产者以及那些用恐怖弄脏了自己裤子的粗俗的小资产者，同时也应归咎于人民中那些拿恐怖做交易的人渣。"[1]

　　早在此前（见于《神圣家族》）的一项分析中[2]，马克思就已经对雅各宾幻想的批判做出一种不那么心理层面的判断了。他指出，这种幻想的核心乃是按古代经院模式设想的"道德"国家观念，它取消和逾越了公民社会的客观条件；而在马克思看来，这种公民社会已经是"现代资产阶级社会"；恐怖，恰恰是在社会中缺少根基而成为自身目的的国家；是被意识形态异化了的、脱离了马克思称之为"自由资产阶级"的那个事物的国家。大革命史为我们提供了国家异化的两个强烈时期，先是罗伯斯庇尔专政，后是拿破仑："拿破仑，是革命恐怖对抗资产阶级社会（这个社会也是大革命宣告成立的）及其政治的最后一场战役……拿破仑还视国家为自身目的，而资产阶级社会只是一个出资者，一个附庸，不得有任何自己的意志。他以不断战争取代不断革命而完成了恐怖时期。"[3]

---

〔1〕《马克思恩格斯通信集》，1780 年 9 月 4 日信（*Werke*，t. XXXIII，第 53 页）。正如这封书信以及其他书信所显示的，马克思和恩格斯在他们生活的不同时期，根据触动他们的现实，同时也依照他们在知识上主要关心的事情，对这一革命时期的判断也相应地有很大的变化。可以简要地说，马克思和恩格斯在 1848—1849 年间，也就是德国革命的时期，相对地亲雅各宾派，但是在 1865 年和 1870 年之间，也就是正当他们在第一国际内部反对"法国人"（按他们自己的说法）的时候，倒是非常反雅各宾的。话说到此，马佐里克还会拿成熟的马克思去反对青年马克思吗？

〔2〕《神圣家族》，同上，第 144—150 页。

〔3〕着重号系马克思所加。

青年马克思的这段精彩分析，涉及雅各宾意识形态在恐怖和战争中的作用，也涉及恐怖和战争这对伙伴的可交换性质，本可以用来作为我和里歇合著的大革命史的题词。因为这段分析始终暗含在我们提出的总体阐释中[1]，尤其贯穿于我们称之为革命"失控"的论述里。并非我本人特别看重这个自动的隐喻，只消找到一个更妙的词就行了。我看重的是这样一个观点，即革命过程无论铺展阶段还是一个相对短的时期都不能简化为"资产阶级革命"的概念，如今日的列宁主义行话专家所描绘的那样，什么"以民众为载体的"啦，"上升的"啦，怎么说都行；因为在其包含的长期失控的东西里，在同社会性质相矛盾的东西里，革命过程是由独立的政治和意识形态动力构成的，应该依其本相加以概念化和分析。按照这一观点，应该深化的毋宁是处境概念或革命危机概念，而不是资产阶级革命概念[2]：权力和国家的先行空缺、领导阶级的危机、自主的和平行的民众动员、全社会起草一种既是善恶二元论的又有很强整合力的意识形态，这么多的事实在我看来是读解法国革命现

---

〔1〕 比如，"制宪"时期（1789—1791）和督政府时期被作为资产阶级公民社会及革命过程具有相对透明度的时期来处理。相反，雅各宾和恐怖主义的插曲则是公民社会和历史进程之间最不透明的插曲：此种不透明性就是意识形态的不透明性。

〔2〕 关于这个课题，现在已有大量的专题著作，尤其是美国人的著作。譬如可以参看：Chalmers Johnson 著《革命和社会制度》(*Revolution and the Social System*)，Stanford，1964；Lawrence Stone 的文章《革命理论》(Theories of Revolution)，载 *World Politics*，ⅩⅧ，n° 2，1966 年 1 月，第 159 页（此文系对 Chalmers Johnson 著作的批评）；法国方面，有几本新书给大革命现象的研究方法带来了一些新鲜空气：A. Decouflé 的《革命社会学》(*Sociologie des révolutions*)，P. U. F.，"*Que sais-je？*"丛书，1968 年；同一作者的文章《革命及其替身》(La Révolution et son double)，载 *Sociologie des mutations*，éd. Anthropos，1970；Baechler 著《革命现象》(*Les phenomiènes révolutionnaires*)，P. U. F.，1970 年。

象奇特辩证法不可或缺的。革命不仅仅是一个社会"跳跃"到另一个社会，也是公民社会由于权力危机而突然"敞开"并释放出它所携带的全部话语的一整套方式。此种巨大的文化解放，其内涵是社会本身"封锁"不住的，故随后必引发以平均主义为竞价筹码的权力争夺；而革命意识形态一旦为人民大众所内心化，或者至少为部分民众所内心化，就会变成集团之间政治斗争的典型场所，因其是惟一的参照，是奠基的新合法性，故而更具杀伤性；正是经由它，才出现了1789—1799年期间极具特征的领导班子相继分化的辩证法，以及新的精英层出不穷的辩证法。罗伯斯庇尔就是以平等的名义把巴纳夫和布里索送上断头台的，不过，西哀士也是出于对平等的一片赤诚，才于1789年春到1799年雾月十八日经历了那么多表面上的背信行为的。革命，乃是一个社会成为它自身历史质料的想象物。

何必从此要顶着风浪把革命变成一种独一无二的形而上学本质的绝对必要产物呢？何必要让这种产物像俄罗斯玩偶那样不停地表演它起初携带的事件插曲呢？为什么非要不惜代价构造这样一部狂想年表，为什么这个年表中非得有一个人民的完满结局来取代"资产阶级的"上升阶段，为什么因为波拿巴最终日暮途穷，就得添加一个资产阶级一蹶不振的尾巴，而且这次非"衰落"下去不可呢？为什么要搞出这么个贫乏的图式，这种经院式的翻版，这种思想的贫困，这种打扮成马克思主义的情感抽风？这个马佐里克-索布尔式的俗文学版本绝不是由产生于一种知识或一种学说的原创问知法组成的；它不过是米什莱或饶勒斯时代照亮整部革命史的那把亮丽火焰的索然无味的折射罢了。这种混杂的言说其实是雅各宾主义和列宁主义羞羞答答凑到一起的产品，绝不可能再适用于发明创造；它完全立足于施行某种残羹剩饭似的巫婆功能，并且以巴贝夫主义的幸存者为读者对象。所以它显得矛盾而又雄辩，破碎而又驳不倒，奄奄一息而又注定万古流芳。早在一百年前，马克思谈到创建第三共和国的工人共和左派时就已揭露过此种雅各宾怀旧情调，斥之为法兰西外省风俗的残余，并希望"这些事件"有助于"一劳永逸地结束这种对往昔的反动崇拜"。[1]

---

〔1〕 1870 年 9 月 14 日致凯撒·德·派蒲信（*Werke*, t. *XXXIII*, 第 147 页）。〔译按：凯撒·德·派蒲（César de Paepe, 1842—1890）：比利时社会主义者，第一国际比利时支部创始人之一。1885 年创建比利时工人党。接受马克思主义，同时受蒲鲁东和巴枯宁的影响，主张走"互助社会主义"的道路。著有《普选与工人阶级的政治能力》等书。〕

Ⅱ. 托克维尔和法国大革命问题[*]

托克维尔和历史结下不解之缘并非出于对往昔的偏好，而是由于对当下时代的敏感。托克维尔不属于把目光转向往昔时光的迷惘、旧时代的诗意或在闲情逸致中把玩学问的那类历史学家；他完全属于另一种类型的历史好奇，对现状的思考乃是承前启后的研究的起点。所以他身上没有同代人米什莱的那种情系往昔的思古幽情，没有那种寻访墓园者的悲郁而又崇高的执迷。相反，他毕生追求并使他的学者生涯获得洞察力和严谨性的是对他那个时代的感知。他首先不是到时间中去探索，而是在空间上探索，把地理作为一种比较史学来使用。他天才地以颠倒传统假设为代价，竟至于做起美国的研究来，但不是追寻欧洲的童年踪迹，而是为了猜测欧洲的未来。欧洲史对他来说不过是与初次游历紧密相关的二次漫游，全都交给他从当前时代的实验得出的相同假设。

---

* 此文最初发表于雷蒙·阿隆纪念集《科学与社会意识》(*Science et Conscience de la société*)，两卷本，巴黎，1971 年。

何况这两次漫游——空间的和时间的——如果说被托克维尔赋予的智力感受连接起来了，也因为他在 1830 年和 1840 年间早就留下了一些见证而相映成趣：《民主》[1]一书前两章刊行于 1835 年，后两章在 1840 年杀青。其间，1836 年，托克维尔在一家英国杂志发表了关于"1789 年前后的法兰西社会政治状况"的论纲；这样，早在托克维尔投身活跃的政治活动之前，他伟大的前期创造性写作已经初露端倪，显示出他思考的两大主题是交错进行的。

后来政治上隐退之后，托克维尔重拾历史主题，但这个 1836 年搁置下来的历史主题仅是大纲；这次，他一头钻进档案馆，查阅和整理第一手材料，强迫自己做历史学家的苦差事好几年。但他的研究的深邃意图没有变：仍然是解释和预测法国当代史的意义。对他来说，历史不是演义，更不是描述或叙事，而是一种有待组织和阐释的素材。若说 1836 年的托克维尔和 1856 年的托克维尔有什么可以比较之处，则主要在于阐释系统，而不在于资料工作——《旧制度》[2]一书的资料收集远远要出色得多，详尽得多。在托克维尔的方法要领中，也许这就是历史探索的最好途径，就是说历史自认是同一种解释理论分不开的。

一

托克维尔对法国大革命的总体阐释始于 1836 年，见于他从

---

〔1〕 指托克维尔的《论美国的民主》(*De la démocratie en Amérique*)。下同。——译注
〔2〕 指托克维尔的《旧制度与大革命》。下同。——译注

美国旅行归来后写给英国公众的那篇相对短小的论文，标题叫作《1789 年前后的法兰西社会政治状况》[1]。这个标题令人惊讶地预示了 20 年后托克维尔给他的书规定的题旨。实际上托克维尔只写出该书的第一部分，专论 1789 年以前的法国：这部论著以一个十行字的过渡句奇怪地收尾，预告该书的后半部，但这后半部似乎从未写出来——除非在那个日期死亡可以作为他中断思考的解释。在 1836 年，也和 20 年后一样，托克维尔给我们提供的只是一部"旧制度"，而非一场"大革命"，只是一部"1789 年前"，而非一部"1789 年后"。可以这样概述该书的大纲：

先由导论确定论文的中心思想：法国大革命只是普适观念的非常暴力的局部爆发。尔后进入第一部分的主旨，对旧式君主制末期的法国公民社会做一描述：教会成为同居民隔绝的一个政治体制；贵族（noblesse）是一个社会等级，而非一个贵族阶级（即英国式的领导阶级）；对教会的分析大多简要，而对贵族的分析则相当详细。在政治方面，贵族被切断了同王权的关系（被褫夺了在地方上的行政权，但未因此而获得内阁权；从此无力以人民的名义同国王抗衡，或实实在在地影响国王来制约人民）。此乃特权背时的因由（贵族不再受人爱戴或被人憎恨），尤其是经济特权和名誉特权背时的因由。

在经济方面，财富的再分配对控制动产的第三等级有利。由此而导致贵族产业的被分割和解体，同时导致贵族散化成大量中产个体以及人称"贵族民主化"的现象。

最后是第三等级的升迁。这个过程不受贵族束缚（托克维尔在此几乎袭用西哀士的旧说），就好像是它在"缔造一个拥

---

〔1〕 托克维尔：《旧制度与大革命》，éd. Gallimard，第一卷，第 33—66 页。

有自己贵族的新民族"。它说明了领导阶级的分化和第三等级之有革命精神。"这种分化本就存在于法国不同贵族成分之间，如今又在贵族内部挑起内战，只能让民主从中渔利。由于遭到贵族排挤，第三等级的主要成员不得不见机行事，趁人们需要时利用一些有利的原则来打击贵族，但这些原则本身的效率却是危险的。第三等级是反水贵族中的一部分，他们站出来反对另一派人马，并且被迫鼓吹平等的普遍观念，以打击别人强加给他们的特殊的不平等观念。"（第 46 页）

托克维尔强调这样一个事实，即贵族原则很快就在人心深处消失殆尽，部分是由于知识界的社会影响以及贵族和知识分子之间的某种"平等"融合。除了人的这种"想象的民主"，还加上真实的财富民主，那就是由于地产的分割，民主化使家当中常之户增多，由此开辟了利于民主政治的地盘。所以，18世纪的法国是以制度现状（不平等）与风俗相脱离为特点的，风俗移易已经在使法兰西渐渐成为"欧洲最真正民主的国家"。

托克维尔接着转到这种公民社会状态的政治后果方面：就像所有贵族社会倾向于地方治政，民主社会倾向于中央集权政府。它在初期阶段必从贵族手中夺回地方政府，将权力交给国王，因为贵族太软弱、太分散了，无力行使管理权，而国王通过他的天然代表即王室法律顾问，成为其利益和盛衰的公分母。

有些"偶然的和次要的"因素加强了这类"普遍利益"的作用，诸如巴黎的优势、彼此不同的省份之间加强民族团结的必要、权力的个人性质和非议会性质，等等。

但是这种管理和行政上的中央集权并没有在法国人的心中熄灭自由的精神；在托克维尔看来，自由精神乃是民族气质的特征之一：所以在 18 世纪反而是一种民主观念逐渐取代（在所有层面捍卫特权的）自由贵族概念；公权观念取代特权观念。

　　大革命并没有缔造一个新的民族，没有打造一个新的法兰西："革命只是规范了、调整了一桩大事业的效果并使之合法化，并非革命就是这一事业本身。"革命不过是旧制度社会中各种起作用倾向的结局和圆满完成，而非对法兰西及法国人的一种激进改造。所有这些民主倾向经在公民社会、风俗、管理以及意识形态等层面一次次分析之后，形成了适应于新旧制度的共同根基，而大革命在这些倾向的效果开发中就像是一个单纯的中途站——托克维尔没有揭示这个中途站的特殊性。法国历史的连续性抹掉了它自身的断痕。

　　这是一种对大革命的长时段历史阐释，它突出往昔的沉重并缩小了大革命自以为应该负责的变革意义，但托克维尔没有发明其中的主要概念因素。由于他始终对自己的阅读守口如瓶[1]（他的书中甚少看到明确征引他人著作，书信中亦相对少见），故难以找出其资料来源。不过其中一个资料来源是明确的：显然是基佐，他后来同基佐有过关于知识和政治的对话，二人的对话既投机又抵触[2]，非常能说明19世纪上半叶法国自由主义的暧昧性。基佐比托克维尔大18岁，当托克维尔还在写他的1836年论文时，基佐已经完成其历史撰述的基本著作了；虽然从根本上讲基佐比托克维尔更像个历史学家，但基佐却乐于同托克维尔这位晚辈分享同样的基本政治价值：自由主

---

〔1〕 他虽然在阅读方面守口如瓶，但涉及手稿资料时的好事张扬却不见收敛，如《旧制度与大革命》一书所示：许是时儒好显贵族气和知识分子派头的双重雅兴。

〔2〕 参看 S. Mellon 的一篇颇有意思的学术报告：《基佐和托克维尔》(Guizot et Tocqueville)，作于1969年芝加哥"法国史学研究"年会。

义；分享同样的历史概念：历史－阐释；分享同样的中心参照并依据它来组织起一个非常漫长的过去：法国大革命，它既是一部通史（欧洲史）的结果，同时又是法国历史的特殊秘诀。以这个共同的提问法为起点，分析基佐提供或传授给托克维尔的东西以及两种阐释法的不同之处，应该是件有意思的事情。

基佐1820年政治上失意后，重返学校执掌历史教席；也就是此时，他在他最早的几部重要历史著作，尤其是《法国史论》（*Essais sur l'histoire de France*，1823）中给出了他的解释体系的要点。夏尔·普塔斯曾经指出[1]，在1828年以后的讲义（后以《欧洲及法国文明史》[2]为书名结集出版）里，基佐修改了某些判断，尤其纠正了几个事实上的谬讹，这些谬讹主要涉及法国史起源和蛮族入侵史。但从我们在此感兴趣的观点来看，这些纠错都无碍宏旨：从《史论》到1828年授课讲义，基佐的法国史核心概念无一变化。所有伟大的行动者在《史论》中都涉及了，包括领主、教会、国王、公社——还有以这一切为支柱的各种社会及政府类型，诸如贵族政治、神权政治、君主政体、民主政体，以及它们给法国历史带来的各种冲突和平衡。这部史书，到了1828年仍和1823年一样仅是凭经验对一个知识图式加以确认而已，其中没有任何成分变化。

基佐想在法国历史中寻找向某种"社会"迈进的步伐，亦即朝向一个有组织的并且依某种统一原则而与不同层面发生

---

[1] 夏尔·普塔斯（Charles Pouthas）：《复辟王朝时期的基佐》（*Guizot pendant la Restauratio*），巴黎，1923年，第10章：《基佐的授课》；尤其参看第329页以下。

[2] 《欧洲及法国文明史》（*Histoire da la civilisation en Europe et en France*），六卷，巴黎，1838年。

联系的社会整体之进程。大约在 10 世纪的时候（依 H. 卡佩之说），封建取代了乱世，取代了非社会，成为法国有史以来第一个有组织的社会型态：这虽是一个对人民苦不堪言的社会，但其内在的辩证法毕竟允许"一个美好的未来"。[1] 因为它既建立在人民受压迫即"国家被占有"的基础上，同时也建立在统治阶级即"主权国家"和采邑保有人内部的平等关系基础上："在这里我遇到了另一种场景，豁免权、贡赋和各种保障，这一切不仅给享有者带来荣耀，还保护着他们，但与此同时，这类法权由于它们的性质和趋势也给臣民打开了一道通往一个美好未来的门户。"确实，采邑的复杂等级在领主之间编织了一些相互的和相对平等的关系，至少是从他们之间到法兰西国王的关系；另一方面，采邑也加强了占有者的个人主义及其相对于公共权力的独立性。"这样一种状态不大像社会，而更像战争；但个人的能量和尊严在其中得到保持；社会可以从中浮现出来。"

什么样的"社会"？怎样浮现出来？一个建立在重新厘定封建制度赖以形成的"个人存在"和公共制度、自由和秩序基础上的社会（基佐的这个社会乃是历史的某种结果）。封建制度一建立，便在两头遭到攻击；一头是自下而上，以自由的名义；一头是自上而下，以公共秩序的名义。"这类努力不复是在乱糟糟的各种体制的碰撞中去加以尝试，因为各种体制的碰撞只能彼此削弱而沦于式微和无政府状态（按基佐的看法，法国最初五百年的历史就是这种状况）；这类努力产生于一个单一体制的内部，并且是针对这个体制的。"基佐最后以如下几行令人击节赞赏的文字结束他的分析："这个君主体制是查理

---

[1] 此处及下文相关引文均引自基佐法国史论文集〔《法国史论》〕第五篇。

曼大帝凭天才创建的，后来又由不及查理曼大帝的历代国王渐渐使之昌盛起来。日耳曼军人未能保住的法权和保障，后来都被公社一步步收回了。封建制度只能在野蛮状态的母腹中诞生；然而封建制度一壮大，人们就瞥见它的怀抱中已经诞生并成长起君主制和自由了。"

详细研究这两个进程之后，基佐指出君主制和自由这双重运气来自封建贵族政治上的脆弱：封建贵族不仅在各自的采邑里沦为孤家寡人，还由于缺少能同罗马族长制、威尼斯元老院或英国男爵相比拟的那类集体组织（封建等级制度的不平等使这种组织不可能形成）而陷于四分五裂，并且在地方上被居民的抗争消耗蚕食，被国王这位一手遮天的封建君主捏在掌心。"显然，它只利于推动社会迈出脱离野蛮的第一步，而与文明的进步并不相容；它腹中不携有任何能持久的公共制度胚胎[1]；它既无贵族政府原则，也无其他原则；它在消亡中只能把一批贵族丢在王座的四周，那是一些高于人民的权贵，而国家机构（Etat）里根本没有贵族[2]。"

在基佐看来，中世纪英国的演变倒是一个反向的变化：在那里，自威廉时代起，王政和封建就一起诞生了；"英国有两种社会力量、两种公共权力，一是贵族，一是国王，而法国在同一时代两者都没有：这两种力量太野蛮了，太追逐激情和个人利益的王国了，以至于它们的共存并没有产生专制主义和自由政体的轮替，不过两者彼此需要，而且往往被迫共同行动"。在法定组成贵族阶级的英国男爵和法定组成君主政体的国王之

---

〔1〕 着重号系我所加。
〔2〕 同上。

间，相互斗争产生了一系列宪章（"公共权利的一个开端"），之后又产生制度，即一个"自由的国家政府"。

按基佐的看法，法国历史的发展是以这样一个事实为特征的，即封建性没有创造出贵族阶级，公社运动没有创造出民主：因此不存在自由的制度，而最终形成的是绝对君主制，这个双重无奈的结果。只有大革命爆发，圆满完成古老的阶级斗争，才最终缔造了民主，即同时不可分割地缔造了一个社会和一些自由平等的制度；只有大革命才这样围绕一个统一原则使社会趋于和解。

所以在基佐那里和托克维尔那里，对法国历史的总体阐释有诸多共同点。首先是这样一个考虑，即把人们所说的"事件"置回一个既是时间性的也是概念性的体系。在他们看来大革命不过是一个漫长历史过程的完满完成，其根基就在于民族社会的组建之中。在此意义上，他们的法国史虽然暗暗地充满它肩负使命解释的未来，好像对大革命着了魔一样，却注定是关于革命起源的一种描绘，而不是这场革命的一部历史。

因为，酝酿冲突剧情并反映出历史运动的那种基本辩证法在这两位作者的撰述里是相同的；那就是公民社会和制度之间、社会状况和政体之间关系的辩证法。这种问知方法里，历史分析的概念手段也是很接近的：大体上，法国公民社会很早就由贵族和第三等级这两个敌对集团组成了，它们的起源要上溯到征服时期[1]，而且是贵族和民主这两种社会政治价值体系

---

[1] 指罗马人征服高卢的时代（公元前1世纪）。在随后而来的罗马化时期，依据罗马法而建立起来的财产观念、制度观念在高卢形成了一种相对稳定的贵族／平民社会。——译注

的潜在携带者。它们同中央权力的关系，即同国王的关系，构成了法国历史的基本情节——与此同时，它们又反映出这部历史相对于英国模式的特殊性。

但对基佐来说，与托克维尔的思路正好相反，法兰西的历史中从未有过真正的贵族政治社会。他和马伯利看法相同，认为中世纪、封建始终是人民难以承受的无政府状态，根本无力建设真正的公共制度。在同一个时代，与英国的情况不同，由于人民太弱小，无力催生此种公共制度，王权的扩大也就是向民主和自由过渡必不可少的一个过渡期了。

与此相反，托克维尔视贵族社会为一个地方父系政府的社会，它保障了相对于中央政权而言的个人自由。这个贵族社会在国王行政和总的变化趋势打击下逐步消亡才敞开大道，但并非通向自由，而是通向平等。

其实，基佐和托克维尔都认为法兰西历史的基本辩证法是社会政治性质的，建立在王权扩张的基础上，下有民主的"人民"大众支持；只不过基佐把托克维尔称为民主或平等的东西唤作自由罢了：基佐认为贵族是自由的障碍，而托克维尔则从中看到自由的奠基人和持久屏障。阐释的基本矛盾之处，主要涉及国王和贵族在法国历史中的双重角色以及他们分别被赋予的政治伦理价值。

看来，对比一下这两个人深刻的政治选择是挺有意思的——将基佐的平民式傲慢（"我乃1789年激情培养的一代，绝不轻易低头"）同托克维尔的怀旧（"世上所有社会中，久久不能摆脱专制政府的必是贵族人去楼空且不可能再来的社会"）做个比较。这种对比虽说是经验式的和存在论意义上的，却只会更好地衬托出历史分析中那些大的概念数据的相似性。在这个范围里，1836 年的托克维尔较之基佐新颖之处想必多半在于其家庭传统的巧合，而不在于他知识方面的想象力。

20 年后，反而是《旧制度》一书构成了此种贵族传统的更其复杂的概括。托克维尔不仅为之投入了若干年的补充思考和探究，还倾注了他自己作为政治家的经验。

二

《旧制度与大革命》一书是用非常出色和浓重的笔调写成的：托克维尔身后留下的笔记今已全文发表，收入托氏文集加利马（Gallimard）版本第二卷；这些笔记证明作者很注重反复打磨术语的细活，同时也非常讲究形式。但是这部看上去明朗透彻的散文远没有 1836 年那篇论文那么清晰：因为历史概念化也好，论证的不同链节也好，皆不易重建。

但此事必须做；因为对于他那个时代的“大革命史”古典风格，托克维尔始终避而远之，并且不理会叙事。总之，他不提梯也尔[1]，不提拉马丁[2]，也不提米什莱，而他肯定读过他们

---

[1] 梯也尔（Louis Adolphe Thiers，1797—1877）：法国政治家、历史学家。早年与米涅等创办自由资产阶级报纸，主张英国式的君主立宪制。七月王朝时多次出任内阁大臣和首相。第三帝国时期成为反对派领袖。1871 年出任政府首脑，与普鲁士签署《凡尔赛预备和约》。同年镇压巴黎公社起义。后任第三共和国总统。著有《法国革命史》（Histoire de la Révolution，1823—1827）、《执政府和帝国史》（Histoire du consulat et de l'Empire，1845—1862）。——译注

[2] 拉马丁（Alphonse de Larmatine，1790—1869）：法国诗人、作家。早年在里昂受教于信理神父门下。1820 年发表诗歌成名作《沉思集》（Les Méditations，1820）。1830 年当选法兰西学士院院士。不久当上国会议员并决心从政。1848 年革命后参加临时政府，任外交部长。某种基督教自由主义理想使（转下页）

的著作[1]，至少翻阅过；他之所以撤弃史学界此种非常古老的评注先人著作和（或）抄书的传统——此种传统至今尚未死亡——恐怕不是出于鄙视，而多半是想把他的工作放到不同于历史－叙事的另一层面。托氏的历史撰述在这一点上是非常现代的，是对某些精心挑选的问题进行审查，并以此为出发点去建构关于大革命的一个总的解释或阐释：故只能求助于第一手资料，包括手稿和印刷物，还得考虑全书布局，排除按年代的铺叙法，仅求逻辑上的完整。

三大部分。第一部分界说大革命的历史意蕴及其基本内容，其内容不是宗教性质的（因为从中期着眼宗教毋宁是被大革命"重新煽动"起来的），但也不是纯政治的、纯社会性的，而是社会－政治不分的：是平等制度取代旧的"封建"制度——而所谓"制度"，托克维尔指的既是社会秩序，也是政治秩序，即条件平等和现代行政国家。这就是大革命的普适性，尽管它流露出它在法国经由民主意识形态而蒙上的近乎宗教的外观。就这样，托克维尔开门见山地暗示，法国事件的方式相对于其内容和基本规定性来说是次要的，后者才是他的分析对象：国家－公民社会辩证关系在法国是怎样演变的，在旧制度的最后几个世纪和最后几十年里是怎样走过来的，是怎样被思考和被重新想象的，这就是法国大革命的秘密所在，也是它在年代学上和知识上优于整个欧洲进程的地方。这样，托克

（接上页）拉马丁成为近代政治浪漫主义的早期代表之一。其主要作品还有《诗与宗教的和谐》（*Harmonies poétiques et religieuses*，1830）、长诗《约瑟兰》（*Jocelyn*，1836）、小说《葛莱齐拉》（*Craziella*，1852）。作为历史学家，他留下一部颇有特色的《吉伦特党人史》（*Histoire des Girondins*，1874）。——译注
[1] 托克维尔肯定读过梯也尔的著作，他在《书信》里评论过梯也尔的那部"史书"。

维尔就从某种比较社会学转到以社会学词汇提出的法国史问题方面去了。

接下来，这部著作的写作把两种解释类型区别开来：古老的、一般的原因（第二卷）和特殊的、较晚近的原因（第三卷）。所以这里面有一种因果层次重叠于一种时间性差异：一般的原因是长时段的原因，埋藏在许多个历史世纪的深度里，从一个十分遥远的过去施展它们的各种效应，超出人的记忆力，不为人知地准备着新的社会政治条件。特殊原因则仅仅在于18世纪，甚至是18世纪的最后几十年；它们并不反映出转型的必要性，因为转型乃漫长过程的事情，而是反映出转型的日期和性质。

我们先来看看长时段的原因。该书第二卷的十二个章节对此有所分析：这些原因的统计大体上遵循该书第一卷的理论前提，托克维尔全面检视了法国历史中行政中央集权化的特征（第二至第七章），然后又检视了公民社会的特征（第八至第十二章）。可是，讨论封建法权和农民问题的第一章却令人惊异于它的独特性：为什么开篇就用一整章来描述旧制度的平衡失调，而在全书的最后一章（第十二章）又重提乡村社会研究，仿佛这个问题值得框入总的分析？对这个问题，我没有明确的答案。的确，这两个分开的章节是从两个不同的角度去处理农民社会的，前一章节讨论农民－领主关系，后一章节讨论农民－国家关系。而在研究了中央集权及其对公民社会各层面的影响之后，这两个章节在第二卷末尾汇合似乎是再自然不过的了。

除非托克维尔不愿意一上来就审查旧制度在革命者眼中所包含的更其骇人听闻的东西，借以展开对旧制度的全面分析，进而按此优先例证马上就提出他的一个基本看法，即旧制度和大革命之间有一种连续性：封建法权并非由于特别残酷才变得为法国人所深恶痛绝（须知这种法权在欧洲其他地方更沉重得多），而是因为法国农民在很多方面早已是 19 世纪的农民了，也就是说已经成了不受领主支配的有产者。被剥夺了天然关联物（corrélats）之后，封建法权便单纯地从制度状态降为残余物状态了。这同时也解释了一种表面的悖论：

1. 革命在革命前就已完成了四分之三以上；

2. 封建社会在乡村的残余更加丑恶了，故通过革命争取农民解放的心态日益高涨。

通过客观审查革命突变的真实内容，托克维尔提出了意识形态失真的严重性。这是一个异常丰富的构想，想想昨天和今天，多少历史学家动不动就拿革命话语当令箭，殊不知可能没有比革命意识更"意识形态"（马克思主义意义上）的了。

透过"封建法权"这个题材，托克维尔如此标画了给大革命留下深刻烙印的连续－中断辩证关系（可以大致这样说：事实上连续，精神上中断），接着他过渡到对中心大事件的研究，正是这个大事件在旧制度和大革命之间牢牢维系了历史的连续性：公共权力和行政中央集权的扩展。顺便指出（稍后还会探讨）托克维尔在这里把他 1836 年论文的顺序（逻辑的或年代的）倒过来了：现在他从 20 年前结束的地方开头。和他本人 1836 年的文章及同代人相比，托克维尔又一新颖之处在于更新了王权扩大这一古典主题，但不强调君主制严格政治意义上的胜利，而是强调它的行政影响力。在他看来，自中世末叶以降，法兰西国王在行政方面的征服乃是国家历史的主导特点，正是通过日常的行政事务处理，政权才得以对公民社会施加影响。托克维尔描述的图景已广为人知，这里不复赘述；但这幅图景提出了一些值得清理的问题。

首要一个问题是它的历史精确性。托克维尔是个非常精通 18 世纪行政资料的行家。他聪明就聪明在把立足点定在等级交通的两端：一方面他翻遍了国家档案馆的 F 系列（中央行政）和藏于国家图书馆的补充手稿；另一方面，他系统地搜索图尔（Tours）总督府的地方级文件，考察杜尔戈留下的有关他本人在利穆赞地区主事经历的自述。他想知道，从上到下，从中央官僚到最不起眼的乡村共同体，通过总督的主要中介，权力是怎样真正运作的。他这样做时，自然遇到了所有修旧制度史的史学家熟知的困境：上有各种名物规章的繁文缛节，下有常年的法纪失度，表现在相隔数年就重复发文，下达同样的敕令或同样的公文。托克维尔描绘的图景考虑到了这种二重现实：他先分析王国行政触手般伸向乡村和城镇的情况（第二至第五章），然后，从第六章开始，揭示这种行政框架化之有限："旧制度整个儿都在这里了：一部僵硬的法规，一种软绵绵的手段：这就是它的性格。"（第六章，第 134 页）而且他添了一句清醒的评语，无意中带有自责，因为他在前面几章里略有过失，现在明确加以指正："谁想凭当时的法律汇编来评断那个时代的政府，谁就坠入最可笑的谬误。"附录中还有这样一句更加明白无误的话，影射什么呢："旧制度的行政是那么地繁琐，那么地不均匀，以至于只能在少行动的条件下继续存活。"（着重号系我所加）[1] 所以，令托克维尔大为惊讶的不是

---

[1] 但是在其他一些段落里（如第二卷第六章，第 133 页），托克维尔又提到过旧制度政府那种"罕见的活动"……这种表面上的自相矛盾，得从政府和行（转下页）

旧制度下行政部门的真实权力，而是它的政体瓦解效应，它的一切权力或一切中介手段化为乌有，包括领主、教士、共同体法定代表和市政长官。美好国家（Etatprovidence）尚未成为事实，但已经深入人心。旧制度发明了这样一个权威形式：专横的中央政权／孤立的个人，革命制度必钻进这个套子。它集中了国家化（étatisation）的大量政治弊端，却没有显示出它的任何实际好处。

这种关于行政和政府的辩证法并非没有疑难。有些难点在于对事件的阐释本身：尽管把注意力集中于旧制度下权力的虚脱——这种虚脱乃惯例、程序、个人及共同体地位异常杂多之后果——托克维尔还是整体上高估了行政中央集权。他的思想底蕴，可以从一则工作笔记中窥见一二，似乎想用一句话就概括这个权力体系的特征。"一种非常集权化、非常优越的王权，它是一切原则性事物中的主宰，拥有界定不清但浩大无边的权限，事实上它也在行使（着重号系我所加）这些权限。"（第二卷，第375页）这个中心信念，最终还是同其他一些有关此种王权行使权力有限度的说法相矛盾，结果在涉及此种中央集权的真正历史动因的问题上，托克维尔奇怪地三缄其口，要么过分地简单化：在其分析工作的这一阶段，譬如他对卖官鬻爵不置一词，而这是君主制官僚体制的一个重要历史现象，但对他的论点来说却是一个暧昧的现象，因为卖官鬻爵既是中央权力的一个手段，也是中央权力的一个障碍。不过他还是试图界

（接上页）政这两者的区别去找答案，因为在托克维尔的著作里，将这两者区别开来已成为惯例——尽管这种区别在《论美国的民主》一书的某些段落里那么明晰，而在我们眼下分析的《旧制度》一书里却变得模糊不清：比如，总督处在什么位置？正是政府活动频繁和它在实地软弱无能这一反差说明了法律的日渐式微。

定旧制度的官僚体制，他在第四章里写道："行政官员几乎都是资产者，他们已经组成一个阶级，有自己的特殊精神、自己的传统、自己的道德准则、自己的荣誉和自豪感。这是新社会的贵族，新社会已经形成，并且充满活力：它只等大革命来腾出它的位置。"对托克维尔来说，这种分析的好处就在于可以创造出一个清一色的社会集团来，它高于社会，也就是说在社会以外，由其职能来界定，分享同样的价值，是中央集权程序的支柱。但麻烦在于这一切都是不准确的：18世纪的行政官员——譬如人们会想到总督——并非"几乎都是资产者"，还远远达不到这一步；他们之间是深深地分裂的，不仅是由于野心和拉帮结党的游戏，还由于政治意识形态抉择不同——譬如人们会想到重农学派和轻农学派的分野；他们当中最"官员"者，亦即同中央政权有直接联系者——凡尔赛的官僚、外省总督和再授权的下级——这些人后来都未能逃过大革命的灭顶之灾，甚至在革命的初期，而那些买来官职的人反而组成了革命的领导集团之一。就这样，在这幅可能有点过分的关于政府中央集权化的图景引导下，托克维尔凭推断重构了他所描绘的这个过程的那些行动者。

当他涉及这个程序的年代和原因时，不确定性就更大了：何况他是含沙射影，经由一连串的点触，才走到这里的，压根儿没有提出一个有关政治变化的总的理论。这可能是他还没有达到驾轻就熟的程度：作为一个相对大器晚成的历史学家，加之对18世纪以前数百年的史料所知甚少，他显然还是个追随前辈的学步者，仅凭自己的直觉和预先假定来重组前人的材料。第一卷第四章里粗描的历史画面依然拘泥于传统的历史分期：中世纪政治制度随着行政君主制的崛起及侵越贵族权力而崩溃于14世纪和15世纪。由于恪守法国史的这一传统年表，托克维尔在他未曾专门研究过的这一领域也同样坚持他1836年的阐释：他评估旧的贵族权力，将它视为某种建立在互相提供服务基础上的地方性自行管理，或视为领主和村社共同体之间一阕值得信赖的田园诗。可是这一切全然没有按历史方法来分析：托克维尔似乎心照不宣地认为15世纪和18世纪之间中央集权过程平稳地发展起来了，却又从未详察其原因和阶段：甚至连路易十四都没提到。国家发展的重要因素王朝战争也没有提及。谈到18世纪，他写了如下晦涩难懂的句子（第二卷第五章）："社会正处在大进步之中，每时每刻都唤起新的需求，而每一需求对它〔政府〕都是权力的新源泉；因为只有它才能满足这些需求。法庭的行政范围是一成不变的，而它[1]的范围是活动的，并且随着文明本身而不断扩大。"这么说来，中央集权的进步只是单纯地、非常泛泛地同"文明"的进步发生联系：可见托克维尔分担同代人对进步的信念的方式，在于用历史学词汇表中最晦涩的一个词来命名他对不可避免之事的深刻而又持久的感情。我们永远也不可能知道得更多。

鉴于第二卷前面七个章节（第一章除外）已经描绘了18世纪行政君主制的机能（毋宁说描绘了人们今日所说的机能失调），托克维尔从第八章起开始分析公民社会。前面已经指出，这个方案表现出将惯常提问法颠倒过来的特点，这不仅关涉到1836年那篇论文，也关涉到《论美国的民主》一书。政制分析之前，对"英美社会状况"做了一番勾勒（第三章，第一部分）；托克维尔在该章结尾特别说明："像这样的一种社会状

---

[1] 指政府。——译注

况，其政治后果是不难推断的。平等若最终不像渗透别处那样深入政治世界的话，那就不可理解了。"在强调社会（按其宽泛意义，含心态习惯、"风俗"和"公共精神"）较政治有优先性的同时，托克维尔隐约地表述了一种孟德斯鸠式的或韦伯式的关于社会的总的类型学理论，在其1836年的论文中亦有明确的表达："贵族"社会倾向于地方为政，而"民主"社会则倾向于中央集权化政府。此外，他当时似乎既不反对公民平等（这是他的"民主"定义的基本内容），也不反对政府中央集权（只要稍微带点行政权力下放就行了）：这是托氏研究美国的深刻心得。

　　可是，20年后，《旧制度》一书的大纲极有可能是应了他的判断和他的思想的一个小变动而拟定的：而且人们也注意到[1]，同1836年论文相比，《旧制度》一书中"民主"一词的使用相当少见了，似乎托克维尔已经逐步摒弃他过去的分析中习用的关键概念，却又不能完全释手。究竟出了什么事？作为政治家，而非仅仅是知识人，托克维尔刚刚经历了1848—1851年间的经验。1848年，民众爆发和社会主义急剧高涨，成了民主"大势"的法国新变种，明显表露出托克维尔过去作为既成现象加以描绘的社会民主化的局限；何况这种局面令他充满恐惧。曾经滋润美国社会分析的深思熟虑的乐观主义，现在让步给恐惧。大革命前的改革家如今成了一个以高昂代价建成的秩序的保守派。这就引出了双重的问题：一个是理论上的，即定义问题；一个是存在性的，即价值判断问题。1851

---

[1] S. Drescher:《民主的困境：托克维尔和现代化》(*Dilemmas of Democracy: Tocqueville and Modernization*)，Pittsburgh，1968年，第242页。

年12月2日托克维尔曾经支持过的、亲身参与的显贵政府毫无荣耀地垮台了（这届政府的制度被他视为1789年以来法兰西最好的制度，他在《回忆录》中如此界定），让位给1789年以来出现的最糟糕的中央集权专制主义。从此，很难再用同样的社会状态，很难再借助历史在同一时刻证明其延伸并不确定的一个概念来解释像七月王朝、第二共和或拿破仑第二专制那样大不相同的政治制度了。[1]托克维尔视角的转变，强调政治的（政治－行政结构的）自主权和优先性，这一切可能得自那几年的经验。

关于这个转变，可以从《旧制度》一书的笔记中找到大量痕迹；笔记中显露的概念起草工作，较之在定本中要自由一些。譬如谈到"民主"一词的含义时，书中（下卷，第198页）写道：

"最能将混乱投入精神的，是人们对这几个词语的使用：民主、民主制度、民主政府。只要人们不能明确界定这些词，只要对定义达不成一致，我们就只能生活在理不清的思想混乱之中，结果是帮了煽动家和专制者的大忙：

"有人会说，由一个绝对君主治理的国家必是民主国家，因为他是依法律或者在有利于人民条件的制度下治国的。他的政府必是一个民主政府。他将组成一个民主的君主制。

"可是，民主制、君主制、民主政府这些词按它们真正的含义不可能指的都是一个东西：一个人民多多少少可以广泛参

---

[1] 马克思在其《路易·波拿巴的雾月十八日》一书里也遇到同样的问题，尽管出发点是一个不同的解释系统：读马克思这本书，人们始终不明白为何领导阶级（地主／资产者）的不同利益使一个共同的政府既可能也不可能，而且还带来逐步升级的盲目错乱。

与治国的政府。这个政府的意义同自由的观念是紧密相连的。根据这些词的天然含义，将民主政这个称号赠给一个不存在政治自由的政府，无异于睁着眼睛说瞎话。"

这条笔记令人困惑，因为在里面托克维尔非常明确地批评至此为止他一直给民主这个词做出的含义：可是，矫正的办法却在于让社会层面的东西（平等）跑到政治层面（参政和自由）去，好像后者变得比前者更基本了似的。

还有别的段落也反映出同样的滑动：第二卷第五章有关中央集权的一个附录。在这个附录里，托克维尔对法国在加拿大的殖民和英国在美洲的殖民做了一个很出色的比较，指出殖民现象使这两个政府的灵魂膨胀到可笑的地步。在加拿大，没有贵族，没有"封建传统"，没有教会高高在上的权力，没有植根于习俗的古老司法制度——简言之，压根儿就没有旧欧洲公民社会那样的东西，没有什么反专制政府的东西："人们以为已经是现代的中央集权了，恍然好像在阿尔及利亚。"相反，在相邻的英属美洲，那里的社会条件是相似的，"共和因素由于构成了英国式宪政和风俗的基础，故显得畅然无阻，并发展起来。严格意义上的行政在英国成效并不大，倒是私人做了很多事情；在美国，可以说行政不再插手任何事情，个人联合起来做一切。上层阶级不存在，使得加拿大的居民比同时代的法国居民更听命于政府，而英国行省的居民则越来越独立于权力。这两个殖民地最终都建成了一种完全民主的社会；但在这里，至少吧，只要加拿大隶属法国，平等就会与专制政府混在一起；而在那边，平等却同自由携手同行。"

在与《旧制度》同年代写就的这则笔记里，有两个观点在我看来格外中肯：

1. 政治自由不见得一定同上层阶级的存在，同一个"贵族阶级"（按托克维尔给此词规定的意义）的存在相联系。在英属美洲，"上层阶级的不存在"反而使得个人"越来越独立于权力"：明显同1836年的概念程式——贵族阶级/地方政府/政治自由——分道扬镳了。

2. 在这两种社会的演变中，具有决定性意义的实际上不是它们的社会状态——两者都是同样民主的，而是它们的传统以及它们的政治 - 行政实践。

这的确是对《旧制度》一书基本连接分析得出的看法：并非托克维尔流于某种完全与其思想特征风马牛不相及的因果一元论。相反，他始终注意到原因和结果是错综复杂的，仅凭经验对史料的观察就已显示出这一点。但无论如何，在他最后一本书里，公民社会毕竟不太像是政治道德社会的一个原因，而更像是一种结果：也许这就是《旧制度》一书最基本的学术独创性吧，无论与他先前的著作相比，还是一般地从19世纪政治社会学的角度来看，均是如此。

所以，历史演变的中心现象，即其基本的特征，乃是君主制的权力以及政府中央集权的扩大，而两者都是同大规模的发展相联系的。这个过程既导致公民社会解体，又使之趋于统一（"阶级分化乃是过去旧式王权制度的罪行"，第二卷，第十章，第166页），因为公民社会被分割成由日益相似的个人组成的日益对立的集团。上层阶级要么是无力维持它们旧的政治权力，要么是无法联合起来形成一个新的政权，只好向行政专制主义让道，后者则反过来加剧了政府中央集权的后果。

在该书第二部分，托克维尔分析公民社会时，以复辟王朝史学正宗传人的身份谈到了"阶级"问题："当然，人们可以用个人来反对我，但我还是要谈阶级，只有阶级应该占据历史。"（第二卷，第十二章，第179页）但他摆弄这个基本概念时，总是带有一种暧昧：阶级时而界定为旧制度的等级，时而又依据某种组合，介于旧制度法权和一种相当空泛的财富及社会尊严标准之间，把富裕资产阶级也归入上层阶级。这种隐约其辞的暧昧性，这种不断从一边跳到另一边的姿态，其实别有用意，是托克维尔谈到18世纪法国社会时给自己提出的一个问题引致的：这个社会为何不能不经过革命而从僵死的等级制度过渡到权贵/人民、上层阶级/下层阶级这种现代的二元对立呢？然而，假若如我所想，这就是托氏问知的基础的话，人们不妨在此权衡一下自《论美国的民主》一书问世以来走过的道路。托克维尔已经从一种社会平等和政治民主的提问法转到一种上层阶级和精英阶层的提问法了。确如他在《论美国的民主》一书（第二卷第九章末尾）所暗示，他这次研究的不是由共和派及平等派流亡贵族从零开始组成的社会，恰恰相反，是一个植根于贵族传统的世界，为此他不能把相同的分析从一个社会搬移到另一个社会。然而这两卷书毕竟还是有调式上的差别，还是存在着悒悒笼罩《旧制度》这部散文的那种感伤气氛：30年代的那种未来希望，如今已成了对往事的怀旧。[1]托

---

[1] 从《论美国的民主》到《旧制度与大革命》，这种语调的变化，这种从乐观主义回到怀旧，要不要再举一个例证呢？读一读下面两段文字就知道了，托克维尔试图确定民主社会所能催生的那种类型的人，想明确表达他对这件事的判断。

《论美国的民主》，第一卷，第六章（结尾部分）：

对社会及其政府，你期求什么呢？得知道自己想什么。你们想赋予人的精神以某种高度吗？想让它以宽宏大度的方式来考虑这个世界的种种事情吗？你们想启迪人们，让他们对物质财富多少持某种蔑视吗？你们希望产生并保持那种深刻的信念，为伟大的献身精神做准备吗？　（转下页）

克维尔不断回首，遥望贵族，并且时常提起贵族往日美好时光的神话景象，亦即那种聚集在贵族卵翼之下的乡村共同体的图景，那个图景不管怎么说还是自由的，那是一个相对离得近而且有着博爱情调的公民社会图景，它已经被君主制给摧毁了。

但是，托克维尔的这一"存在性的"演变哪怕再显而易见，哪怕再容易为对现实特别敏感的人所理解——这样一种思

（接上页）　　对你们来说，这样做就是改良风俗，升华举止，让艺术发扬光大吗？你们想要的是诗歌、声名和荣誉吗？

你们想组织一个能强大地影响其他民族的人民吗？你们想让这个人民去从事伟大的事业，不管结果如何都能名垂青史吗？

假如按你们的看法，这就是处在社会中的人应该给自己提出的主要目标，那就不要采纳民主制的政府；它肯定不能把你们带到这个目标的。

但是，假如在你们看来，把人的知识和道德活动转移到物质生活的需要方面，用它来创造福利（bien-être）是有益的话；假如在你们看来理智比天才对人更有用的话，假如你们的目标不是去建立什么文治武功，而是创立平静的习俗；假如你们宁可看到一些不良习气，而不愿看到罪行，宁可少一些伟大的行动，也好过些许罪恶；假如你们惟愿在一个繁荣的社会里生活，而不愿在一个闪亮的社会里行动；一句话，假如在你们看来，一个政府的主要目标不是给民族整体带来尽可能多的力量和荣耀，而是让组成这个民族的每一个人都得到尽可能多的福利并尽可能避免灾难，那么，就请你们做到条件均等，组成民主制的政府吧。

《旧制度与大革命》，第二卷，第十一章，第175页：

18世纪的人们几乎不知道这种对福利的迷恋，这种迷恋就如同奴役之母，软绵绵的，却顽固而不可革除，它自然而然地渗入许多私人的德行之中，掺杂于家庭之爱，掺杂于习俗纲纪，掺杂于对宗教信仰的崇敬，甚至掺杂于能让人秉持正直并捍卫英雄主义的修行，即那种对既定信仰所奉行的温熙而勤勉的日常功课，以至于可以说此种迷恋盘根错节地交织于这一切之中，并且很能制造出一些规规矩矩的人来，制造出一些懦夫式的公民来。这种公民曾经是最优秀的，也是最坏的。

那时的法国人热爱生活，追求乐趣；跟今人相比，那时的人在习惯上也许更无节制，在激情和观念方面更不讲仪轨；但他们不懂我们现在看到的这种温文尔雅、合乎礼仪的感官主义是何物……

辨性思想，如此地具有方法特征，如此明确地与实践的迫切需要相联系，是少有先例的——在他的著作里毕竟自然而然地被嵌入一种贵族史概念化的内部，大体上还局限于他1836年的论点，虽然情感内涵已经改变。《旧制度》这个文本的好处就在于，它用不着多少模式论，就能让人对所提出的问题和未解决的矛盾有一个最佳的理解。

也许可以戏仿班维勒[1]，用如下一句格言来概括托克维尔的辩证法：18世纪的法国社会太民主了，无法保留贵族的东西；太贵族了，无法拥有民主的东西。太民主，指的是该书第二卷第七章至第十章描绘的诸种精神统一过程和上层阶级相互孤立的过程，以及第十二章的内容，托克维尔在这章里（就像在第一卷的开头部分一样）单独处理农民问题。太贵族，指的是奇怪的第十一章，托克维尔在这一章里分析了贵族传统给旧制度的法国社会留下的独立精神和自由含义，不仅讴歌它们，还拿它们跟"民主的"平庸做比照，但他强调这种精神是与特权观念联系在一起的，不可能躲过民主制度而存活下来，更不用说缔造民主制度了。

这场不好自圆其说的演变，由于革命爆发而愈发严重了，可变化究竟在哪个层面？正是这一点从未清晰，需要加以澄清。托克维尔同时处理经济、社会和人们称之为意识形态

----

〔1〕 班维勒（Jacques Bainville，1879—1963）：法国历史学家。巴莱士（M. Barriès）国家主义学说的门徒，其历史撰述代表了20世纪初法国史学中的保守主义和民族主义，对共和制民主持悲观态度，认为法国历史上惟有君主政治能够抵御泛日耳曼文化的入侵。著有《法国史》（Histoire de France，1924）、《拿破仑》（Napoléon，1931）、《三代人史》（Histoire des trois générations，1934）、《独裁者》（Les Dictateurs，1935）、《第三共和》（La Troisième République，1935）。——译注

（l'idéologique，没有更好的叫法）的东西。

在经济问题方面，他始终流于肤浅和空泛，但至少他的沉默是清醒的；这是人生中他不大关心的一面，他只是因为社会牵涉或知识牵涉才对它感兴趣，而且从未赞成它或把它视为变革的根本机制。他也不去搜罗有关旧制度的严格经济上的史料，而他本人对社会的、行政的、政治的以及知识方面的史料是那么的熟悉。他偶有记叙巴黎工业活动的发展情况（第二卷第七章，第 141 页），是为了指出"工商"也受了"行政事务中央集权化"的吸引。当他谈论阶级间财富分配（这只有部分是经济问题）发生的变更时，也是非常过于简单化的：贵族贫困化、"资产者"变得富有（第二卷第八章，第 145 页），却没有什么东西反映出这个假设的过程跟哪一经济因果性发生联系。注意到王国城市规划的特点是"中产阶级"大量进城时，他只是简单地回到"行政的"解释："尤其有两个原因造成了这一效应：绅士的特权和人头税"（第二卷第九章，第 153 页）。最后，他对农民贫困的解释也是非常泛泛的："社会的进步使所有其他的阶级都致富了[1]，惟独让农民大失所望；文明单单反过来同农民作对。"（第二卷第十二章，第 185 页）此外，他描绘的整个农民生活场景表明他对农村经济的技术条件一无所知。

法国社会的经济变化就这样或简单地被从另一种变化（政

---

〔1〕 托克维尔此说与他本人前文谈到的贵族贫困化显然自相矛盾。而且学界知道，就 18 世纪而言，被视为一个社会整体的"这一"贵族阶层的贫困化说法是不准确的，因为当时的经济行情反而是促成了各种形式的地租〔封建赋税、庄田地租、自耕农佃租（faire-valoir direct）〕大幅提高。所以托克维尔的第二个说法似乎比第一个说法准确；但这个说法也并不十分代表他本人的思想特征，因为他需要做的事情是从贵族的政治衰落中推导出它在经济上的衰落。

治－行政的变化）中扣除了，或者被简化为一些泛泛的抽象概念（诸如"社会的进步""文明"），也就是说为了它而干脆就忽略了。经济学说问题亦是如此：譬如托克维尔读过重农学派的著作，但从未见他提到过这些人严格的经济分析（可能他不感兴趣），连这派人反柯尔柏重商主义而提出的"听任，放行"基本主张也只字不提；他惟一记下来的是他们提出的"合法专制主义"论点，但只是为了予以抨击（第三卷第三章），其实这个论点不过是界定一种经济合理性的推论罢了（再说这个推论也遭到杜尔戈等由古尔乃[1]学派培养出来的"边缘"重农主义者的拒斥）。自然是因为重农思想只有这个特征进入了托克维尔的 18 世纪逻辑：但在整个社会上层人们从此被迫不再关注这一经济自由主义思潮。托克维尔当然也就对此闭口不谈了。

在严格的社会学描述里，他倒是重新找到了一块比较熟悉的地盘。并非他的调查工具新颖或精确，大家都已看到；而是在这里他不仅起码能同他自己的历史学结缘，而且还同他的基本话语接上了茬儿，因为他找到了一个更能直接地感受到政治效应和行政效应的领域。社会呈现出来就像立法和施政后果的一个巨大场域：作为回报的，却是多少的预期理由（pétitions de principe）啊！贵族贫困了吗？喏，这就是解释："保护贵族财产的法律还是原来的法律啊；他们的经济条件似乎并没有什么变化呀。然而到处他们都在贫困，恰同他们到处丧失权力成比

---

〔1〕 古尔乃（Jean-Claude Marie Vincent, seigneur de Gournay, 1712—1757）：法国经济学家，18 世纪经济自由主义的倡导人之一。受重农学派创始人魁奈（Quesnay）学说的影响，主张废除一切规章，实行工业自由和垄断。——译注

例。"下文稍远又写道："随着他们日渐缺少阅历和秉政精神，法国贵族慢慢贫困了。"（第二卷第八章，第 144 页）贵族产业之被分割，本身不过是上述基本事实的一个迹象和后果罢了。

这类分析集中了逻辑不清和既定事实不确凿的大量弊病。社会集团方面的权力/财富关系，在托克维尔那里和在马克思那里（关系主次倒过来[1]）一样不明确，而且托氏只是为了做一种生物学式比较才提出这种看法的，结果让读者有隔靴搔痒之感：如果没有理解错的话，政治权力就是此种"无形的中央力量，本身就是生活的原则"，是一切人类社会的核心。另一方面，由于托氏根本就不考虑政权对财富进行社会再分配的问题，人们对他的分析就更不得要领了，虽然就 18 世纪而言，此项研究极有可能把他引向相反的结论[2]。最后，人们已经注意到 18 世纪法国贵族远未被排除在权力之外——至少某一部分贵族是如此，但托克维尔从不在集团内部加以区分。18 世纪的这些贵族占领、征服并充斥于法兰西权力格局的所有大道，也许可以说他们丧失了"秉政精神"，但肯定没有丧失"阅历"。

除非在托克维尔的头脑里，或多或少不直说，甚或多半是认为，新贵族，尤其因报效国家有功而获国王加封并致富起来

---

〔1〕 指马克思将"权力/财富"关系主次地位倒过来，变成"财富/权力"关系。——译注
〔2〕 关于此种专制主义基本机制在 18 世纪运行的实际情况，应该读一读 H. Lüthy 的很有见地的论述：《法国的新教钱庄》（*La banque protestante en France*），第二卷，第 696 页；此书将卡洛纳的管理成就作为贵族的一个真正的（也是最后的）美好时期来介绍。〔译按：卡洛纳（Charles-Alexandre de Calonne, 1734—1802）：法国政治家，曾任梅斯、里尔总督，任职期间多有重大经济举措，包括筑路、修渠、发展海路贸易等。1783 年出任财政总监，推行均税改革，未获成功。参看本书第 107 页注 1。〕

的贵族——柯尔伯或卢伏阿[1]之流——不是值得大书特书的贵族之辈，不属于具有贵族传统政治美德的人物。这种隐隐约约的排斥态度，倒是跟18世纪国家机器专门由"资产者"把持的看法异曲同工。但矛盾之处潜藏更深：因为托克维尔指责法国贵族变成了一个由出身决定的"种姓"，不再是一个贵族阶级（aristocratie），亦即不再是一个行使着权力的、人数有限但相对开放的公民群体。然而法国贵族从来都不是托克维尔梦想的那种"贵族阶级"，譬如16世纪由元老院治理的威尼斯，就是一个贵族阶级。相反地，直到旧制度末日来临[2]，法兰西那些可以上溯到中古时代的古老世家在等级内部已经屈指可数，法国贵族都没有停止过向平民晋升之途敞开门户。反而是通过卖官鬻爵[3]和王室加封这双重游戏，也就是通过专制主义并与之丝丝相连，贵族不复是大地上世袭领主的一个封闭群体，而是在为国效命的名义下广纳天下最富的商贾子弟和勤王有功的功臣。所以，凡文中托克维尔有言"此等贵族愈是终其

---

〔1〕柯尔伯（Jean-Baptiste Colbert，1619—1683）：法国政治家，路易十四时代著名宫廷谋臣。初任首相马萨林（Mazarin）的私人理财官；路易十四亲政后，历任王室总管、财政总监、建筑及工场督造等要职，实际成为国王背后的实权人物，与时任首相、稳把军权的卢伏阿暗中争强。任内推行重商主义，开创国家和私人工场，拓展海外通商贸易，被后人称为"柯尔伯主义"。卢伏阿（François Michel Le Tellier, marquis de Louvois，1639—1691）：路易十四时代任首相并掌管军权。任内改革军队，建立各省预备役部队，开办军校，实行平民子弟可以晋升军官的新军衔制度。——译注
〔2〕在将法国贵族界说为"种姓"的同一章（第九章）里，托克维尔还写道："在我们历史的每一个时期，贵族〔头衔〕从来没有像在1789年那样唾手可得……"这里加一句：此种现实并未改变什么，倒是改变了等级隔离的意识。
〔3〕在卖官鬻爵的问题上，《旧制度》一书前后矛盾到有点离谱的地步；第二卷第十章把这种制度斥为奴役的根源，而接下来的一章又赞扬18世纪法国行政官员制度的独立性——而卖官鬻爵显然是这种官僚体制的支柱。

贵族阶级品第，愈发像是变成了一个种姓"（第一卷第九章，第151页）之处，似乎都可以把这句话倒过来书写：此等贵族愈是终其种姓之门，愈发成为一个贵族阶级。

至此，我们似乎触及了托克维尔阐释体系乃至其暧昧笔触的核心。因为《旧制度》一书的整个社会学分析是围绕着aristocratie/noblesse〔贵族阶级／一般贵族〕之辩证关系打转的，作为阶级的贵族乃是一般贵族的生成目标（devoir-être），是这一存在的本质。然而，由于托克维尔对18世纪以外历史文化的掌握始终相当浮浅，他对法国贵族史（以及贵族阶级史）只具备一种通常的和传说式的见解。在起源方面，他从未否弃将贵族和法兰克征服者相提并论的传统论点[1]：所以贵族是产生于征战的一个贵族阶级。他们很快就由于王权僭越而失去这一特征（托克维尔在第九章开头说〔这种情况〕"自中世纪始"，似乎同他在第一卷第四章对中古制度的描绘相矛盾），变成一个"种姓"；按托克维尔赋予这个词的相当异乎寻常的含义，也就是说变成一个公然被褫夺了政治权力，因而更加抓住补偿性特权不放的集团，而非变成一个对一切非内部出生的个人关闭大门的集团。可以看出，这部史学是多么地具有原创性和目的性：法国贵族迷失了，并非因为不坚守自己的本源和自己的贵族原则。人们也能揣摩出这一总体视野多么地受政治的主宰。说实在的，托克维尔对社会本身的兴趣不见得超过

---

〔1〕 主要参看《论美国的民主》第一卷最后一章（《三个种族的现状和未来》），或者参看《旧制度与大革命》第二卷第九章的开头部分。《论美国的民主》的这一章节很奇怪，因为托克维尔在其中断言世界上曾经出现的所有贵族阶级以及它们强制订立的不平等立法都是军事征服的产物。人们不禁会问，那么托克维尔如何归类譬如文艺复兴时期的意大利诸共和国或者18世纪的英国呢？

对经济现象本身；尽管他也很注重税收来源、人口统计、土地赋税簿籍之类史料，他的笔记证明了这一点；尽管做了很出色的细节摘录，他对这个社会的历史始终是冷淡的；法国18世纪贵族形成的真实过程，贵族集团和小群体形成的真实过程，这一切他都不感兴趣。在他的头脑里，阶级，首先是贵族及其形成的阶级，都是传统和价值的托管人，它们随时都可以背叛或体现；然而，贵族又是和贵族阶级的政治原则分不开的，所以贵族勤王的说法干脆就是不能自圆其说的；公职贵族不是贵族。所以，托克维尔的国王就像圣西门的路易十四一样，只能是身边簇拥着一大批忙于到处追杀贵族的资产者。这是一场政治恶战最后的和迟来的回声，同时也是对一个原则的再次肯定。

这样，《旧制度》一书里托克维尔历史描述所在的基本层面不是经济现象，甚至也不是处于自身结构及其不同阶级历史之中的社会。而毋宁是法国人的精神状态，即人们称之为气质或民族性格的东西，被作为民主倾向和贵族倾向两军对垒的领域来考察，分成赞同中央集权和抵制中央集权两大派。想必我们应对这套词汇的模糊性深感抱歉，倘若能够更准确地界定托克维尔的思想的话：在《论美国的民主》第二卷里，托氏研究"民主"对美国精神心态产生的后果，先后区分了"知识运动""情感""严格意义上的风俗"三大说。这里，明确区分托氏研究的不同板块并非总是举手之劳——尤其"情感"和"风俗"——但毕竟还有一根主线可循。在《旧制度》一书里则全然不同了：如大家所见，托克维尔修改了原因的顺序——政府的和行政的中央集权转到第一位——却又不细心区分后果的场域。无疑，各种传统（知识的和情感的）观念或对风俗的看法总算还契合他在第二卷里给出的法国社会图景：中央集权带动了与贵族传统对立的民主"风俗"的发展，这两大"趋势"互相加强，仿佛互不相让而激化了。18 世纪的法国人变得越来越相像，又越来越不同，越来越服帖，又越来越桀骜不驯。衰亡中的旧制度在时人心目中成了两大原则及两路人马旗鼓对垒的封闭战场。在《旧制度》一书里，"民主"与其说是一种社会状态，不如说是一种精神状态。

正是以这种修正为代价，托克维尔在他的分析里引入一种革命的辩证法，无疑对他的工作对象是必不可少的。因为，如他在美国研究的那样，"民主"不仅仅是一种社会状态，同时也是一种建基状态，由一些具有民主精神的人携来，从零开始建设，无须去抗击某一个原则、某一种历史和某一些相反的传统。所以这里有一个全社会的和谐发展，其民主原则就体现在实际行为里，故可昭布于所有层面，尤其精神和风俗。相反，旧制度末期的法国给托克维尔提出了一个完全不同的问题，一种历史、一场维新、一次革命的问题。民主（条件平等）不可能在大革命前标画出社会状态，只能在大革命之后确定社会状态。故须求助于一种不同的概念化方法：之前和之后，共同的东西是中央集权，这是变革的原动力；这种中央集权正在使一个社会的人心（esprits）民主化，而这个社会却还死死抓住它被掏空了内容的贵族形式。矛盾把这个社会引向革命，如果一定要用历史学的语言来界说是个什么矛盾的话，那么，这个矛盾本质上并不是社会性的，而是知识和道德范畴的[1]；它只是

---

〔1〕 参看 S. R. Weitman《托克维尔〈旧制度与大革命〉一书的社会学论题》(The Sociological Thesis of Tocqueville's *The Old Regime and the Revolution*)，载 *Social Research*，1966, vol. 33, n°3.

次要地——而且很晚，到 1788 年——才应验了一场内在于公民社会的冲突意识（贵族／第三等级）；它基本上反映的是埋藏在全社会纵深处的一场价值冲突，尤其发生在每个"被照亮的"个人的内心深处，发生在民主的个人主义和贵族的种姓精神之间——而这两者，相对于它们的两个范式而言，都是颓败的形式，但正因为如此，也就更水火不相容，更加对立，最终只有一个调和原则：专制主义。

三

至此，在我看来，《旧制度》一书第三卷的篇旨已经得到解释了；此卷讨论的不再是大革命的遥远原因，而是"较晚近的特殊事件，这些事件终于确定了大革命的地位、发生日期及性质"（第三卷第一章）——换句话说，此卷书审查了我们称之为短时段原因的那些因素。

在托克维尔的观察里，18 世纪中叶，亦即 50 年代，他所研究的那些现象以及它们引发的矛盾出现了加快的势头：首当其冲的当然是人的心态和精神的转变。一切就好像前两卷书所分析的行政中央集权及社会分化漫长过程在这几个年头突然达于某种革命文化：法国，甚少是精英阶层的法兰西，由于其重要性在政治上具备了决定性的作用，于是气吞山河地转向一种有关社会政治秩序的抽象哲学，何况此种哲学之缘起乃这个社会的个人（不管是贵族还是资产阶级）完全缺乏社会经验而酿造出来的，故而从根本上同现存社会格格不入。法国人由于被剥夺了真正的自由，于是直奔自己的天赋权利；集体经验做不来，政治抵抗又缺乏手段，他们只好不假思索地转向革命的乌托邦了；既然没有贵族阶级，没有现成的领导集团，政治家又靠不住，他们只好去找作家文人了。文学于是肩负起政治的职能。从此，这个现象便仰赖一种内在的辩证法而发展起来，并一发不可收拾。因为知识分子不单是出于无奈，本质上也是对政治经验一窍不通的一个社会集团。君主制摧毁了贵族阶级，怎料又使作家成了一个领导阶级的假想替代物。霎时间，整个法兰西从管理方面的辩论忽地转到了最新价值的讨论，从政治转向革命。

并非那个时代的观念特别新：托克维尔指出时代观念是陈旧的。其时社会上创制新说已经减速，所谓张扬不过是观念的回声、受欢迎的情况和所起的作用罢了。何况，这些观念并非法国特产：整个启蒙时代的欧洲都在分享，但并不因此都奔向同样的革命前程。托克维尔给 18 世纪下半叶法国的观念生产及消费绘制了一幅社会学素描，暗示大革命对他来说首先是价值和精神习惯上的转变，并提示说在经历了漫长的君主制中央集权过程之后，这种转变在 18 世纪 50 年代的法国获得了特别有利的条件和特别快的速度。文化革命（我更倾向于"知识和道德革命"的提法）在长时段中是次要因素，但在短时段中则变成了革命过程的基本内容：它的效果是把宗教感情重新注入一种国家范式的假想的信仰（culte imaginaire），从而一开始就抵消这种舆论觉醒可能包含的自由主义的东西。对托克维尔来说，革命的伟大目标乃是"民主专制主义"，它早已由重农学派的理论预告并起草了，而不是议会自由主义：这与其说是1789 年提前了，毋宁说是为 1793 年做"准备"。

法国人历史中的这一突如其来的速度转变，首先是放到知识层面加以分析的；但托克维尔在经济层面和社会层面也看到了这一现象：确如这场伟大戏剧的表演者们（终日为"复兴"的观念所萦绕脑际）心中所想，大革命打击的不是一个颓废的国家，而是一个自 1750 年以来繁荣昌盛的国家。它甚至优先打击对那个世纪的经济、社会发展最为敏感的地区，如法兰西岛（Ile-de-France）[1]。这就是〔《旧制度》第三卷〕第四章的著名论点；这个论点，若非细节[2]，至少是大的线索，已为 18 世纪经济史的研究充分证明。远不像今日马克思主义的或接近马克思主义的史学那样从中瞥见不同利益社会阶级间的斗争因素，托克维尔判断出那是一种额外的精神和信仰失衡：这个制度对它自身包含的新东西来说已经太陈旧了，而法国人对于他们自己保留下来的奴性或确切地说奴性心态又太过于解脱了。既然改革也不能战胜这种不堪忍受之状的意识，只好加快社会的解体：正是在 1787 年，而不是 1789 年，罗美尼·德·白理安[3]摧毁了旧制度，他当时推行行政改革，以选举大会取代了总督。托克维尔指出，这场革命比 1789 年以后影响法国的历次革命更重要，因为后来的革命只触及政治制度，而没有触及"行政建制"。法国人与国家的传统关系，以及社会生活的真正机体，都是在 1787 年受到震撼的。总之，到 1789 年，旧制度早就死了：大革命不过是在人的心灵中再杀它一次而已，因为

---

〔1〕 法国历史地理区，指巴黎盆地中央由塞纳河（Seine）、瓦兹河（Oise）、埃纳河（Aisne）及马恩河（Marne）四条河流环绕（"岛"名由此而来）的地区，历史上是卡佩王朝的发源地。今指大巴黎地区（1976 年起正式用 Ile-de-France 名）。——译注

〔2〕 在一篇专论托克维尔的研究论文范围内，我不认为有必要进入浩如烟海的大革命起因史论著目录。

〔3〕 参看本书第 207 页注 1。——译注

只有人心之中还存在着旧制度。所以事件格外顺当。1789 年，还是受骗之年？

按此界说，如果大革命本身的内容的确是在革命开始前就已获得的话，那么此后的革命现象按狭义理解就很有限了。它不再涵盖政治转型和社会转型——因为此类转型要么早已发生，要么剩下有待完成的迟早也要发生。革命现象只是反映了历史行为的两种特殊方式：暴力的职能和意识形态（也即知识性幻想）的职能。这两种方式实际上是一个。因为暴力和政治上的激进主义恰恰都铭镂在前和后、旧和新的末世论意识形态里，构成了革命计划的特点。中央集权民主国家的建立在托克维尔看来乃是大革命本身的意义，其实也是旧制度的意义；大革命其实只是给它更改名号而已；但这就是革命，因为它自以为发明了它〔中央集权民主国家〕：真是了不起，这种历史变革时期革命客观角色和同代人的领会之间的距离直觉，要么就是一种知识迷恋吧，对后来几代人产生了影响。将近两百年来，那么多的历史学家穿着那个时代的戏袍娓娓道来跟我们讲大革命的故事，托克维尔却反而提示说大革命时期是典型的历史黑暗时期，在那个时期里，意识形态的面纱完全遮住了革命戏剧演员们的双目，看不到事件的深刻意义。这也许就是《旧制度》一书为革命理论做出的基本贡献吧。

不过，这本书的中心直觉毕竟讲得不是那么明白透彻；其实〔作者的〕本意是写一部按《旧制度》书中预告的双重透视法去写的革命事件史：首先要考虑事件的客观内容，其次尤其要考虑为事件提供理由的意识形态或一系列意识形态[1]。1856

---

〔1〕 参看〔托克维尔〕1856 年 10 月 6 日致刘易斯（Lewis）信："我的宗旨（转下页）

年，托克维尔始终没有写出该书下卷——这次又无意地重复了1836年的沉默——恐怕不单是因为他在上卷出版后两年零四个月就去世了。也因为这位有系统精神的才学之士虽然最终建构了一种关于旧制度的历史阐释，始终还是没有很好地把握住在他看来一种法国大革命史论应该提出的问题。

关于这一点，他的著作本身的历史以及他给我们留下的遗稿[1]都可以作证。我们知道[2]，托克维尔是从研究执政府（Consulat）时期着手他的研究工作的，这项研究渐渐引导他开始写作《旧制度》一书。1852年头几个月，他写出了讨论督政府（Directoire）的两章[3]，当是这项研究的绪论。随后，他大概在1852年底放弃了这项计划，转而研究旧制度，尤其在1853年整个夏天专门去查阅图尔总督府[4]的档案资料，三

（接上页）主要是描绘依次产生大革命一系列事件的情感和观念的运动，而不是叙述这些事件本身……"（引自 A. Jardin 为《旧制度》下卷撰写的"校勘说明"，第21页）

[1] 《旧制度与大革命》，[《全集》第二卷]下卷，"关于大革命的遗稿和未刊笔记"。〔译按：托克维尔全集目前有两个版本，一个是 Gustave de Beaumont 编定的旧版，九卷，于1864年至1886年由 Michel Lévy Fréres 书局刊印出版。另一个版本是 Gallimard 出版社编定的新版，计划出三十卷，现已出十八卷；同时编成 Pléiade 文库精装本三卷。《旧制度与大革命》一书收入新版全集本第二卷，此卷又分为上下两卷：上卷为作者生前已刊行的《旧制度与大革命》一书，下卷为后来根据手稿整理的《关于大革命的遗稿和未刊笔记》（由 A. Jardin 校勘和编定，并撰写导言）；按照公认的意见，托克维尔此书乃未竟之作，出版的手稿是该书的第二部分（称为"续篇"或"补篇"似乎更恰当）。诚如傅勒先生指出，《旧制度与大革命》一书完成部分主要涉及"旧制度史"，其中第三卷可视为续篇写作计划的"引论"或"过渡"，而按作者的意图，作为"续篇"出版的遗稿才是讨论大革命直接原因的部分。〕

[2] 参看〔托克维尔《全集》第二卷〕下卷，卷首 A. Jardin 撰写的"校勘说明"。

[3] 收于〔托克维尔《全集》第二卷〕下卷，列第三章，第267—293页。

[4] 法国旧时代由国王向外省派遣巡按吏的惯例起源很早，bailli，拉丁文 bajulus 原义为"传令官"，后在法语中引申为国王派遣的"节度使"；sénéchal（转下页）

思之后完全丢开了他最初的研究方向。前后两个计划清楚地表明了他主要关心的事情，那就是研究行政制度史及其延续性，进而研究大革命，跨度介于旧制度和执政府稳定期。1853 年 4 月，谈到巴黎市政厅档案时，他本人也间接透露了这个愿望。他说："这些纸箱里装的文献没有多少是早于 1787 年的，而从这个年代起，旧的行政建制深刻地改变了，迈入了一个不太有意思的过渡期，这个过渡期将行政旧制度同执政府时期创建的行政体系分开来，至今还在影响着我们。"[1]

其实，这个"不太有意思的过渡期"——这话出自一个想写一部大革命史的人之口，实在是令人称奇——在他的遗稿中并没有留下多少痕迹。他搜集资料做的笔记，基本上都是旧制度时期的，或者是革命前夕那几年的，更确切地说，都是旧制度行政方面的和革命前意识形态的；没有多少东西涉及制宪会议，完全不涉及立法议会或公安委员会，几乎不涉及国民公会，只有寥寥数页涉及恐怖时期，而且相当平淡。不管怎么说，这么大范围的迟钝沉吟，让人们无法单单用托克维尔 1853 年给的理由来做解释。因为大家都注意到，托克维尔从一种有关行政中央集权的问知方法出发，而这个问题又构成了他的旧制度研究的背景，他也越来越注重大革命的意识形态因

（接上页）似乎起源更早，来源于古法兰克语，意为"最年长的仆人"，初时为国王的膳食官或王室总管，后沿用为国王派往外省（尤指西南地区朗格多克、普罗旺斯以及安茹伯爵旧领地）的"钦差"。虽然 14 世纪初由督军或法官以国王的名义在外省或边地行使司法裁判权的情况多起来，但总督府设置则大约在 16 世纪中叶才逐渐成为常设行政官制，而原先的督治辖区（bailliage 和 sénéchaussée）亦设为选区沿用到革命以后。图尔（Tours）：法国中西部安德尔－卢瓦尔省省府，自公元 4 世纪起就已经是高卢的宗教和文化艺术中心；16 世纪成为宗教改革运动的重镇。——译注

[1] A. Jardin，同上书，第 15 页。

素。那么，为什么这么认真去翻阅革命前的小册子，而丝毫不关心国民公会议员的演说词呢？为什么注意穆尼埃，不注意布里索？为什么注意西哀士，不注意罗伯斯庇尔？

鉴于在某些笔记片断里，托克维尔已经洞见革命意识形态的动力性质，回答这个问题就更加困难了。比如他用这样的话评论柏克[1]的一篇文章段落："几乎在大革命前夕，人们的确离革命即将显露的精神状态还十分遥远。底层还不存在自由精神（从未存在过），实在是千真万确的。人们还生活在另一种秩序，或另一个世纪。"（下卷，第342页）他还多次注意到（下卷，第五卷第二章）"未开化的"下层阶级在革命进程中扮演的角色。此外大家还知道，他在《旧制度》一书里表达了他对1789年那些人的钦佩，对1793年那些人的憎恶。不幸的是，这些零零碎碎的笔记跟他对1788—1789年间"真正的大革命精神"在当时的小册子和陈情表中涌现的详细分析（下卷，第一卷第五章）凑不到一块儿去：人们得出这样的感觉，当时制订的革命意识形态已经宣读了"大革命的结束语"（下卷，第169页）。更奇特的是，对已经提出的问题，托克维尔还保持某种沉默：有关法国居民中不同的知识层面和意识形态层面，除上文提到的那句话之外，几乎什么都没有。干脆就说，上有启蒙运动文化，下有文化沙漠，一片非文明景象。最后，对于雅各宾救世主义和意识形态战争，托氏不置一词，而这两样东西既是革命意识的结果又是革命意识的可怕的深化。

---

[1] 柏克（Edmund Burke，1729—1797）：英国政治家、美学家。1790年发表《法国大革命随想录》，成为欧洲著名的反革命代表。另著有经验主义美学著作《论崇高与美两种观念的根源》。——译注

对于 1782 年起革命爱国主义爆发，甚至对于在他的分析话语里构成最广泛意识形态表达的东西，即民众向往和参与新的民主国家，也绝口不提。甚至在《旧制度》下卷仅完成的两个章节里分析执政府末期法国人的心态，托克维尔也高明地回避了战与和的问题，而这个问题在当时肯定主导了法国的整个国内形势，并且在精神状态和实际行动方面不准提解决政治危机的一切自由主义方案。

　　这么一位学界宗师，内心必有某种概念障碍，才会对如此明显的事实视而不见，想必这障碍就是洞察力的代价吧。说实在的，托克维尔在法国史问题上一直摇摆在两条主要研究线索、两个基本假设之间，其一就是行政中央集权化。这很自然地使他写出了一部"旧制度史"，按理应该也能写出一部"执政府史"或"帝国史"，因为这条线索使他能十拿九稳地把握住法国史长时段的连续性这一主导思路。可是，他用这项内容来界定法国史的同时，又将它作为过程和方式消解掉了，也就是在革命具有的特殊性中将它废除了。总之，既然大革命已通过执政府的行政宪法[1]奠定和完成了旧制度的大业，为何还要有 1830 年、1848 年这些补充的革命呢？对此，托克维尔一直是个热心的探问者。这部行政宪法此后一直不可动摇；而政治宪法则每隔 15 年或 20 年就突然变一次。

　　托克维尔的第二条主要研究线索可能就是这样来的，把革命界说成一种激进的风俗和精神状态转变，界说成一个激进的

----

〔1〕 指共和三年果月五日（1795 年 8 月 22 日）国民公会通过的宪法，又称"共和三年宪法"。这部长达 377 个条款的宪法仍在篇首保留"人权宣言"的内容；因条文中增补了有关行政区划设置（第一条）、军队（第九条）、公共教育（第十条）等多项行政方面的内容，故有"行政宪法"之说。——译注

意识形态计划。这种大规模的文化破裂由于顺社会演变而非逆社会演变，故深得人心，它最初是被作为中央集权化以及传统社会集团解体的后果来分析的。托克维尔后于1788年将它评估为一股自主力量，用来解释大革命的爆发；但囿于前一个假设，这第二个假设他未能坚持到底。这还不仅仅因为在这个领域他谈论"风俗""精神状态""习惯""情感"乃至"观念"这些话题时从未厘清要说的东西，更主要是因为他把大革命的爆发作为一个文化过程来分析，但似乎后来就没有去搜集这种具有文化动力的历史材料。

托克维尔为我们提供了一部关于旧制度的阐释性描写和一部大革命史写作计划的片断，总体也许已经超过这部"旧制度与大革命"史了。前者构成《旧制度》一书第一卷和第二卷；后者没有写出来，我们只是得到〔为这个写作计划而做的〕预备性笔记而已。非常巧妙的是，《旧制度》第三卷仿佛是这两者之间的一个过渡：这两个文本并不服从于同一个内在完整性。前者虽然包含有一些矛盾之处，但始终建立在对行政中央集权及其社会学效果的相对静态的分析的基础上。而在第二个文本里，也就是说从第三卷开始，历史突然闯入视野，在18世纪50年代的转折时期——正是从这个日期起，托克维尔才凭第一手材料了解这部历史：此时文化现象（按最宽泛的含义）趋向于较大程度地独立于行政制度流变，似乎成了革命爆发的决定性因素。从这个时候起，大革命不再被界定为缔造民主国家，因为这场革命自1788年就已完成了，而是被界定为实现一种末世论的意识形态：所以才有了对1788至1789年各种小册子和陈情表的详之又详的分析。

但另一方面，托克维尔留下的有关革命年代的笔记大都摆脱不了他最初的治史方法；这不奇怪，因为这些笔记是与他那本书的写作同时期写就的。所以没有什么能说明托克维尔去世前已经清楚地解决了他在 1836 年遇到的问题：起草一种有关革命原动力的理论。与 1836 年不同的是，他在有生之年的最后岁月已让人预感到了他的研究方向：此乃这部未竟之作留下的真正遗嘱。[1]

---

[1] 补记：完成这篇分析文章之后，我得悉一份新的文件（至少对我来说是新的），收于《托克维尔与克尔戈莱通信集》(*Correspondance Tocqueville-Kergorlay*，巴黎，1977)；这份文件在我看来证实了以上推论的言之成理。这份文件是托克维尔 1858 年 5 月 16 日的一封书信。

去世前不到一年，正当他伏案写作该书下卷（即关于大革命本身的那一卷）时，托克维尔向友人克尔戈莱讲了他的论题和研究进展。他抱怨要读大量当代人的著作，尔后谈到了阐释本身的问题："在这种法国大革命病中有某种很特别的东西，我感觉到它，但不能准确描述，也无法分析它的原因。这是一种新的和未知的病毒。世界上曾经有过暴力革命，但这些革命者所具有的那种无节制的、暴烈的、激进的、绝望和大胆的、几乎疯狂而又强大有效的特点，我觉得在以往各个时代的社会大动荡中是没有先例的。这种新的狂热竟是从哪儿来的呢？是什么造就了它呢？是什么使它那么有效呢？又是什么使它经久不衰的呢？我们面对的还是同样的人，虽然境况不同了，而且他们都扎根在整个文明世界。我绞尽脑汁，想对此物构思一个明晰的概念，想找到办法来描述它。在其精神中，在其没有得到说明的行为中，好像有什么东西独立于法国大革命一切可解释的原因。我约莫知道这个未知对象在什么地方，但还是徒劳无功，未能揭开它的面纱。我揣摩它就像揣摩一件异物，它不让我碰它，不让我看清它。"

Ⅲ. 奥古斯丁·古参：雅各宾主义的理论

　　奥古斯丁·古参可能是法国大革命史最不为人知的史学家了。[1]但他为这一课题奉献了毕生的精力。他1876年12月出生在一个保守的豪门之家；这个大家族可谓19世纪社会天主教的一个绝好写照，尤其透过他袭用了名字的一位祖父。古参先是就读于巴黎文献学院，尔后从1903年起专修大革命史。因为家道殷实，不必为生计费心，再说他成天过的是书斋式的日子，短暂的一生都用在两项基本研究上了：先是研究1789年的竞选运动，尔后又研究布列塔尼（Bretagne）地方史。后一研究的重心是恐怖时期，他编了一部史料集《革命政府文件汇编（1793年8月23日—1794年7月27日）》；这部史料集的第一卷于1914年成书，1920年出版。其间，古参以一篇出色的史学论文介入了1909年奥拉尔同已作古的泰纳的声名所

---

〔1〕 在此我很高兴有机会向奥古斯丁·古参的侄子、古参氏家族档案的掌管人德尼·古参（Denys Cochin）男爵表示我的谢忱。承蒙他的惠意，我得以参阅他叔父留下的文稿及珍贵的私人物品。

打的笔战:《革命史的危机:泰纳和奥拉尔》。

古参1914年被动员入伍,1916年死于战场。他的合作者夏尔·夏庞蒂埃(Charles Charpentier)于1925年出版了他留下的惟一完成的一本书:《思想学社和布列塔尼的大革命》。而此前,他的母亲已搜集他的遗稿,分别在1921年和1924年出版两卷文集:《思想学社与现代民主》(1921)和《革命和自由思想》(1924)。这些论文有的在战前就发表过了,如关于奥拉尔同死人泰纳笔战的评述,有的则是在战后发表的,如《革命政府文告汇编》(此书与夏庞蒂埃共同署名出版)的前言;但文集中大部分均是未刊稿。有些是关于1789年选举的研究文章,尤其是一篇有关勃艮第竞选运动的文章;有些是关于革命现象的理论性分析文章,这部分分析文章构成了古参的主要写作活动,并且涉及雅各宾主义。这后一部分文稿,其宗旨是以尽可能少但严格的历史参照来澄清古参本人形成的大革命概念。除了几篇讲演,大都是用于说明经验研究的工作资料。

古参的确有一种现代史家身上罕见的素质,这种素质对于一个在实证主义盛行年代受过传统精神熏陶并且是巴黎文献学院科班出身的史学家来说,尤为难能可贵:这种素质就是哲学精神。更确切地说,他学到了学问家治学的清规戒律,却没有失去对思想的兴趣,反而继续培养这种兴趣。他对杜尔凯姆[1]

---

〔1〕 杜尔凯姆,旧译涂尔干(Emile Durkheim, 1858—1917):法国社会学家。1896年创办《社会学之年》杂志,成为鼓吹当代社会学及创建法国社会学学派的旗手。1902年起在巴黎大学讲授社会学,所开课程于1913年正式升格为社会学讲座。其学说认为社会行为外在于个人的生物性(心理)现象并且对个人具有某种强制力;同时强调社会学现象中的"集体表象"。主要著作有《社会分工论》(*La division du travall social*, 1893)、《社会学方法通论》(*Règles de la méthode sociologique*, 1895)、《论自杀》(*Le Suicide*, 1897)、《宗教生（转下页）

的兴趣就足以说明这一点，但他跟杜尔凯姆是完全两样的人，从家庭环境、天主教传统主义、保守派信仰，到敌视共和制度。事实上，古参常常混淆历史学和社会学，概因社会学的志向是发现赋予个人行为以意义的普遍规律，或称赋予个人行为这种或那种特征以意义的普遍规律。他从事文史档案研究，研究对象有两个选题，或两个时期，一是1789年的选举运动，二是1793年的革命政府，但只有前一个选题形成综合研究，靠那本关于布列塔尼的书和那篇关于勃艮第的文章。至于第二个选题，我们今天手上只有两样，一样是史料出版工作，另一样就是身后出版的这套论文集，按作者的本意，这些不过是为撰写一部雅各宾主义史而做的基础工作罢了：古参身上本来就有社会学家的影子和历史学家的特质，只不过暂时依经验式的研究分为概念或综合而已，由于作者的早夭而不可兼得焉。[1]

（接上页）活基本形态：澳大利亚的图腾体系》（*Les formes élémentaires de la vie religieuse：le système totémique en Australie*，1912）。杜氏被视为当代社会学的创始人。——译注

[1] 以下是奥古斯丁·古参著作目录（按年代次序）：

A. 古参，Ch. 夏庞蒂埃：《1789年勃艮第的竞选运动》（*La campagneéelectorale de 1789 en Bourgogne*），巴黎，1904年（收进文集《思想学社与民主》，第43—140页）。

A. 古参：《革命史的危机：泰纳和奥拉尔》（*La crise de l'histoire révolutionnaire：Taine et M. Aulard*），巴黎，1909年（收进文集《思想学社与民主》）。

论文《三级议会代表是如何选出来的》（Comment furent élus les députés aux états géné.raux），载 *Société d'histoire contemporaine*，*22e Assemblee générale*，1912年，第24—39页（收进文集《思想学社与民主》，第209—231页）。

《教廷大使巴格利尼和德西斯莱神父反新教徒的大计划（1688）》〔*Le grand dessein du nonce Bargellini et de l'abbé Desisiles contre les Réformés（1688）*〕，巴黎，1931年。

《战争书简》（Quelques lettres de guerre），载 *Pages actuelles*，n°105，巴黎，1917年。

（转下页）

专业历史学家对古参遗稿的出版反应有点儿冷淡，想必这是原因之一。《历史评论》(*Revue historique*)1926 年 1—4 月号出过一期大革命史学"历史简报"，由帕里塞（G. Pariset）执笔，仅用 25 行字概述了《革命和自由思想》一书的内容，末了还做结论说："以抽象形式介绍论点，令人有点困惑；假如作者活下来，肯定会修改、阐说及压缩不少篇幅，才拿去发表。至少可以提出来，以示对已故作者的尊重。"[1]史学泰斗奥拉尔对这部书的晦涩也感到茫然不得要领，在他主编的《法国大革命》杂志（1923 年 1—12 月）上以编者按做了概述；他从中读出古参重拾"巴鲁埃尔神父的旧论点，即大革命是从

（接上页）《革命政府文件汇编（1793 年 8 月 23 日—1794 年 7 月 27 日）》〔*Actes du gouver nement revolutionnaire*（*23 aout 1793-27 juillet 1794*）〕。奥古斯丁·古参和夏尔·庞庞蒂埃合编，由当代史学会（Société d'histoire contemporaine)出版。第一卷（1793 年 8 月 23 日至 12 月 3 日），巴黎，1920 年。（此书《前言》收进《思想学社与民主》，第 141—208 页。）

　　《思想学社与民主。革命史研究》(*Les Sociétés de Pensée et la Démocratie. Etudes d'histoire révolutionnaire*)，巴黎，1921 年。

　　《革命与自由思想：思想的社会化（1750—1789）；个人的社会化（1789—1792）；财产的社会化（1793—1794）》〔*La Révolution et le libre pensée*：*la socialisation de la pensée*（*1750-1789*）；*la socialisation de la personne*（*1789-1792*）；*la socialisation des biens*（*1793-1794*）〕，巴黎，1924 年。

　　《思想学社与布列塔尼的大革命（1788—1789）》〔*Les Sociétés de pensée et la Révolution en Bretagne*（*1788-1789*）〕，第一卷，《分析史》(Histoire analytique)；第二卷，《综合与认证》(Sythèse et justification)，巴黎，1925 年，两卷本。

　　《论革命政府的经济政策》(*Sur la politique économique du gouvernement révolutionnaire*)，Blois，1933 年。

　　《革命抽象与天主教现实主义》(*Abstrations révolutionnaires et réalisme catholique*)，Bruges，1935 年（由 M. de Boüard 撰写导言）。

　　A. 古参，M. 德·布瓦尔：《革命政府主要行动简史》(*Précis des principales opérations du gouvernement révolutionnaire*)，巴黎，1936 年。

[1]《历史简报。大革命》(*Bulletin historique.Révolution*)，载 *Revue Historique*，n°151，1962 年 1—4 月，第 199—200 页。

共济会会所跑出来的。路易十六和他的两个弟弟都是共济会会员，这一点着实让人思考这一论点的依据。但作者是在事实以外推论的，一条事实都未征引"。[1]两年后，1925年，还是同一个奥拉尔，虽然觉得此书不明晰，却发现是一部论述布列塔尼思想学社和大革命的颇具"历史性的"著作："这是一些旁征博引的笔记，乱糟糟的有点儿堆砌，框在某个体系里，添上一些抽象而又奇怪的标题……实在令我不堪卒读，甚至搞不清作者想干什么。"[2]

而在对门的门店里，执掌《革命年鉴》（后改名为《法国大革命历史年鉴》）的罗伯斯庇尔派史学掌门人对《革命和自由思想》一书的态度也不比他那位丹东派老对手宽容多少，至少他和老对手都有秉承实证主义历史概念的共同之处。几年前，马迪厄曾指出《革命政府文件汇编》一书出版的意义[3]；但后出的理论文集在他那里却招致讥弹，态度之严厉以及不理解的心情不亚于奥拉尔（尽管我们接下来会看到，他那篇短评还算稍稍细致一点）："古参先生的书……游离在消亡于时间和空间的历史以外。看来他大概属于那种大言要吸收一切学科、叫作'社会学'的新学科。此种社会学真是腾云驾雾啊。就我来说，许是缺少足够的训练吧，我从未抓住这些所谓'解释'的意义，它们大都属于平庸到令人无措的老生常谈。此等政治哲学的秘术，我只能让那些入门者去评估它的价值了。"[4]

---

[1]《法国大革命》（*La Révolution française*）杂志，第76卷，1923年1—12月，第362—365页。

[2]《法国大革命》杂志，第78卷，1925年1—12月，第283—284页。

[3]《革命年鉴》（*Annales révolutionnaires*），罗伯斯庇尔研究会（Société d'Etudes robespierristes）机关刊物，第十三卷（1921年），第514—516页。

[4]《法国大革命历史年鉴》（*Annales historiques de la Révolution française*），（转下页）

奇怪地，右派历史杂志如《法国教会史评论》(*Revue d'Histoire de l'Eglise de France*)和《历史问题评论》(*Revue des questions historiques*)的书评倒是对古参的"社会学"方法颇为宽容。[1]大概是对作者的思想观念持政治上的同情，于是放过他的怪癖吧。当然，定调的人还是奥拉尔和马迪厄。这两人的批评把奥古斯丁·古参永久地逐出了学院派的大革命史学：因为直到后来，他们的后继人一直掌管这份文化遗产，放心地继续采用他们的批评意见。巴黎索邦大学(Sorbonne)这两位掌门人联手棒杀古参，远比他们之间在丹东和罗伯斯庇尔问题上的戏剧性打斗要激烈得多。这不仅是为了表达被古参的反革命观点冒犯了的雅各宾观念，还说明他们在法国大革命史这样的研究领域毫不留情地抵制一种社会学类型的概念方法。这个时期，由于被大量注入为其行动者和史学家所共通的政治含义，事实上还在继续从其行动者亲身经历的价值中提取价值冲突的内涵。所以，无论右翼的还是左翼的历史学都没有别的目标，只想恢复这种冲突的界标，还原那些体现冲突的人物以及冲突导致的行动。这种历史学可以对价值、人和行动做

　　（接上页）nelle série, t. 2, 1925 年，第 179—180 页。

[1] R. Lambelin,《奥古斯丁·古参的〈革命与自由思想〉》(La Révolution et la libre pensée par Augustin Cochin), 载 *Revue des questions historiques*, 3e série, t. VI（1925年），第 435—496 页。E. Lavaqueray,《奥古斯丁·古参：革命与自由思想》(Augustin Cochin: la Révolution et la libre pensée), 载 *Revue d'histoire de l'Eglise de France*, 17e annee, t. XII（1926 年），第 226—227 页。J. de La Monneraye,《思想学社与布列塔尼的大革命（1788—1789）》(Les sociétés de pensée et la Révolution en Bretagne), 载 *Revue des questions historiques*, 55e annee, 3e serie, t. XI（1927 年），第 123—128 页。E. Lavaqueray,《奥古斯丁·古参：思想学社与布列塔尼的大革命》(Augustin Cochin: sociétés de pensée et la Révolution en Bretagne), 载 *Revue d'histoire de l'Eglise de France*, 18e année, t. XIII（1927 年），第 228—231 页。

出不同的乃至相悖的评价——如奥拉尔和马迪厄这两个"雅各宾派"之间就有价值问题上一致、人的问题上相左的情况——但两人都分担这样一个信念:〔历史〕叙事本身足矣。这是因为,这种史学忽视乃至讨厌人类行为的亲身经历和阐释之间的一切距离。奥拉尔和马迪厄在古参身上难以理解的东西,不是反革命信念,相反,他们对此都有一种古老的亲密性;也不是历史学识渊博,他俩在这方面都是判断的行家;而是距离,即概念的距离,而他们却是叙事的历史学家。

涉及古参,最大的误解是奥拉尔提出的;照他的说法,似乎那是共济会阴谋导致大革命起源说的一个新版本。由于这一误解变得流行起来,加之它能够从反面(a contraio)去理解古参的基本假设,故可用来作为出发点。共济会阴谋说属右翼史学传统,形成于18世纪末:当时巴鲁埃尔神父用知识分子(他称作 sophistes〔"智术家"〕)和共济会会员联合谋反来解释大革命。[1]可是,古参曾多次煞费苦心地明确否弃这部分反革命遗产。阴谋论的历史阐释,亦即一些人有意识为之之说,在他看来乃是庸人之见:革命者的政治心理丝毫解释不了他们的语言、他们的行为抑或他们之间的同室操戈:"难道革命党会仅仅沦为一个巨大的阴谋,人人在其中只想到自己而拿道德当儿戏,只为了自己而接受铁的纪律吗?个人利益不会有这么多的毅力和牺牲精神;然而这却是持论偏激的论家做出的解释:巴鲁埃尔神父执一说,研究共济会的多位史家又执一说。什么时候都有阴谋家和自私自利者,只有近一百五十年来

---

〔1〕巴鲁埃尔神父(l'abbé Barruel):《雅各宾主义史回忆录》(*Mémoires pour servir l'histoire du jacobinisme*),伦敦,1797—1798年,四卷本。

才有革命家。"[1]

在 1909 年那篇论奥拉尔－泰纳笔战的文章[2]里，古参就其否弃一切"心理"历史的立场表述得最为清楚，反对依人物的意图写历史。虽然这篇文章是为捍卫泰纳、反对奥拉尔的批评（尤涉及学养和史料知识方面）而写的，但古参并不因此就赞同泰纳的阐释，因为在他看来，泰纳的阐释带有"心理主义"的特征，而这种学问什么也解释不了：若像泰纳求之不得的那样，雅各宾派是由抽象德行和功利野心构成的话，人们就无法理解他们的集体狂热的力量了，除非我们把"雅各宾精神"安在他们头上就像把"安眠药的作用"归给鸦片一样。如同不能从共济会个人去解释共济会，我们也不能从雅各宾个体的心理去解释雅各宾主义的性质，更不能这样去解释它的诞生。

然而，古参所做的调查，位于中心的就是这个问题：雅各宾主义的起源和发展。古参和泰纳一样，也和奥拉尔及共和派一样，赞同"一次革命"的提问法："对于根据文献而非情感理由来做判断的人，显然面对的是从 1788 年到 1795 年一个单一的、同一的历史现象。从头到尾都是同样的原则、同样的话语、同样的手段。不能把 1789 年的人民呼声、'爱国主义'放在一边，而 1793 年阴谋家们的谎言又另当别论。'八九年主义'（quatre-vingt-neuvisme）也许在政治上是个明智的立场，而从历史来看则是站不住脚的；这就是奥拉尔先生——在这点

---

[1]《革命与自由思想》，同上，第XXV页。
[2] 指古参针对奥拉尔 1907 年论文《大革命史学家泰纳》而写的讨论文章《革命史的危机：泰纳和奥拉尔》。——译注

上他同泰纳一致——看得挺准的地方。"[1]

若说泰纳至少瞥见了雅各宾现象的怪异性，功不可没——科学好奇心的第一步——奥拉尔则参与了为之欢呼。泰纳提出了一个问题，但未能解决，或解决得不好；奥拉尔则纪念一个神话，即"共和防线"。他分享泰纳的短处：心理学方法、以人物意图释史，凡此皆用于护教之目的，而此种方法在泰纳那里则具有一种批评的功能。他以身后追认的辩护方式重新打造事件动作者本身的话语，同时评说动作者的表演。这是一种与大革命本身一样老的历史学，它把人物的假想的心理归到一种抽象物（être abstrait）的名下，这个抽象物被赋予了一种主观意志，即人民，它为战胜同样抽象、同样被赋予了邪恶意图且能做出种种犯罪活动的敌人而奋斗，这个敌人就是：贵族。

古参既责备泰纳把雅各宾主义缩小成一些个人心理特征，自然也就在奥拉尔的共和派史学中只看到一幅漫画了，也就是此种幼稚解释方法的一件政治外套。所谓"阴谋论"，共济会的也好，雅各宾的也好，或者贵族的也好，都不过是以行动者的意图释史的一种原始形态，而且早就被同代人袭用过了。"迫于形势"论也是同样性质的论调，虽然它只有利于共和派史学；因为在这种论调中，革命，尤其恐怖政策，好像是针对反动势力的阴谋和侵犯而采取的有组织的对策。这种敌对意图的辩证法，古参看得很清楚，它是同革命时期的实际经验（vécu）相一致的，其特点是一种神而又神的宇宙主观化，每一事件在其中都带有某个意志的痕迹，以至于总的冲突被理解

---

[1]《革命史的危机》（La crise de l'histoire révolutionnaire），见《思想学社与民主》，同上，第131页。

为好人和坏人之间的一场斗争，视行动者的阵营以及他们的历史学家而变换说法。这种对政治事件的过度心理投资，是与革命现象首次在法国出现时的样式分不开的；它使共和派史学家得以做出一些合理化说明（rationalisations），于是"处境""形势"实际都用来指敌方的侵略性，成了行为极端化的外部因素，至少构成可减轻恐怖政策罪责的情节，不然就是完全正当。

可是古参认为，要想获得有关大革命的一切真知灼见，首先必须同这种由事件行动者本身提供的解释类型划清界限。

古参不了解马克思的著作——我在他的书中找不到一个参照——但至少他赞同这样一个信念：创造历史的人不知他们创造的历史；而且古参只限于透过历史学家的工作在于批评这种表现方式来对他们〔创造历史者〕的角色做合理解释。简言之，他把实际经验同批评实际经验的思想区别开来：依我看，革命的实际经验是以相对于历史"正常"时期大量生产表象（représentations）和意识形态为特征的，故做此区分乃是基本的。实际上这种区分将革命史学一分为二，但不是分成右翼和左翼，如双方的懒人所巴不得的那样；而是分成一方是批评史学，一方是描述史学。前者以托克维尔为典范，重概念分析多于实际经验；后者注重行为者的表现，故可以是右的或左的，可以是贵族的或雅各宾派的，可以是自由主义的或左倾的，米什莱至今仍是这种史学的天才艺术家，具有古参所说的"某种得自占卜术的雅各宾式精神敏锐力"[1]。

譬如这种描述史学可以强调时代的这种或那种意识形态

---

[1]《革命史的危机》（La crise de l'histoire révolutionnaire），见《思想学社与民主》，同上，第91页。

困扰，诸如阴谋（白的或蓝的）、一个崭新时代的降世观念、用道德词汇描述政治冲突（坏人谋反）、乞灵于公安（salut public）论：此种幻觉在于把诸如此类表象当作解释性材料，而正好相反它们是所要解释的东西。譬如奥拉尔大量采用公安论，古参则对之提出一种批评理论："'公安'之说实为民主制度中的必要虚构，犹如权威制度下的'神权'。"[1]所以不是一种客观处境，甚至不是一种严格意义上的政治，而是民主政权合法化的一种体制；亦即取得新共识的工具和中心象征。

古参作品里了不起的东西，而且在我看来是独一无二的东西，就是大革命研究课题和思考的理论性两者并重。古参对托克维尔提出的问题不感兴趣，因为那是长时段的革命总结问题；他不把大革命作为旧制度和新制度之间一个制度性的、社会的和国家的延续过程来探讨；相反，他想了解事件的爆发、历史质层的断裂以及短短六七年间就像不可抵挡的大潮一样把革命运动裹挟向前的那一切，包括它本身的内在动力：也就是在18世纪称得上革命"原动力"的那一切。所以，他像奥拉尔那样尽其档案员似的一生去提供和刊印公安委员会及雅各宾主义的资料，并不是偶然的。因为他和奥拉尔或马迪厄感兴趣的是同样的问题；他也跟他们一样认为雅各宾主义是大革命的中心现象；但他试图对大革命的性质加以概念化，而不是简单地只看到其中的"共和防线"。

古参憎恨雅各宾主义，但试图思考它。我不认为这两个命题有什么明确的关联：一个人可以对某个事件或某一历史现象感

---

〔1〕《革命史的危机》（*La crise de l'histoire révolutionnaire*），见《思想学社与民主》，同上，第70页。

觉疏远或眷恋，但无论疏远还是眷恋，本身都不提供为之起草一种解释的力量。对雅各宾主义憎恨也好，颂扬也好，只能是走向痛斥雅各宾党人及其领袖，或者把他们捧上天。古参探寻的是成全他们的东西。这样，他就把分析带进了大革命最神秘的地方：它的政治动力和文化动力。为了理解大革命，他和托克维尔一样，无须把革命作为事件来加以否认，也无须把它放进括弧，可以这样说——卡在它的起源和它的结局之间。古参所做的事情是独一无二的，因为这是一个脚踏实地的历史学家、一个革命史料的档案工作者遇到了一个尝试：试着将大革命中最基本的东西也是最难把握的东西加以概念化，这个东西就是：革命洪流。

古参在他的家族遗产中也发现了社会学。他的祖父曾参与勒普莱的著名调查工作。[1] 跟勒普莱一样，古参家族在 19 世纪出色地代表的知识界和天主教界大资产阶级也被"社会问题"纠缠，也就是说被工人阶层中传统价值，尤其是基督教价值的贫困和衰落所困扰。它用一种反福音的解决办法去对抗社会主义的方案，这种解决办法就是恢复昔日共同体的美德。它不仅同勒普莱分担道德救世的远志，还共享社会环境产生一些貌似个体人的概念。

古参阅读并思考过杜尔凯姆的著作。他当然否弃了杜氏的惟科学先知主义，因为他本人始终恪守天主教的传统。但在科学的范畴里，他把社会学看得很高，要把它从心理学那里夺回来，使之最终成为一门独特的知识对象。其实，杜尔凯姆的问

---

[1] 他的祖父甚至为此写过两部综合性著作：《欧洲工人，勒普莱方法及考察综述》（ *Les ouvriers européens, résumé de la méthode et des observations de M. F. Le Play* ），巴黎，1856 年；《法国的社会改革，勒普莱著作评述》（ *La réforme sociale en France, résumé critique de l'ouvrage de M. Le Play* ），巴黎，1865 年。

题跟古参在自己的领域里对泰纳提出的问题是同一个：个体同社会的关系。他的假设、他的信念是：一个社会不是由组成这个社会的个人相加来确定的，社会是不能减的，因为社会是另一种性质的东西；正是这另一种性质，即社会学的对象，决定了个人的行为。肯定杜尔凯姆把社会性对心理规定性的优先地位还给了社会，这就是古参的出发点："杜尔凯姆先生不谈泰纳，也不谈雅各宾主义。可他的批评似乎是为这两者而发明的；泰纳在历史学方面是心理学大师——而雅各宾问题呢，是社会问题的典型。工具不适用于所做的事——这就是作品缺陷的症结……杜尔凯姆跟我们讲，心理学派一旦想解释社会现象，总是分给意图的份儿太多，留给处境的份儿不足。凡有某个更大原因起作用的地方，制度、社会关系缓慢地、深刻地发生变化的地方，心理学派看到的只是人的寂静……"[1]

所以对古参来说，雅各宾主义并不是一个阴谋或针对某一种情况采取的对策，甚至不是一种意识形态：这是一个社会类型，必须揭开它的种种限制和规矩，才能在它的行动者的意图和话语之外去理解它。在当时的历史学里，就在法国大革命史学里，以这种方式提出雅各宾问题是很有原创性的，以至于它要么不被人理解，要么被埋没，要么两者兼而有之。因为在19世纪，直到一个相对晚近的时期，历史学已然不是它在18世纪还部分地保持的那个样子，不再是一种对社会不同"状况"的阐释了；自从法国大革命以来，历史学完全被用于清点每一社会拥有的产权证书，因而也就是用于探索国民共识的质

---

〔1〕《革命史的危机》，同上，第58页。古参显然思考过杜尔凯姆1895年出版的著作《社会学方法通论》（*Les règles de la méthode sociologique*）。

地。从此它只回答这样一个问题:何谓民族国家(nation)?再也不转向另一种追问:什么是一个社会?可是,奥古斯丁·古参偏偏是这样一个追问者。而且他是针对被过量注入民族含义的一个时代和一种政治组织形式提出问题的,因此更显得功德无量。有人会说,古参其人出身守旧的社会环境,家族的保守传统以及他个人内心的反革命倾向利于他做出这种概念搬移;可是他也要有勇气忘记他的家族门第,才会去读杜尔凯姆。那个时期,右翼的大革命史学和左翼的一样,都是一种民族国家史学。[1]我只看到古参从另一头抓住问题。

　　所以他的中心命题是:雅各宾主义是一种社会政治组织类型完成了的形态,这种社会政治组织是18世纪下半叶在法国传播开来的,古参把它叫作"思想社会"(société de pensée)[2]。文学圈子、文社、共济会会所、学院、爱国俱乐部或文化俱乐部,这些都是"思想社会"的不同形式。究竟什么叫作思想社会?这是一种社会化形态,它的原则是,其成员要

---

〔1〕譬如从奥拉尔和马迪厄的对面思考一下索布尔或范达尔(A. Vandal)的著作,就清楚了。〔译按:范达尔(Albert Vandal, 1853—1910):法国历史学家。著有《从施舍到公共机构》(Des libéralités aux établissements publics en droit française, 1879)、《拿破仑与亚历山大一世》(Napol.éon et Alexandre le, 1891—1896)三卷、《拿破仑的登基路》(L'avènement de Napoléon, 1902—1907)两卷。〕

〔2〕"思想社会"(société de pensée)这个名称在古参的著作里通常指结社性质的会社组织,尤指传播思想的团体(如共济会、雅各宾俱乐部),相当于汉语里的民间"社党",故严格意义上可理解为"思想学社"或"思想会社",但古参又将它阐释为某种类型的"小宇宙",相当于某种类型的社会组织模式(如"雅各宾专政")。傅勒显然沿着古参的思路,把它扩大为某种假想的"社会形态",并且将之与法国旧制度下的"社群社会"(société de corps)或卢梭所说的"社会体"(corps social)相对应。在这里,法语词société(社会,会社)的语义伸缩显然提供了工具性的便利,但语言本身的虚构性(在F. 布伦塔诺的意义上)也规定了概念阐释在语源上的多元性质。"社会"与"会社"之词源关系,汉译难以传达,故汉语读者应注意傅勒行文中此种双重阐释的含义。——译注

想在里面扮演角色，就必须去掉自身的一切具体特征，去掉自己真实的社会存在。它正好与旧制度下人们叫作社群（corps）的形态相反，社群是由如此这般经历的某个行业的或社会的利益共同体来界定的。对于每一个成员，思想社会的特征只同观念发生关系，正是在这一点上，它预示了民主的运转机能。因为民主也是在一种足以建构个体的抽象权利中使个人平等化的，这种抽象权利就是公民身份（citoyenneté），它涵盖并确定了每个人的人民主权份额。所以古参不像托克维尔，他在民主里看到的并不是经济、社会条件的真正平等化，而是一个建立在个人抽象平等基础上的政治制度。雅各宾主义就是这种政治制度的法国变种，因为它不是从严格意义的政治设置（如英国议会），而是从文学、哲学会社中获得它的起源和历史范式的。

思想社会的目的不是行动，不是授权，不是"代表"，而是表达意见（opiner），从成员之间、从讨论之中得出一种共同的舆论，一种共识（consensus），它将被表达，被传播，被捍卫。一个思想社会无须在观念共有以及投票的基础上授权和选举代表；它只是一部用于制造一致舆论的工具，而撇开了此种一致性的内容——类似17世纪的圣礼会[1]或一个世纪后的"大东方"（Grand Orient）会社。但18世纪下半叶发生的情况，其独特性在于被称作"哲学"的思想社会共识大有波及整

---

[1] 圣礼会（Compagnie du Saint-Sacrement）：法国16世纪上叶秘密宗教社会。成立于1627年，成员不限于僧侣，也包括俗人。除了一些有影响力的高级神职人员外，当时的大领主如温塔杜（Ventadour）公爵、孔蒂（Conti）亲王以及一些大法官也是会门中人。会社宗旨包含弘扬圣礼和救济贫者，但其主要职能是反对宗教改革，成为维护正统风俗和到处举报、追杀新教徒的恐怖组织。其势力日益扩大引起王室的担忧，遂于1665年下令予以取缔。——译注

个社会组织之势。

古参注意到这一渐变过程从 1750 年起就启动了，但他从未探究它的起源。他把这个过程看作某种明摆在那里的事实，想把它单独从思想史中抽出来，重建其制度性的和社会性的线路图。其实，要想展开古参所分析的机制，必须以社会分化成个人为前提，即路易·杜蒙所说的"整体主义社会"之终结[1]，也就是行会的社会连带性以及传统威权都衰落了。通过思想学社寻求和制造一种民主共识，填补了一个空白；但对于民主共识的诞生，古参未置一言，而这对理解 18 世纪法国政治社会是至关重要的。

在古参氏的所有文章里，至少有一点是明确的，那就是"哲学"类型的思想社会在 18 世纪构成一种新的政治关系的母体，后来成为大革命的特点和主要创新。从会所、学社和博物馆形成的共识，可以看出卢梭所说的公意（Volonté générale）已经浮现出来，是为公民性不受时效约束的部分，而公民性又是不能缩减成私人利益的；"这个纯理智行为，能在激情平静下来的时刻，对一个人所能要求于自己同类的，以及自己的同类有权要求于自己的，理性地想一想"[2]：哲学社会是第一个

---

〔1〕 路易·杜蒙（Louis Dumont）：《等级人，种姓制度论》（*Homo hierarchicus, essai sur le système des castes*），巴黎，1967 年。亦可看看《平等人》（*Homo aequalis*），巴黎，1976 年。

〔2〕 古参在其《卢梭的天主教》（*Le catholicisme de Rousseau*）一文中引用了这句话，并将出处说成卢梭的《社会契约论》（见古氏文集《思想学社与民主》，同上，第 25—42 页）。我在本书初版中据古参氏说法以为出处有据，实为误引。承蒙我的同行 Jean Deprun 指正，这条有关公意的定义乃出自狄德罗之手，见于《百科全书》之"自然权利"（Droit naturel）条目。此定义最初被卢梭《社会契约论》初版采用来加以讨论（参看《论普遍的人类社会》章节，Pléide 全集本，第三卷，第 286 页），但在《社会契约论》定本中不复采用。（转下页）

制造出某种集体约束的生产方式，它产生于一种社会学机制同一种个人哲学的交汇点。自由意志（Volontés libres）的总和开创了"社会"专制，开创了法国大革命及 19 世纪的宗教。

在奥古斯丁·古参思想的中心，社会在政治层面存在着两种代表制及行动类型的对立：一种我称之为（暂无更好的叫法）"行会的"类型或旧制度的类型，政权征求民意时，即通过它向组成"社群"的国民咨询；另一种是民主类型，古参也把它叫作"英国式的"类型，政权通过它获取选民（un peuple d'électeurs）的意见，而选民是由整个地原子化为平等个人的社会体组成的。在前一个类型里，社会保持它的原态、它的等级、它的定策和既得权利、它的全部领导者以及价值的多样性；社会不在结构上改变自身来成为一个政治体，即成为权力的一个对话者；社会始终是它原来的样子，由它的利益、它的价值和它的历史组成。所以它不需要造出一批专搞"政治"的人员来，因为这种政治不过是其原封不动的活动的引申罢了。再说它有它的天然领导者，他们接受的是一些强制性的权职。

在第二种类型里，社会要达于政治，就必须改头换面，组成平等个人的抽象社会：一个由选民组成的人民。政权面向每个个体的人，不考虑个人环境、活动和价值，因为只有投票把

（接上页）古参是在德莱孚斯–布里萨克（Dreyfus-Brisac）版本《社会契约论》中发现这段话的，该版本将《论普遍的人类社会》一章收为附录。〔译按：卢梭《社会契约论》有三个稿本，一是 1762 年阿姆斯特丹雷伊出版社的《社会契约论》本，即后来通行的正本；二是现存日内瓦图书馆的一份手稿（约写成于 1754 年），通称《日内瓦手稿》本；另有一份较残缺的手稿，通称《纽沙特尔手稿》本；正本中被卢梭删除的《论普遍的人类社会》一章见于后两个稿本中。关于这一章的内容，可参看《社会契约论》中译本（何兆武译）修订第三版，北京：商务印书馆，汉译世界学术名著丛书，2003 年，附录部分，第 191页。本书译者依据傅勒所引原文，未采何兆武先生译文。〕

这个抽象的个人构筑成现实的个人。故有必要发明这种新现实的领域，那就是政治；同时发明这个领域、这个中介物的一些专家，即从事政治的人（politiciens）。因为人民一旦被简化为平等个人总和的民主定义，它就被剥夺了它同社会的真实关系，从而也失去了个人利益和对所辩论的问题的权能；另一方面，法定组成人民的行为，即投票，又是在人民以外准备和决定了的：要求人民做的，仅仅是同意。"这就要求职业政治家必须向人民提出一些办法和人选。"[1]这么一来，政治就好像是民主的补充：这是一种将共识从社会滞重之中解救出来的锦囊妙计。它要求用别的替代物来代替由有组织的群体处理事务的"天然"做法，这些替代物就是：政治家、党派、意识形态。

但是政治民主不见得因此就成了恐怖主义性质的东西。依照宪法确立的规则，并按一定的期限间隔，人民的主权已被授予在议会的内涵中了；它被一些独立的人给中介化了，这就为真正的辩论创造了条件。但思想学社树起来的是一种纯粹民主范式，而非代议制民主范式：集体的意志随时可以立法。在雅各宾主义的扩大中，整个国家、整个知识分子共和国都是如此：人民自己管理自己，这种在社会和权力之间实行"透明度"[2]的惟一办法本是革命者的抱负，但由于在技术上行不通，干脆就被一些常设的清谈社、一些假定的小宇宙和社会不得不有的阐释者给取代了。思想学社顺理成章地为它提供了先例和范式。

---

〔1〕《思想学社与民主》，同上，第213页。

〔2〕 参看 M. Richir 的《革命与社会透明度》（Révolution et transparence sociale），为费希特（J. G. Fichte）《为纠正公众对法国大革命的判断而作的考察》一书撰写的序言，巴黎，1974 年。

所以，思想社会中受质疑的并不是随便哪种民主实践，而是"纯粹的"民主，它几乎就是民主的极限。这就是说，仅仅通过每一成员同观念的关系，因而也就是通过社会方式生产真理（同个人思想对真的领会相对），集体永不犯错地自己表达自己。作为公意的场所，思想社会同时也是真理的表述者。所以，"哲学"——古参也把它叫作"自由思想"——的胜利，在他看来并不主要地隶属人们所说的思想史范围，因为思想史不过是作者和作品的谱系树罢了；相反，它的胜利属于起草和传播意识形态的社会学。此即思想学社集体劳动的产品。个人主义是以每个人同观念的"自由的"关系为特征的，而这种关系即是抽象的平等，它违背了真实社会的条件，故个人主义能够带动分离的原子再聚合，从而导致一种环绕着"社会"的新共识产生，而此种"社会"也被奉若神明，不断地予以确认：这就是纯粹民主，没有首领，没有代表。

"社会"崇拜确是民主的天然产物，神圣超验性的价值替代物。古参把费尔巴哈批评宗教的枪头掉转过来，批驳这种代用的神性：在他看来，正如在费尔巴哈那里真实的个人被宗教异化，在民主中也有真实的个人被民主异化。经历民主的现代人，在古参看来反而成了"社会"意识形态幻想的俘虏，因为这种幻想助长了政治投资。这就是民主虚构的第一个方面，哲学和理论批评。

这个方面是同对民主行动程序的实际批评分不开的：因为，作为政治抽象定义的民主虽然是以社会每一成员同观念的平等关系为特征，但它所应激励的真实行动以及它身处的凸现某些权力或某一权力的义务却与这个制度的理想的平均主义不可兼得。即便当这些权力是一种代议制的权力时，也就是说是经过公开竞争而选出来的，而且是公民可做不同选择的，然事先组织竞赛的事宜毕竟操在政治专家手里，而政治专家是靠操纵"舆论"起家的。古参在这里同米切斯或奥斯特洛戈尔斯基[1]在同一年代描绘的一种思潮不期而遇。但古参的问题已经超出代议制民主的范围，他讲的是"纯粹的"、无职权或权力授予的、始终接受公民直接控制的民主；在他看来，正是这种体制构成了雅各宾主义的内在倾向。这是一种天天靠集体赞同来神秘地推动的制度，由雅各宾协会保障了它的象征性的代表制；在这种制度里，触犯平等规则的行为须百倍地加以掩饰，可是犯忌行为越隐秘就越深刻。

雅各宾主义的关键秘密就在于"机关"藏在"人民"的影子里。这就得研究平等者社会借以想象地建构历史现实的那些法律和机制，是否也可以说，研究它们通过一些以制造此种超现实为能事的活动家小团体来"影响"历史现实的那些法律和机制。因为人们为这种纯粹民主即意识形态背面的虚构作品付出的代价，就是这个机关的万能，就是这种预制共识并垄断其使用权的社会或组织的"内部循环"。不具名的寡头政治，一群凑到一起的、一个接一个的，可以相互替换的昏庸之辈。布里索、丹东、罗伯斯庇尔这些人，与其说是雅各宾的领袖，不如说是雅各宾的产物。

他们不过是这个机关在不同历史阶段维持其优势而又不能随便影响潮流的临时工具罢了。所以这个时期的特点之一，即

---

[1] 米切斯（R. Michels）:《政党。论民主制的寡头政治倾向》(*Les partis politiques. Essai sur les tendances oligarchiques des démocraties*) 法译本，巴黎，1971年。奥斯特洛戈尔斯基:《民主与政党组织》(*La démocratie et l'organisation des partis*)，巴黎，1903年，两卷本。

那些接二连三的清洗，绝不能被解释为权力斗争的传统插曲；相反，它们成了一个客观机制，成了这个机关运行的规律，随着这个机关扩大它的影响，随着它更酷烈地强化它对整个社会的控制，这个机关便靠这种运行规律来生产出它的阐释者。而这架木偶的"提线者"不过是些小齿轮罢了，还有听任这个制度摆布的操纵者和一些被操纵的人。

由于这种思想社会按定义只说话不思想，以上那种逻辑就更难避免了。靠这种议会场所秘术炮制出来的"社会化真理"并不属于思想，而属于共识：由几个简单的话语形象凝聚而成的代表制，其用途是统一和调动精神意志。一言以蔽之，即我们称为意识形态的东西。故"学社"或1793年的那些委员会[1]能够当途执要，必有天降奇才，而这类奇才在现实社会中是毫无用处的，是得不到承认的：罗伯斯庇尔并非内阁大臣，却被赋予一种"监督"职能。他看守着共识，随时嗅一嗅有没有出现毫厘之差。因为意识形态并不反思自身，至少在它可能因此而被批评的意义上；意识形态阐说自身，或者不如说它通过它的阐释者并借助这个机关的特权说话。这样，大革命不单是一种行动，也是一种话语，而这个机关正是依这种话语，即共识的场所，来挑选人的；与其说雅各宾的领袖们通过意识形态说话，毋宁说意识形态通过雅各宾领袖说话。古参的著述里，字里行间透出一种很现代的关于语言限制和主体消失于政治场域组建的内涵。在他看来，这种情况并不是人类精神的一个依据，而似乎是一种知识活动的病理结果，由此导致意识形态凌驾于思想，"社会化真理"凌驾于对真的追求。

---

[1] 参看本书第49页注1相关部分。——译注

这样一种通过"机关"（machine）——我们今天通常称作权力机器（appareil）——来进行操纵的理论，连那些草率或肤浅的读者也从古参的分析中摘录下来了，因为他们可以不惜断章取义，用"阴谋论"的故意说法对之再进行阐释。其实，这个理论不过是古参称为"民主现象社会学"的第二个核心概念罢了，它应该引向法国大革命的心脏。第一个核心概念（对理解第二个核心概念必不可少）是一种通过平等辩论来生产共识的理论，但这种所谓平等辩论排除了真实情况，只考虑个人同目的世界的关系。共识一旦获得，便构成"社会化的"真理，此种真理立刻依其民主特点而变得合法了。从此它的使命就是作为按群体划分亦即按利益划分的社会的统一原则，扩大到整个社会体，进而覆盖权力的各个领域，即国家（l'Etat）。思想社会一旦上升到其曲线的最高点，就变成一个政党，自命代表社会和国家，处于对等地位。但是，实现这种"纯粹民主"制两个神话般"飞跃"的实际行动只能由一些拥有新合法性的少数活动分子来完成；这两个神话般的飞跃是：（1）思想社会的共识引申为社会；（2）共识统治国家。

这样，借助那些学社及其非正式（既然一切合法授权均与这个制度的性质相矛盾）代理人，纯粹民主就从知识权力迈向政治权力了：在古参看来，正是这一运动构成了法国大革命。

一切开始于1750年前后。当时，民主作为社会政治秩序的一个事实（它同时要求旧社会的个人主义分化、平等的新合法性以及通过这种新合法性授予权力）在思想学社中渐现雏形。就是在这个时代，法国出现了两种政治社会类型的冲突：一个是传统社会，分裂成利益集团，建立在不平等（既作为社会现实也作为集体代表制）的基础上；另一个是观念上平等的新社会，古参称之为"社会公论"（opinion sociale），它建立在思想学社的想象的共识基础上，成为新价值的实验室。"这两种公论，究竟哪一种是社会的或现实的，究竟哪一种将被确认为主权的，并且将被宣布为'人民'和'国家'呢？这就是1789年提出的问题——结果到1793年秋就明确裁定了。"[1]

1793年秋，正式宣布公安专政（la dictature de salut public），它成为大革命的真相。在古参的用词里，公安专政标志着"社会公论"的胜利，它从此成为社会的惟一代表者，而社会则被重新命名为"人民"；至于它的工具，即学社专政，则成为雅各宾主义的核心。学社的全面胜利使革命政府成为可能；但与此同时，它遇到了权力和国家的现实：这不是在文学共和国里统治，也不是在社会里统治，而是对社会实行统治。纯粹民主在此遭遇了行使民主的不可能性，因为它生来就无法识别社会和国家：马克思看得很清楚，热月九日是社会的报复[2]。

因此古参的革命年表里有一个较早的潜伏期，在1750年至1788年之间；"社会公论"就是在这期间起草和传播的，但只限于知识人层面和各类学社及会所内部，同对人和事行使权力无关。相反，从1788年起，大革命通过各种革命团体形成了知识分子共识同权力现实遭遇的时期，因为革命团体如法炮制并扩大了哲学学社的机制。1793年，几个月内，这个过程就达到了顶峰：雅各宾主义在"人民"这个虚构的年号之下取代了公民社会和国家。经由公意，王者人民（le people-roi）

〔1〕《思想学社与民主》，同上，第148—149页。
〔2〕马克思：《神圣家族》，同上，第148—149页。

从此神秘地与权力重合；这个信仰成了极权主义之母。

在这方面，古参以新的术语将保守思想的一个传统论点重新放到大革命起源的基础上，即18世纪的知识分子准备和发动了大革命。他并没有简单地说，是哲学家的思想渗透整个民族而导致1789年或1793年；他知道，全部问题恰恰就在于这种渗透，或谓之夺取社会权力。他也没有重拾托克维尔那个早已为人熟知的更加敏锐的论点（奇怪的是，他从未谈论托克维尔）[1]；照托氏的论点，知识分子在18世纪法国社会扮演的角色是一个缺席的角色：由于社会寻找的是并不存在的代理人，在找不到独立和专门的代表的情况下只好跟着知识分子走了。古参同托氏的分歧在于，他认为旧社会在法定社团中还有它自己的代理人——等级制行会，另外古参还高估了那些传统释公论者的威望，而托克维尔则相反，认为传统阐释者的威望早已衰落了。不过，古参较托克维尔有深刻原创性的地方，就在于他分析了借思想学社来创造新的政治合法性的机制：哲学家们并非在"缺席"的情况下发明此种新的政治合法性，而是按照他们的社会实践去发明它。他们并不是政治家的替代物，就民主政治的抽象的纯形式而言，他们就是民主政治本身。

托克维尔和古参分手之处，首先是因为托氏虽对民主并不怀抱多少天然的（或家族的，此乃一回事）趣好，但他把民主作为一种不可避免的变迁来接受，须使民主同自由相得益彰；而古参氏较为守旧，愿意的话，也可以说他比较"反动"，把民主视为人为地创造一个社会环境，这个社会环境通过支配它

---

[1] 古参的作品中，只有一次在一个次要问题上影射到托克维尔。见古氏文集《革命与自由思想》，同上，第131页。

的内在规律逐步成为一部权力机器和一个政治传统的缔造者。在这两位作者身上，在他们的民主概念里，既有个人主义也有平等。但托克维尔对民主尤感兴趣，把它视为一种社会状态，视为专制主义国家和行政集权为主导的漫长历史变迁的产物。大革命乃是这种变迁的圆满完成，轮到它来继续推动民主向前，摧毁贵族，开创现代行政国家。

至于古参，他从不探究原因，或者说从不探究他在18世纪中叶法国注意到的那种平等观念的起因；他的问题不是把法国大革命的作用放到法国社会的长时段变迁中去，而是了解1788年至1794年大革命可怕的政治动力。也就是说，解释〔历史〕中断，而非连续性；解释事件，而非结果。所以他优先处理民族时间裂隙最显著的层面：政治的和意识形态的层面。大革命乃是由"传统的"王政体制（大致在韦伯使用此词的意义上）向雅各宾委员会专政的一个过渡。古参感兴趣的是这种〔历史〕中断的机制，这种新的政治形态的起源以及它在几十年时间的间隔之内、继而又在短短几年之内的扩散。"民主"是权力合法化的新体系。总之，古参的全部作品就在于一个如此留恋传统的人所做的两个非常现代的尝试之中：一是关于民主意识形态生产与职能的社会学，一是关于权力机器和政治操纵的社会学。

所以，他严格意义上的历史撰述（或者更确切地说，相对于他想做而丢下未做的部分）以1789年和1793年为双重聚焦点，是一点也不奇怪的：这里，一个是思想学社围绕召开全国三级会议展开政治大战的时刻，一个是纯粹民主的最终化身即雅各宾专政的时刻。古参就1788—1789年阶段所做的严格史学贡献尤为重要，首先是有关《革命政府文件汇编》的浩大研究工程，由于编辑者亡故而中断了；其次是他早在1914年战前就已完成的两篇有关1789年选举的深入研究论文，一篇涉及勃艮第，一篇涉及布列塔尼。

这些选举开创了一个舞台，在台上对抗的不是两个阵营，而是两个原则。一个是法国式的多种自由，一个是英国式的自由。或言：召集传统的"三级"咨询，还是实行选民民主投票；保持旧式社会群体，还是实行党派新政；权贵秉政，还是政治家治国。

可是，内克并没有在两个原则之间做选择。1789年1月24日至关重要的诏书[1]虽然确定了选举的规则（内克若非起草人，也是主其事者），却惟愿将两大原则笼统并举，而无视二者逻辑背离。内克事实上策划了这件不合条理的事。一方面，他规定了"英国式的"选举人团，按一人一票的原则组成，几乎划一地拥有投票权和委派权，由此挣脱了日常的社会框架。总而言之，这是一种民主的选举表决，其程序延伸到几乎同国民其他阶层隔绝的贵族等级和僧侣。这是一个致命的矛盾，但同破除整套规章相比还是轻的：因为内克对待这种前所未有的选民集体就像对待旧社会的传统社群和权贵，即王权千百年来的对话者。他不曾想象，由数以百万计选民授予的新主权会不服从古老的，直接但有限的社群咨询方式，而去服从别的规则。所以并无大碍，不会有什么东西有组织地挑起同普选分不开的人和人之间，观念之间的冲突：不会有多元化，不会有广告造势，不会有候选人和纲领之间的竞争。这类全新的会议，本是根据多数规则并为形成一个意志而召集的，却被看

---

[1] 参看本书第102页注2。——译注

成是原来那种运行方式，似乎它还表达古老的居民共同体和行业共同体的一致愿望似的。既然会议投票，就有票席分裂；但同时会议又要起草一份陈情表，故又得抱成一团。会议选议员，却没有候选人。它们已经是选民，却又要众口一词投一张票。

1月24日诏整个地充满这种暧昧性：召集程序和选举规则本来足以砸碎社群社会，使保留下来的东西变得微不足道和不堪一击。但这一现象——似乎可以称作"托克维尔效应"——并不是奥古斯丁·古参感兴趣的。王政规章混乱失度，古参首先看到的是这种弊端为那些不具名的集团操纵会议敞开了大门。因为人之间和观念之间的竞争规则都没有确定，而且这种竞争本身也是含含糊糊的、被否认的，规章"没有把选民带进自由，而是带进空白"[1]。可是一个月的时间内，这个空白就被填满了，起草陈情表啦，选举议员啦，没有出现大乱子："这是因为真正的人民无法做出回答，而它的旁边另有一个人民在替它说话和指派代表——这个人民人数不多，但精诚团结，散在四方，这人民就是哲学圈子里的那群人。"[2]

的确，假若重整选民队伍打破了共同体的传统渠道，而任何公开和对立的辩论都没能在其中使信息流通，则只有思想学社能向选民提供可作为联系纽带的观念和框架了。这两样东西是紧密相连的：因为意识形态必须成为甄拔"廉明之士"，即思想学社或操纵团成员的筛选原则。它运行起来就像一种替代物取代了尚未存在的集体经验和公开竞争，将三级会议凝固在

---

〔1〕《思想学社与民主》，同上，第217页。
〔2〕同上，第217页。

一些价值周围，这些价值只视它排斥的东西取人。为了确保选拔"好人"，就得按原则去查出"坏人"：这就是为什么自大革命发轫之初，意识形态排斥就成了权力斗争的特点。从1788年起，贵族首当其冲，成为第一个牺牲品；而第三等级中，凡与贵族远近亲疏都沾点边的，也一起遭殃，包括受封贵族、领主税包税人以及所有打理旧制度残羹剩饭的人。因为这种党同伐异，按其自身原则，往往是由个人组成的不具名的、抽象的阶层来操作的。

于是，既然"国家"不说话，就必须有一个人来替它说话：旧社会的社群和共同体出局了，再说，它们也适应不了新式语言和这种假想的"社会"代表制。适应者，是适应了对立面的革命党：还不能说是整个党，而是组成党的中坚力量的那些城市小团体，而且它们很快就开动一部与"纯粹民主"分不开的排斥异己的清洗机器，独霸了社会代表制。目标是按党的模式重建古老的王国：在一些委员会组成的政治意识形态权威下，党的模式只有一个，俨然奇物！1789年已经影影绰绰看见1793年了。

就这样，1788年秋，在勃艮第，围绕一个第戎人小团体，一切都上演了。这个小团体起草了爱国纲领，第三等级〔代表〕增一倍，按人头投票，受封贵族或领主的代理人一律赶出第三等级会议。然后是有组织地授权给合法团体：首先是朋党人数最多的律师等级；其次是整个穿袍小权贵阶层（robe）[1]、医师及同业公会；最后是市政厅（通过一名市政长官，并且是在"群情激昂的公民"的压力下）。这份文件成了第戎市第三

---

〔1〕 指法律界低级职员，包括律师、法院推事及公证人等。——译注

等级无所顾忌地发出的誓愿。由此，在第戎市社群的僭越权力之下，此文波及外省其他城市，那里也上演了律师和法官侵越市政官的同样剧情。受内克保护的总督、大法院的死对头阿美洛（Amelot）仁慈地坐视了事态的发展。

同年12月初，始有抵抗运动出现，但不是来自原封不动的贵族，也不是来自已有的代议机构（当时有一个勃艮第三级会议常设委员会），而是来自一个十八人贵族小组，这个小组后来增加到五十多人：它成了前面那个小团体的对抗组织，反对第三等级代表席位增加一倍，也反对按人头投票，但同时也拿自己的一套做法去压对手。这个小组主要是从穿袍权贵那里招兵买马的（并且得到大法院的支持），集中了哲学家派和议会派中的贵族派系；这个小组中人因常年同律师勾结，不仅对律师的操纵术十分在行，还身体力行去做。但由于这伙人根本无法跟得上一波高过一波的均权主义潮头，结果很快——从同年12月底开始——就成了哲学家派第一次分裂的口实，反而给律师和第三等级以可乘之机。[1]

这项分析有两个好处。首先它揭示了在那个世纪末的法国，盗窃国柄对公民社会在国家以外编织的新权力网有利。而窃国改制之事，其实早在1月24日规章颁布之前就有了，与其说是规章造成了改制，毋宁说是规章批准了改制（而且事实上也加快了改制）。这确确实实反映出，早在大革命之前就已发生了一场革命，它以新原则的名义，在社会创议方面为它而转移了权力的管道和手段。然而，是整个社会为它自身而构筑

---

[1] 我在此只是概述古参和夏庞蒂埃的相关研究。详见《1789年勃艮第的竞选运动》，同上。

了这些管道、这些手段和这些原则的：至少在社会变迁的这一阶段，还谈不上资产阶级的工具，或贵族的工具，或哪一个社会阶层的工具。民主的合法性和意识形态首先是在社会－国家辩证关系的内部草创的，整个有教养的、占统治地位的社会在其中都有自己的一份。哲学派有自己的贵族、贵人和资产者。而 1788 年秋发生的〔历史〕中断并不是旧制度的支持者和新制度的信徒的分界线，而是都无代表性的（在旧的合法性意义上）两大集团之间的分道扬镳，这两大集团都是传统社群内部暗藏的左右局势者，事先都已听从于民主合法性的仲裁，民主合法性才是它们共同的生存原则。从年代上看，这是最早的一场革命大清洗，跟后来的多次大清洗一样，都是以平等的名义干的，清洗的对象是代表不平等的贵族。社会各阶层的均权民主（démocratie égalitaire）变成了一种政治的原则。

在对布列塔尼前革命时期的分析中，从"大本营"起事到大学生和第三等级律师接手，古参即便不是讲得头头是道，也是十分详尽的。这个时期，关键转变还是 1788 年 9—10 月，比勃艮第稍早一点：这是革命运动在自我清洗中发展的时期，首次显露了一个机制，这个机制后来一直付诸实施，直到 1794 年，一波接一波地清除了大革命的所有领导班子：王政派、三头政治[1]、斐扬派、吉伦特党人、丹东分子、埃贝尔派。而 1788 年秋遭清洗的是贵族议会党，这一派人虽然率先发出了反叛政权的信号，但在讨论按等级或按人头投票时立刻被革命党给排挤掉了。

我们不妨再来看看古参就布列塔尼的情况对这一清洗机制

---

〔1〕 参看本书第 111 页注 3。——译注

所做的分析。这种清洗机制是与"纯粹民主"同根生的。[1]在布列塔尼，一切起于 18 世纪 60 年代"会社"的兴盛：先是农社（Soci-été、d'agriculture），经三级会议裁定设立（1757—1762）之后，又获国王下诏确认；尤其整个革命党会社，其起源不甚清楚，但与各地大法院对抗"内阁专制"的争夺战有关。古参认为有两件事可以说明这类组织的特征。首先，这类组织是在"哲学"的基础上网罗成员的，不管他们真正的社会实践如何，仅通过归信某些观念的参同方式，组成另一个社会的诸多缩影，而这个不同的社会不是建立在利益的基础上，而是建立在某种意识形态共同体的基础上。其次，这类组织借助各地加盟会馆辐射整个外省，用舆论制造出一种影响力和操控力，干脆就逐步取代了权力和行政。学社这样一个古老的做学问场所，当它被一种集体的思想运动（古参只限于记录这一运动的情况）煽动起来时，就可能催生一个正在寻求自主表达的公民社会的民主权利萌芽。

权力，或者（直到 1788 年）反权力：在古参看来这就是哲学舆论的特点，因为它以价值和摧毁旧社会的原则为名义组成了一个组织和一种力量。这种力量已经同一切权力一样，不完全是公开的；既然它不自认是一种权力，就更不是公开的了。所以它的力量是藏起来的，它的内部圈子是隐秘的；它尤其拥有一些秘密会社，如共济会，这是一个不安于受压制的权力所难免的典型表现，其职能是在思想的基础上招收成员，编织起等级森严的社会连带关系和纪律。在古参的历史世界和概念世界里，共济会之所以显得如此重要，并非因为它是，如巴

---

[1]《思想学社与布列塔尼的大革命（1788—1789）》，同上。

鲁埃尔所说，阴谋反叛旧制度的工具，而是因为它以典范的方式体现了新权力的秘术，能够把社会问题转化成政治，把舆论转变成行动：这就是雅各宾主义的起源。

正是从共济会开始，古参所说"社会精神"[1]取代了古老王国的社群精神。它侵入到贵族、大法院、行业管事机构、行会乃至社会的整套机构内部，在这些地方传播它的抽象原则和人民意志观念，以此代替社群精神掌管的利益。它树立了共识的宗教，树立了对一种摆脱一切滞重感的"社会"的崇尚，树立了一种等同于社会自身的权力膜拜。

如此授权之后，王国的传统行政就只剩下一块门面了。1788 年，当整个社会起来反对大法院改革，王国行政终于倒塌了：这是"社会精神"同权力现实汇合的时期。整个 1788 年夏天，"大本营"和第三等级联合起来在布列塔尼展开了同国王总督的较量。可是，打的旗号是学社旗号：人民权利，民族意志；人马是学社的人马：打头阵的是阵容不整的高级官吏，后面是大队人马的革命党活动分子。同年秋，当辩论转到召集三级会议程序问题时，"民主的"一致性就在意识形态同历史相遇的第一个交叉路口撞得支离破碎了：贵族被清除出主权"人民"的行列，学社的那些幕后操纵者孤立并清洗了"大本营"。

这是因为，要从思想社会这个由抽象个人组成的假想社会

---

[1] "社会精神"（l'esprit de société）：这一表达方式在此仍是"思想学社"概念的引申。按古参本人的方法及傅勒的解释，此概念应具有双重含义，既指社会化的思想，亦指"会社"精神；或二者之综合，即"会社"精神中的"社会崇拜"。它是民主政治中将权力等同于社会的"共识的宗教"之基础。关于此种知识推论的二重性特点，参看本书第 286 页注 2。——译注

迈向现实社会，意识形态必须通过割除赘瘤和诛锄异己来重组"社会"。它要指定妖孽并使之人格化。因为，如果说价值和事实之间还存在脱节，如果说社会如同构成社会的个人一样本来应该好好的，却都不好，那就得怪制度和社会力量人为地阻碍了善。这就是1788年秋贵族遭遇的事。贵族作为不平等的象征，整个都犯了违背原则的罪过。也就是说，有些贵族可以成为革命者，但按定义整个贵族都是大革命的对立面。

在命名阵营、确定原则及其社会反面之后，就只剩下区分各类人等了；这是一桩简便的差事，原则根本用不上，事实上做起来就碰上了矛盾；有些贵族是革命者，有些手工业者不是革命者，再说怎么也不可能一下子就更换王国的全部管理人员。今后人员筛选只能根据意识形态去划分社会阵营了，而且只能通过学社人马这部"机器"秘密进行。

所以，在古参对1788—1789年事件的分析中，有一个意识形态理论和一种政治理论。意识形态产生于一种乐观哲学同实际要做的行动的交叉点，乐观哲学关涉到抽象的、腐败的或受社会阻碍的个人，而现实中的行动则是要把个人带到享有他自己应得的权利。这种意识形态赋予社会场域、制度、权力和阶级以有利的或有害的表征，作为基层战斗行动的识别标记，或打击或清除，以便在现实社会中重铸思想社会的哲学共识。但是这种基层战斗行动遇到的不再是观念，而是利益和激情，故不能仿照意识形态划分来绘制地图；它只能服从于机械的规律，即革命政治的规律：意识形态和行动条件之间有差距，迫使采取操纵、秘密进行及少数人起主导作用的方式。从意识形态转到政治，也就是从思想社会转到内部圈子：一切民主权利内部，更不用说一切"纯粹的"（无授权的）民主权利内部，都潜藏有一种寡头政治，有悖于它自身的原则，但同时又是它运作不可缺少的。

1788年的布列塔尼历史，可以说是一个古老的公民社会自己褫夺自己传统表达方式的历史，而且整个地按思想学社的模式改造了自己，而思想学社也变成了行动社。贵族首次登上大革命的地方舞台，反对拉摩亚尼翁改制[1]，最终还是以自身瓦解为代价来捍卫大法院的权利；它自以为是为了传统社会而打击政权，其实它本身早已沦为由受封贵族、童子军和乡巴佬组成的一个宣传造势团体了。在这样做的同时，这个"大本营"也给自己掘好了坟墓：因为思想学社的逻辑乃是抽象个人的逻辑，故而也是均权意识形态的逻辑。结果贵族一打赢反对国王的那场夏天战役，马上就碰到打胜仗后的苦果：它根本不是为复兴大法院开辟了道路，而是为民主的突飞猛进扫清了道路。在这个战场上，贵族未战已先败了。

因为，一旦思想学社层面有了辩论，第三等级的"机关"很快就变成绝对控制牌局的庄家；再者，出于对贵族造反的不满，国王派驻雷恩的总督也听任第三等级放手去干。按人头投票也为均权造势和排挤贵族提供了理想的阵地：被雷恩的第三等级活动分子、法律工作者和大学生操纵的学社摇身一变，成

〔1〕 拉摩亚尼翁（Lamoignon）：路易十六的掌玺大臣。1787年王国财政危机之时，建议国王不经大法院备案而强制征收公债。次年初，国王的征收公债御函最终被大法院裁定违反"公权和自然权利"后，拉摩亚尼翁又建议国王对大法院实行"削藩"政策。收回大法院的诏书备案权，交由国王任命的一个全权法庭代行立法程序。大法院被迫通过"五月议案"，宣布王国基本法的神圣性，申明大法院有权监督立法，要求一切征收御用金法案须交由三级会议表决。路易十六最后听信掌玺大臣的策议，下令逮捕巴黎大法院两名主事并宣布大法院"休庭"，强行通过拉摩亚尼翁公债法令。是为革命前夕王权与大法院的一次政治较量，史称"拉摩亚尼翁改制"。——译注

了"民族"。总之，后来解释1792年和1793年事件的那种动力在1788年就已经付诸实施了：这就是均权意识形态，不仅暗地里被拿来作为政治斗争的共同参照，还被一些未经授权的集团操纵，作为变本加厉的筹码。这一动力从1788年秋就启动了，不仅矛头对准贵族，它的天然目标和第一个牺牲品，还实行于第三等级内部："启蒙运动的进步继续它宿命的行程，比人们期待的还要快：它已经迅速越过了一个阶段，律师和大商人的阶段，这些人12月初就被甩在后面了；不少人坚持着，更多的人则等到4月才重新露面，因为到那时所有居民都投票，而不仅仅是革命党才投票，所以选择层次也提高了。但此时，只有〔革命党的〕爱国主义以其方式、用其手段、按其原则统治了一个民族，既不受国王约束，也不受外省牵制，而半路杀出'大本营'的人马，与其说妨碍了它，不如说助了它一臂之力，结果，它一下子就达到了'纯粹'的程度，要等到1792年8月10日之后的大清洗到来，才能再看到这种光景。它已经在当地各个社会阶层吸收新成员了，包括小商贩、司法界低级职员、商人、初等法院法官和乡村医生，就是这些人组成了雷恩六七个誓死效忠的革命党铁杆团体——公社……"[1]

〔1788年〕12月底和〔次年〕1月初，省三级会议召开之时，在按人头投票问题上，摇身成了思想社会的贵族和变成了革命党的第三等级之间一场恶战已见端倪。1月份骚乱横扫了"大本营"，奠定了革命党的胜局和城市第三等级政治机器对城乡的统治。余下的事就是全国三级会议的选举了，而1月24

---

〔1〕《思想学社与布列塔尼的大革命（1788—1789）》，同上，第一卷，第十章，第293页。

日颁布的规章在此期间又为第三等级政治机器提供了事实上行使某种"主权"的手段，这种"主权"被抽象地归之于选区人民的自由意志：主要还不在于陈情表的内容，内容还是相对多样的，而在于议员人选，雷恩公社占了大头（9 个议席中占了 5 个），该选区三个城市共取得 9 个议席中的 8 个，而在 880 个选民中三城市只占 38 个。

这样，在古参看来，革命的爆发并非由于经济的或社会的矛盾。革命的爆发有它政治动力上的根源：一些以平等和"人民"的名义行使新主权的匿名集团操纵社会体并夺取政权。这里所谓行使〔主权〕，实为滥用，不是说这些匿名集团通过协调行动或策划阴谋，以暴力手段或阴谋诡计夺取了政权，而是说有了新合法性——直接民主，机械地制造一系列篡权事件就是天经地义的了，这一切组成的就是革命权力：不具名，不稳定，而且由于它的意识形态本质，注定要实行定期清洗，并且一发不可阻挡。

古参的全部档案工作就是公布这个权力鼎盛期的文件，也就是"恐怖时期"的文件，那时，这个权力已经摧毁了一切阻碍它统治的敌对力量：具体说来，就是在分析 1787—1788 年这个权力的动力和内在机制之后，径直走到其短暂历史的另一头，揭示从 1793 年 8 月 23 日（总动员令[1]发布的日期）到罗伯斯庇尔倒台这段时期革命政权的盛况。这是思想社会共识成为全国强制性政治模式的时期。通过 8 月 23 日政令，革命政府"实现了一个独一无二的集体意志的社会假想，它不再仅

---

〔1〕 1793 年 3 月旺岱全面发生反革命叛乱之后，8 月 23 日国民公会通过的征兵总动员令，征召所有 18 岁至 25 岁的未婚男子及无子女的鳏夫。——译注

仅是法律上指定的承继者，而是事实上取代每个人的个别意志了"[1]。

古参的这项工作，就其严格意义档案编纂部分而言，就是集中当时的所有行政文件，因为公安委员会是借助这些行政公文来解释、明确和制订它的指令并加以实施的：这项工作使历史学家得以深入公文生效的具体过程以及巴黎当时想推行全面规范化给地方带来的问题。这些文件在编纂者死后分三卷陆续出版，但似乎在1914年就已全部准备好了。古参本想将一篇详细的"预备性论稿"冠于书首，论稿中包含他对雅各宾主义的历史阐释；但最后，由于正值大战期间，他只代之以一篇简短的"前言"，简要概述了编纂理由；这篇"前言"附入该书第一卷于1920年一并发表。那篇"预备性论稿"留待日后更佳时机，大概是想用来作为全书出版的后记。古参没来得及赋予这篇论稿以最终定稿的形式，但他在1914年前夕和战争期间可能做过一些修改和润色。[2]留下的手稿当是"预备性论稿"的骨架，1924年以一个对时代而言已稍嫌过时（总之有点故弄玄虚）的标题发表：《革命和自由思想》。其实，古参寻求的是将他早在1907年论文里勾勒的概念直觉加以系统化，赋予他的档案编纂工作以自身的意义："革命的最后谜底绝不可能是雅各宾的心理学，而是民主现象的社会学。"[3]

这句话值得人们停下来回味，因为古参的了不起就在这

---

〔1〕《革命政府文件汇编》，同上，第1页。
〔2〕奥古斯丁·古参在1914—1918年大战中表现英勇。他四次受伤，故多次被迫休息养伤，其间还坚持写作，并且每次都迫切要求重返前线；1916年7月8日他在前线阵亡，时年39岁。
〔3〕《革命与自由思想》，同上，《导言》，第XXVII页。

里，对今日的读者来说，他使用了这么现代、这么富于"杜尔凯姆意味"、这么明晰的词汇。这句话同天主教保守主义的遗产形成多么鲜明的对比，而在同一部书里这种天主教保守主义又是多么明显，俯拾皆是；看来必得思考这里面两者并重的缘由。考虑到古参的思想在 20 世纪历史学家和社会学家的眼里，它平庸的方面严重损害了它新颖的方面，做这种思考就更有必要了。

和当时的右翼一样，古参不单是、也并非特别是一个拥护君主制度者，共和国的敌人，故而也是大革命的敌人。他不喜欢被他称作"唯物主义"的莫拉斯[1]那一套，即那种对社会秩序的顶礼膜拜。他来自跟实证理性主义不同的家庭。他是个天主教哲学家；对他来说，知识的最高境界就是对上帝的感知，惟有这种直觉能把人类的思想引向真，使人围绕一个共同的目标联合起来：在他看来，这就是中古世界的纽带。在那个世界里，社会无须把自身思作社会就可以存在，因为它是按照教会的样子组织起来的，组成社会的个人虽然各自分开，但在上帝身上他们结合在一起。

在这种感知和结合形式之下的，有一种无论智力上还是年

---

[1] 莫拉斯（Charles Maurras, 1868—1952）：法国作家、政论家。20 世纪前期法国知识界保守主义和政治浪漫主义的代表。崇尚古希腊文化，倡导新古典主义，与诗人莫雷亚斯（J. Moréas）在巴黎成立"罗马诗派"。作品甚多，主要有《安提尼亚》（*Anthlnéa*, 1901）、《浪漫主义与革命》（*Romantisme et Révoution*, 1922）、《心曲》（*La Musique intérieure*, 1925, 诗集）、《普罗旺斯四夜》（*Quatre nuits de Provence*, 1931）、《柏拉图的友谊》（*L'Amitié de Platon*, 1936）、《我的忆园》（*Mon Jardin qui s'est souvenu*, 1949, 回忆录）、《遭罚的帕斯卡尔》（*Pascal puni*, 1953）。1937 年发表《我的政治思想》（*Mes idées politiques*）表述其传统主义和国家主义观点；二战期间支持墨索里尼、佛朗哥和贝当；战后被判终身监禁，死前获赦免。——译注

代上都较之次一点的东西，即科学思想：它不再以上帝这个最丰富、最复杂的实在为目标，而是以物质世界的基本形式为目标，并且将它们分解成概念对象，再借助能揭示其规律的数学计算去驾驭它们。科学思想开辟了手段可以损害目的的操作性世界，而在社会秩序里，则开始了法律对自由个人的统治，这就是"社会"作为社会迈向解放的第一步。末了，还有一个以18世纪末叶及大革命为特征的最后阶段：社会对思想的统治、词语对观念的统治，即"社会思想"的时代，也就是思想学社前所未有的产品意识形态时代。

　　这种建立在知识形态类型学基础上的抽象构造，它的起点跟上帝的存在一样不可论证；而在我看来，其中最有意思的莫过于古参在社会解放和作为思想原则的超验性之间建立的联系，社会解放是相对于一切超验证明而言的，社会性最终要取代作为思想原则的超验性。只有这一联系才有助于理解，为什么古参离杜尔凯姆很远又很近，为什么他这么"反动"又这么现代。所以说，法国议院罗马代言人的儿子[1]和那位左翼阵营的大教授[2]感兴趣的是同一个问题，观察的是同一部历史，只不过前者把它看作一个灾难，而后者把它视为一个大事件降临罢了。杜尔凯姆式的亵渎神明，由于以追思往昔的方式把社会性扩大到宗教解释而令古参大感兴趣，把它看作无神的形而上学的结果和最终逆转。对杜尔凯姆来说，社会学是支配古往今来一切社会和一切行为规律的科学，而在古参看来，这一抱负

---

[1] 奥古斯丁·古参的父亲德尼·古参（Denys Cochin）起初是市参议员，1893年当选巴黎的国会议员。以此身份，他是最亲梵蒂冈的法国国会议员。
[2] 指杜尔凯姆。——译注

乃是地地道道的异想天开，幻想用社会性去兼并本体论。

可是，出于某种他自己也解释不清的悖论，这位天主教哲学家保留了无神论社会学中的"社会科学"观念，按照这种观念，"社会学研究社会现象，能碰到比一切慎重思考的理性、公式化的意图、协调的意志更深邃的原因"[1]。似乎古参接受了社会学并建议使用这一方法，只要社会学研究的是他认为整体上"社会化了的"行为，雅各宾主义就是一个典型例证。所以，宗教思想也好，科学思想也好，都不是社会学批评的范围，只有在有限的范围内，在他看来应该是后一个范围内，即以"社会"方式生产思想的范围内，社会学批评才有用武之地。

这种有选择的社会学方法，难怪要求助于多种理论范畴的批评了：古参既利用杜尔凯姆来反对他不喜欢的东西，又从杜尔凯姆那里保存他喜欢的东西。另一方面，他把中古基督教社会理想化，这种社会建立在每个人同上帝的关系之上，先于一切社会压力，将它理想化无非是因为能显示这位天主教传统主义者有别于莫拉斯的实证主义罢了，此种实证主义不关心信仰，只尊教会，不事上帝，只讲秩序，不讲真理，只听路易十四，不听路易圣王[2]。可毕竟还有一点神奇的东西残留下来，那就是这种正统思想者的思古情怀，这种脆弱的历史哲学，许

---

[1]《革命与自由思想》，同上，第69页。

[2] 路易圣王：又称圣路易（Saint Louis，1214—1270），即法国国王路易九世，1226—1270年在位。幼年时由母亲（Blanche de Castille）摄政，镇压诸侯叛乱，制止贵族内讧。亲政后实行司法、币制、教育等多种改革：首开法院审判制度，禁止私刑和决斗；统一王国货币；修建教堂；设立济贫院；举贤倡学，制订开办索邦大学规划；对外与英国议和；遣使远及蒙古。国家由此昌盛，一时间成为整个基督教欧洲瞩目之邦。其间1248年率第七次十字军进攻埃及，兵败被俘，后以巨款赎身；1270年复参加第八次十字军东征，病死于突尼斯。1297年被教皇卜尼法八世封为圣人。——译注

是借了杜尔凯姆的光，竟能揭出 18 世纪和大革命的一个关键问题来，而在他之前——甚至在他之后，没有一个历史学家能用这样的话提出这样的问题：当时法国人是如何在"人民"或"国家"的名义下重新发明社会的，他们又是如何使之成为一个假想的共同体的新上帝的？

1788 年萌芽的东西：先由学社界说人民意志，尔后是舆论操纵，随着大革命日渐等同于学社权力，终于开花结果了。在共识对思想的恐怖主义之后，接踵而来的是权力对人和事的恐怖主义——古参称之为：人身社会化，尔后财产社会化。1793—1794年间，雅各宾主义就这样构成了学社政府的鼎盛期，通过它的工具，即活动分子暗中领导的区治和委员会；通过它的手段，全面组成恐怖时期；通过它的规章，把一切社会活动控制在意识形态之下；通过它的野心，以"人民"的名义统治，取消公民社会和权力之间的一切距离："人民，1789 年是国王的奴隶，1791 年做法律下的自由人，1793 年变成主人翁，自己统治自己，取消公共自由，因为公共自由不过是人民用来对付统治者的保障。取消投票权，因为由人民来统治，取消辩护权，因为人民就是法官；取消新闻自由，因为写文章的是人民；取消舆论自由，因为有权说话的是人民：多么有条理的学说啊，恐怖政策的一张张公告和一条条法律不过是它的一通裹脚布似的长长注释而已。"[1]

"民主"（指直接民主）经过它连续露出的三副面孔，就这样打开了通往它自身权力的道路：首先是在共济会会所和思想学社的秘密掩护下发明它的方法，其次是通过俱乐部对人们称之为大革命的这个巨大权力空缺施加压力，最后是通过对人身

---

[1]《革命与自由思想》，同上，第 241 页。

和财产订立恐怖主义规章而实行人民学社的官式统治。在这个历史过程的全程，那些相继出现的各各不同的引领风骚者，不管他们叫什么名字，不管他们长相如何，甚至不管他们的内心世界差别有多么大，都是无关紧要的；他们之所以那么频繁地变换更替，一个个都不比俱乐部和选区那些匿名领袖长命多少，是因为他们都一样，都是革命民主的产儿和昙花一现的人物，而不是首领。就这么一回，古参和米什莱走到了一起，他引了米什莱的这句话："我看到，那些能说会道铿锵有力的演说家，因为表达了群众的思想，于是被错误地认为是绝无仅有的演员。与其说他们给人以冲击力，不如说他们是受了冲击力的驱使。主要演员是人民。为了找到这个人民，让它重新进入角色，我不得不把那些野心勃勃的木偶放回它们原来的尺寸，因为它们是由人民来操纵提线的，于是乎好像在它们身上看见了也找到了历史的秘密。"[1]

不管怎么说，古参的人民并不是米什莱的人民。两人都看到了大革命的惟一主人公，即大革命本身。但是，凡米什莱讴歌巨大的、统治不了的、不可想象但如获神意的力量的地方，古参就去分析机制。毋庸置疑，此种距离来自他本人的政治传统：古参的个案并非普通案例，这种疏远使他在智力上具有比情感高出一筹的概念优势。

古参这部未竟之作同时也是一部自身完全阃闭的作品：其中涉及 1793 年的部分有很大欠缺，难同他就 1788 年所做的研究等量齐观，也就是说他只来得及搜集档案文献准备出版，而

---

〔1〕 米什莱：《法国革命史》，第一卷，《1847 年序》。引自古参《思想学社与民主》，同上，第 49 页。

缺少对文献的精细分析。然概念意图如此明晰，课题范围圈定如此得当，足以构成（或应该构成）人们通常所说的一部作品，即恰当地提出了一个问题。

这个问题就是革命现象的本质。古参感兴趣的问题，其实跟米什莱以及大部分治大革命史的史学家感兴趣的是同一个问题。他不像托克维尔那样试图在法国历史中给大革命一个总结，测量它的起源和效果。古参和米什莱一样，感兴趣的是〔历史〕中断，也就是 1788 年和 1794 年之间发生的事情。但同米什莱以及所有只记叙大革命事件的"大事记"史学家[1]相比，古参的巨大优势就在于他能叙其所感，言其所言。譬如他不会把起源分析同历史叙事混为一谈，似乎后者就包容在前者里似的。他坦言，他不处理大革命的起因问题——起因可以"解释"1789 年，但不能"解释"1792 年或 1793 年——而是处理大革命本身的动力问题。简言之，古参是按严格的概念史方法去处理一个地地道道的"事件史"主题：即奥拉尔或马迪厄为之痴迷的那种东西；他想借杜尔凯姆的启示去解开它。所以古参在我们这个行业里不被接纳，甚而不被理解，是不奇怪的：大革命的史学家们不喜欢别人埋葬了他们占有的意志史诗以及他们选定热爱或憎恨的英雄。至于那些统称历史学家者，至少在我们国家里，并无从事非叙述性的政治史的习惯，或者是将短时段同概念联系在一起的习惯。

古参是一个既深刻又狭隘的灵魂。他的整个学术生涯，他的全部研究都围绕着一个似乎早年形成的观念，即他从巴黎

---

[1] 我这说法笼统了点儿，是否应该说明一下？这里我暂时把米什莱的文学和心理学天才放在一边，只提他与革命史学叙事传统的共同点。

文献学院毕业后不久就形成的观念。他整理档案，可谓费尽苦心——且证明了那个时代相当罕见的一种执着，要探究大革命在外省和地方上的真实情况——这样一件工作是与他的中心直觉相关的。他很接近托克维尔，同时又与托氏相去甚远：他不仅同这位自由派贵族一样，在雅各宾主义（他们研究工作的实际起点）面前表现出略带恐惧的惊愕，还共有我称之为概念史的那种兴趣，撇开了对人物意图的叙史法；单单这一点就足以使他们在19世纪和20世纪的革命史学中另当别论了。不过，托克维尔探求的是〔历史〕连续性的秘密，古参则考察〔历史〕中断问题。所以这两个人永远也不会碰面；他们互不相识。二人提出的假设互不相容；想要解释的是完全不同的问题，但两者都清晰地提了出来，各有千秋。

的确，当托克维尔想了解大革命的直接原因时，他不得不把革命观念及其始作俑者或推广者（即知识分子）的作用摆到第一位。在他看来，这种作用可用一种民主精神状态的成长来解释，这种民主精神乃是一个日益平均化的社会天然地制造出来的[1]，这样一种感情必同贵族制度的桑榆暮景发生碰撞，故而更强烈了。如果我们重读《旧日制度》一书，比如该书下卷未完成的章节，我们莫不有感于作者对那个时代的公共精神、观念和激情的看重，而为之深深地打动；其实这几个章节大部分已写出，主要讨论各地大法院对国王的反抗、王室的投降以及最后托克维尔称之为"阶级战争"的现象，此时贵族早已销声匿迹了。再如，谈到不同结社、社群和共同体散发的一组文

---

〔1〕 托克维尔解释这种关系，讲得最有深度的是《论美国的民主》第二卷的开头（详见最后部分："民主对美国知识运动的影响"）。

告时，他写道："温和平稳的政府观念，无非是这样一种政府的观念，在那里，社会是由不同阶级组成的，导致社会分化的不同利益在其中起平衡作用，人不仅仅作为单位产生压力，也要视总财富中他们的财产、他们的保护网、他们的利益……所有这些观念始终不存在于最温和的精神中（部分地，我想，不存在于特权阶层的精神中），它们被人群的观念取代了，人群是由相类同的分子组成的，由一些议员来代表，这些议员只是数量的而不是利益或人身的代表者。"后一句话加了一条注，是为作者本人而加的："深入到这一观念里去，解释大革命在这方面甚于在事实中，既然观念如此，事实也就似乎不可能不是人们大致所见的那样了。"〔1〕

所以，托克维尔早在古参之前半个世纪就已试图理解他在别处称作革命观念"扩张力"的东西了。在这方面，他和古参不同的是，他从未提出观念和意识形态的区别，对集体产生新的革命信仰也不感兴趣。他清楚地看到似可称作有倾向性的、不可抗拒的雅各宾主义从 1789 年起就存在了，但他把它归咎于《社会契约论》的影响〔2〕，这显然是谬讹和违背常理的：1789 年的那些人大部分都没有读过卢梭，譬如西哀士就不见得比米拉波或罗德勒〔3〕多几分卢梭主义色彩。所以另有一

---

〔1〕 托克维尔：《旧制度与大革命》，〔《全集》第二卷〕下卷，第 117 页，注 1。

〔2〕 同上书，〔《全集》第二卷〕，下卷，第 121 页，注 3，关于"温和派的激进主义"。尤其参看："卢梭的观念是一股激流，一时淹没了人类精神和人类科学的整个阵地。"

〔3〕 罗德勒（Pierre Louis Roederer, 1754—1835）：法国政治家。雅各宾俱乐部温和派成员。曾任巴黎市总务官，并在国民公会创办的国家科学艺术院任职。被认为是革命才子，主张新闻自由和公民政治权利平等，但行动上无所作为。因撰文反对审判路易十六及王室成员而险遭逮捕。恐怖时期未抛头露面。后追随波拿巴，参与雾月政变。——译注

种不同于书本或观念的力量，托克维尔百思不得其解，没法界定它。[1]在他留下的关于雅各宾主义的注释里，他泛泛地思考了这种力量，拿它跟宗教类比，同时又在这种类比面前表达了夹带恐惧的惊愕："一个公开抨击一切宗教观念和上帝观念的党，一个在此种令人恼火的学说里找到了传教乃至殉教热情的党，此等热忱似乎至今只有'宗教'才能赋予！……至少是一出难以想象而又令人毛骨悚然的戏剧，连最镇定的聪明人也要被它弄得七窍生烟。"[2]

　　这条重要注释概括了托克维尔大革命思想的全部暧昧性。但是在这条注释的后面，他紧接着又加了这样一句："千万别忘了法国大革命的哲学特征，主要特征，尽管是过渡性的。"这么说，哲学的作用在他看来是关键的了，既然它表达了行为者所经历的事件；但它又是短暂的，因为它同时也掩盖了事件的真实意义，那就是中央集权化国家和民主个人主义大功告成。与古参所作的概念化不同，托克维尔的中心概念化力求解释的是几个世纪的演变。

---

〔1〕托克维尔：《旧制度与大革命》，〔《全集》第二卷〕下卷，第 226 页，关于马勒·杜潘《纪事》(*Mémoirse*) 的一条边注："反抗旧世界，反抗旧社会，这些相同的目标到处催生同样的激情和同样的观念。就像一切自由的激情同时起来反抗共同的天主教桎梏。究竟是出于什么原因呢？这个事件中有什么真正新的东西呢？它这种扩张力量是哪儿来的呢？必须分析和弄个水落石出。"〔译按：马勒·杜潘 (Jacques Mallet du Pan, 1749—1800)：瑞士政论家。革命前夕在伦敦与法国流亡者林盖 (Linguet) 合办《政治文学年鉴》(*Annales politiques, civiles et littéraires*)。革命时期抵巴黎，继续给报纸撰稿，反对法国大革命，主张英国式的君主立宪。不久成为路易十六的密使，1792 年被秘密派往科布伦茨与流亡贵族接头。1798 年返回伦敦，不久后死在英国。马勒·杜潘似乎未留下回忆录，上文所提《纪事》当指他在伦敦创办的《历史、政治及文学纪事》(*Mémoires historiques, politiques et littéraires*) 杂志。〕

〔2〕同上书，〔《全集》第二卷〕下卷，第 239 页。

古参研究的问题不是使大革命变得可能的那些原因，而是伴随着大革命而诞生的一种新的文化合法性，即平等，与之相应的是一种新的政治游戏规则也发展起来了，这就是"纯粹民主"——我们称之为直接民主。实际上，古参对前面的时期并不感兴趣，也甚少涉及。对于旧的君主制，对于旧的政治社会，对于旧的合法性，他形成的是一个理想化了的看法，而且常常流于表面：比如，他从不分析君主制如何渐渐地摧毁了社群社会，也不分析君主制在公民平等或均权意识形态的进步中扮演的角色。因此他给人一个不准确的印象，似乎 1788—1789 年的辩论介于旧式社群政治社会和思想学社操纵纯粹民主之间，其实从这个年代起旧的合法性在人心之中早已死亡了，而新的合法性，即民主，那时尚未放弃要成为代议制。1789 年 1 月内克想象的选举程序，由于保留了旧的授权制，加上未能组织真正的政治竞赛，的确为舆论操纵开了方便之门。在这一点上，古参的论证是第一流的。但也不见得以直接民主的名义，大革命就整个地落入共济会或俱乐部之手。

另有一个问题，也是更基本的问题，显示古参同样缺少历史距离，那就是他决计把他的分析放在短时段，以革命动力本身为重点，而不是以它的形成史为重点：那么，这种直接民主的意识形态是从哪儿来的呢？读我们这位老兄的书，人们搞不清他看到的究竟是思想学社的一个单纯产物呢，还是某种先于思想学社的东西，也说不清这两种历史随后是怎么铰接在一起的。的确，这种意识形态不可能来源于建立在成员抽象平等基础上的知识分子结社的单纯游戏机制：17 世纪的"圣礼会"是一个思想会门，它和 18 世纪的共济会一样神秘，但不是在相同的思想资源基础上生存下来的。18 世纪，在思想学社中并围绕着思想学社而发生的意识形态结晶有两个先决条件，古参未做分析，或几乎未做分析[1]：一是由政治哲学和伟大的个人著作组成主体观念，二是有一个业已丧失其传统原则的社会体。正是在这两种演变的交叉点，思想学社用均权意识形态和直接民主取代了宗教、国王和传统等级。然而，从观念过渡到意识形态是一个漫长的历史，古参只讨论这部历史的尾声，推定它大致完成于1750年前后。

由此观之，主体观念就是人民主权的观念，它是从一种奠基性社会契约的概念派生而来的，在卢梭那里得到了最系统的界说。[2]卢梭的政治哲学将人民主权立为一种不可转让的权利（与自然权利说的理论家们不同），排除了代表制的观念：对一个自由的人民来说，将主权授予一些代表者，就如同将主权授予一个君主一样，都是不可能的。大家都知道，卢梭的脑袋里悄悄装着一个范式，那就是英国寡头议会和波兰贵族议会那样的范式。但他的政治思想远要复杂得多，《社会契约论》毕竟是一本过于抽象的书，难以为大部分同时代人所真正读懂；似乎这本书在当时也未引起巨大反响，是大革命后来给它增添了知识上的光辉。所以，直接民主虽说是思想学社至少带有倾向性的实践——每个学社多多少少都把自己的志向包装起来，起初包装成利益，后来又包装成人民意志——但它并不是

---

〔1〕他认真读过《社会契约论》，并为之撰写了一篇有意思的文章。（参看《思想学社与民主》，同上，第27—33页。）不过，他1912年做的"哲学家"（即18世纪思想）讲演在我看来是肤浅和毫无创见的。（这篇在"夏多布里昂讲演会"作的讲演收于《思想学社与民主》文集，同上，第3—23页。）

〔2〕有关这一概念的起草史（从普芬道夫到卢梭），最好的参考书仍然是R. Dérathé 的《卢梭和他那个时代的政治学》（*J. -J. Rousseau et la science politique de son temps*），巴黎，1950年（1970年再版）。

起草一种观念就能产生的结果，而毋宁是某种机械地篡夺权力的结果。在路易十六时代的法国，公民社会已经比国家强大多了，却没有代理人来为之正名授权，以它的名义实现公民社会转型。王国的传统社群，如贵族和大法院，都曾经抱有这样的憧憬，但前者始终未能成为英国式的领导阶级，后者则从未认真想过拥有政治手段和知识工具来实现自己那些间奏曲式的抱负。于是思想学社通过人民意志，给这样一个支离破碎的政治社会重新设计了一副想象的统一面貌。

虽然说，只要旧制度还延续下来，迫不得已这种替代的合法性在实践上必包含行使直接民主，但也不见得非如此不可。古参的分析预先假定，从大革命发轫乃至后来的整个过程，"纯粹民主"构成了惟一的政治合法性。这就忘记了，大革命在其初期阶段以及1794年热月之后，反而起草了代议制理论（西哀士就是这种理论最有系统的思想家），甚至把人民授权的范围扩大到所有公职人员（officiers publics）[1]。这就需要解释了：这些概念化中的第一种怎么跑到了第二种的前面，为什么它跑到了前面，以至于成了（古参看得很清楚）革命意识的基础本身，成了1793年无套裤汉们的信条？1788年和1794年之间相继发生的事件，如鼓吹直接民主的活动分子和意识形态学者授权给民族国家（nation），骚乱扮演了一种日益脆弱的代议制的"纠偏"角色，都可以从这个角度去加以分析。不过，倘说革命动力就是古参提示的由俱乐部和民间社党借假想

---

〔1〕 参看西哀士。最出色的评传是 P. Bastid 所著《西哀士及其思想》(*Sieyès et sa pensée*)，巴黎，1939年（1970年再版）。尤其参看该书第二部分，第六章，第369—390页。

的"人民"名义煽起的动力，那么，大革命相继更迭的领导人就是这种动力不断制造出来的产儿和对手了。究其原因，不单是因为这类学社的逻辑本身乃是意识形态哄抬以及门派分裂铸就的，也因为这些领袖人物远不是古参的机械式分析所暗示的无名木偶，他们也代表了代议制民主：从这一点来看，1793年5月31日和6月2日的危机[1]可以说是"纯粹民主"胜利的交接期。甚至在吉伦特派议员被以武力（manu militari）驱逐之后，山岳派专政并非完全立足于学社专政：它时刻守视着它在国民公会的议会多数。及至1794年4月和7月间，埃贝尔党人悉数被处死后，罗伯斯庇尔已不是学社的人了；"最高存在"不是学社的庆功节，而是替这个"不可腐蚀者"垄断意识形态采取的一个举动。的确过不了多久，罗伯斯庇尔也逃不过他亲手促成的民众运动"冷却"（借用圣鞠斯特的说法）；在这方面，古参的分析倒是找到了它的力度，但还是忽略了各阶段伴随着民间社党崛起而遇到的阻力、谈判以及被迫做出的各种让步，因而过分简化了法国大革命的政治机构。在这点上，"machine"（"机器"）这个用语令人想到一种组织机制的完善，其实在很大程度上不过是一个虚无缥缈的鬼影。

事实上，分析法国大革命的意识形态应区分两种人民主权概念，而古参将它们混淆了。的确，1789年以后，所有的法国革命者都从中看到新的政治合法性的源泉：西哀士如此，米拉波如此，罗伯斯庇尔或马拉也是如此。由主权人民组成的民族国家（nation）被视同一人行动。由于撇开了这样的事实，

---

〔1〕 指巴黎民众（以"无套裤汉"和国民卫队士兵为主）起义，迫使国民公会逮捕吉伦特派党人事件。29名吉伦特派议员及多名内阁大臣被捕。——译注

即摧毁旧的社会为国家（Etat）提供了更广阔的行动场域，也使国家权威遇到更少的反抗，这个概念也就导致，甚至从法律上呼唤一个被假定为与"人民"不分的强大的中央政权；而且耐人寻味的是，这个概念未见于盎格鲁－撒克逊公法里，更接近洛克[1]，而不太接近卢梭[2]。那么人民意志如何表达呢？如果跟西哀士一样，承认人民意志是可以被代表的，那就朝这种代表制的定义和使之得以诞生的程序敞开了道路：这就是在我们的历史上由制宪议会首创的制度，它甚至通过法律虚构，把这种新主权的恩泽也扩大到拥有世袭权的国王。在这个概念的内部，既然权力范围是多重的、非中央集权化的，有别于公民社会，故它对自身尤其对个人权利并无超验的权威。

　　假若正好相反，人们的想法跟卢梭一样，认为人民主权是不可转让的，因而是不能被代表的，因为这就是自由，这就是先于社会契约的不受时效约束的自然权利，那么人们就不单要谴责君主制，而且还要谴责一切代议制了。法律，既然是由集合在一起议事的人民制订的，因而也就是公意的表达，按定义也就对人民拥有绝对的权威，因为它十分准确地表达了人民的自由。卢梭向来就有一套系统的、不妥协的思想；他以某种形而上学的深度表达了民主的逻辑悖谬：在其中，社会和权力必

---

〔1〕 洛克（John Locke，1632—1704）：英国哲学家。近代欧洲自由主义的早期阐释者。早年在牛津学习医学和哲学，后来兴趣完全转向哲学和政治学著述。曾在舍夫茨伯利（Shaftesbury，1621—1683）伯爵幕府任秘书，后涉嫌卷入议会派和王党的政治斗争而被迫流亡荷兰。哲学上以"思维意识"说反对笛卡尔的"固有观念"论。继承霍布斯的思想，认为社会契约不摒除个人的天然权利。一生著作甚丰，刊行本主要有《论宽容书》（1689，第一篇）、《政府论》（1690）、《人类理解力论》（1690）。——译注
〔2〕 参看 B. de Jouvenel 著《现代国家的开端》（*Les débuts de l'Etat moderne*），巴黎，1967年，第十章，第157页。

须是相互透明的。这个有点儿绝望的论证，其正面，即"纯粹民主"的意识形态，恰好构成背面，即它的后院：一个借助一系列臆想的等式来建构的假想的透明制度，按照这些等式，则人民等同于俱乐部的舆论，俱乐部等同于它们的领头人的舆论，领头人等同于共和国。

在这方面，古参没有看错；他在这个既是实践的又是意识形态的机制里看到的正是法国大革命的核心。他选择的事件年代同他研究这一事件的角度完全契合：1788—1794 年。因为"热月九日"以后，甚至从 1794 年 4 月处死埃贝尔党人开始，他所分析的这个机制就停止在各种事件中起发动机的作用了：社会开始报复社党。在这个观察结果中，古参的分析同青年马克思在《神圣家族》中的分析有一点颇让人称奇的相似之处：马克思也阐述过这样一个看法，大革命逐步发明了一个假想的社会，恐怖时期是这个假想社会的巅峰，也是它的赎罪钱；马克思解释说，罗伯斯庇尔的倒台是真实社会（马克思称为"公民社会"）的报复或重现[1]。古参以下几句话对此发出了回声："真实社会并不是反革命，而是革命终将失败、权威和等级终将胜利的战场，等到一切都是革命的，包括人和法律，就像在共和二年热月的法兰西一样，雅各宾的社会桎梏立刻就被打碎了。"[2]

在另一层意义上讲，古参从大革命中重新截取左派史学最熟悉的年代也是很正常的，因为他试图澄清的问题恰好是深得左翼政治同情心的课题：雅各宾主义、俱乐部、民间社党。对

---

〔1〕 马克思：《神圣家族》，同上，第六章，第 144—150 页。
〔2〕《革命政府文件汇编》，同上，《导言》，第Ⅶ页。

古参就像对雅各宾派史学一样，大革命是一次性的，从1788年到1794年，而恐怖时期充分展示的景象早在全国三级会议召开之前就已经到位了。这个定义，说它对也可以，说它错也可以，要看研究的或侧重的是大革命的哪一个方面；古参优于雅各宾派史学的地方就在于他能给出一个明晰的理由，而且是得自他概念化方法本质的。如果说大革命在他分析的现象里站得住脚的话，则革命始于1789年以前，随罗伯斯庇尔而告终。这个年表不想重现19世纪自由党人的"八九年主义"，我也不敢轻率断言这样做是为1790年的代议制民主尝试平反昭雪，而不给某种历史"必要性"回顾以太大的分量；但这个年表是非常严谨的：正是"纯粹民主"起草和统治的年代。

此外，对古参来说大革命也并非主要是一场社会战役或一次财产转让。它开创了一种社会化范型，建立在意识形态大同的基础上，由一些权力机器来操纵。这个抽象模式是由盛行于旧制度末叶的思想学社组建的，尤其共济会，它是所有这类社党中最完善的。所以，要想拿法国共济会来反驳古参，说它寡头政治也好，说它保守也好，诸如此类的论据皆是无的放矢：在古参看来，共济会乃是新的社会形态的模子，可用于复制更多的其他形态，集中其他的公众，传递其他的赞同意见，同样屈从于纯粹民主的同一个逻辑；这个逻辑后来在大革命时期变成了意识形态和区治不具名者的权力。如大家所见，这种知识重建不可避免地把作者带向革命史的简单化，这也是他之所以犀利的代价吧；但作者由此也点到了某些关键的东西，不仅法国大革命本身有之，也牵涉到它与后来历次革命所具有的共同之处，仔细想想就会豁然明白，此人已经提前描绘了列宁布尔什维克主义的许多特征；列宁的确比罗伯斯庇尔高明，提前把意识形态和权力机器的职能作为他的理论。然列宁所为，实乃仿效雅各宾的例子，至少部分是如此。

最后还有两个遗留问题，这是古参的作品必然要引出的，也是他始终无暇顾及的。第一个问题是社会实践和意识形态之间的关系。古参似乎假定不存在这种关系，因为思想学社只在同观念打交道的基础上聚集它们的成员，抛开了特殊的状况和真实的利益。不过，假若在这点上古参与马克思不同，譬如他认为此种意识形态关系同个人的或阶级的利益没有关联，革命俱乐部的成员大体说在社会关系上是可互相替换的，那又如何解释某些集团（比如1788—1789年间的律师和法学家）在这种活动中的超代表性（surreprésentation）呢？在古参的概念化范围内，人们倒是容易理解，被过早排斥的不是贵族个人，而是整个贵族：这是因为贵族整体恰好代表了革命象征主义的对立面，它更多体现的是一种原则，而非一种利益。相反，在整个属于好人阵营的第三等级里，某些社会集团或行业集团的优先角色只能用技术原因来解释了：1787年和1794年之间反映律师、法律界人士，更宽泛地说知识分子优越作用的东西，是他们有摆弄抽象民主普适主义的惯例。如果说大革命是一种话语，那么被它带到前台的就是会讲这种话的人了。

为什么这种话语要由法国人来发明呢？这又是另一个基本问题，在古参的著作里我找不到答案，哪怕是含蓄一点的答案。"哲学"的勃兴在欧洲到处繁花似锦，何以单单在法国哺育出了雅各宾主义。在英格兰和德国各州，也有共济会和思想学社，却不曾引起革命。在治大革命史的史学家中，只有托克维尔敢于系统地挑战并回答这个可怕的问题，他考察了最后几个世纪的君主制度，指出法国人是最"民主的"，因而也是生性最喜豪歌急鼓大肆搬弄哲学家观念的欧洲民族了。用这种方式，托克维尔解释了1789年，却解释不了1793年。古参呢，倒是诠释了1793年，但诠释不了1789年。他抓住了我想称之为"哲学社会化"的东西，那是18世纪很晚才在古老王国里发生的现象，那时它已经背负起古参感兴趣的东西了，即雅各宾意识形态。这样古参就把自己封闭在对革命动力的一种阐释里了，只借助社会机制动力去解释问题，而未从文化上全面盘点一切起作用的东西，这些东西在想象的博爱中究竟持续了多久，为何本来宽宏大度的博爱最后变成了血淋淋的东西。古参始终未能原谅卢梭对罗伯斯庇尔的影响：这是他作品中陈旧过时的部分。虽则他只能通过罗伯斯庇尔去阅读卢梭，却好在至少能免了用卢梭去大话罗伯斯庇尔，愣把罗伯斯庇尔说成是一个同公安枷锁做斗争的《社会契约论》仰慕者。古参的罗伯斯庇尔不是启蒙运动的继承人，而是一个制度的产物，这个制度就是雅各宾主义，从这里开始了现代政治。通过这种方式，古参思考了法国大革命的中心秘密，这个秘密就是：民主的起源。